U1013568

教育文化研究丛书

丁钢 主编

国家出版基金项目
NATIONAL PUBLICATION FOUNDATION

生活濡化与知识演进

近代学人的早年学习生活图景

陶阳 著

教育科学出版社
·北 京·

总　　序

我们为什么开展教育？这首先是一个文化的问题。教育活动作为文化传递与创造的核心，本质上呈现为一种文化现象，影响着民族的思想、道德、风俗、艺术乃至每一世代的认知图式，扎根于民族的文化处境与经验之中。教育文化研究建立在每个个体发展的基础之上，存在于对社会文化情境的理解之中，是对人们所处的教育生活予以倾听、理解和响应，并对日常教育行为和意义实践活动，以及历史与现实之间的教育文化实践的发生与变化做出反应的知识活动。

从这种认识出发，教育文化研究力图突破把文化分为器物、制度和理念三个层面的思维方式，基于不同的视域及语境去考察与探寻教育文化现象的发生发展，从关注宏观转向考察更广泛的基层社会生活与教育变迁，将研究视野下移至更加细致多元的教育文化生活，深入更为细致而多元的活生生的教育生活本身，书写更丰富的细节和实践经验，从而使一个更为广泛或更具整体性的教育文化理解建立在更为多元和更为丰富的经验分析基础上，并使之得到勾勒与呈现。没有细致的、实证性的和个案的深入研究，阐释只能流于空泛。而教育文化研究也致力于打破专精化的学科知识及传统，以更开放的、不断自我反思的精神面对社会问题进行现实意义的寻求。

由此，教育文化研究者在探索、发现教育文化是如何再现、表现和形塑人们的社会生活、身份意识、道德与情感、观念与行动，以及揭示这些教育文化现象在学校教育、公共领域、日常生活和物质文化等方面的实际作用与意义的过程中，运用跨学科的前沿理论视野和多学科的研究方法，形成解释教育文化现象及存在方式的思想、观念和方法的知识生产活动，拓展教育研究的新领域、新方向与新路径。

“教育文化研究丛书”作为一套别具一格的致力于学术开拓的研究丛书，秉承以上研究宗旨，特别呈现了中国教育文化实践的多元形态与丰富内涵。丛书作为教育研究的一项文化行动，基于丰富的历史与现实的实践经验，以强烈的文化关切与强调文化路向的阐释方式，不仅体现了一种文化主体的自觉，还呈现了在理解与尊重本土教育的文化价值的基础上，对如何更为适宜地塑造新的自我的深度思考。

呈现在读者面前的这套“教育文化研究丛书”由九部著作构成。

丁钢所著的《可视的教育：一个图像教化传统》，以跨学科的视野和研究方法，透过对历史变迁中日常教育生活与艺术媒介形式之间关系的探究，将中国历史中的教化图像作为研究对象，通过村童与塾师的生活寓言、讲学方式与空间组构、屏风空间及叙事意向、男耕女织与社会道德契约和嵌入生活的对相杂字等研究议题，呈现了一个独具特色而源远流长的中国图像教化传统。教育图像渗透于生活各方面，给人以视觉感受。当它们反映日常生活、文化、思想和情感世界时，成为一种公共性的对话空间及嵌入生活的独具特色的教育方式。本研究为教育文化研究提供了别样的图像诠释与知识生产路径。

周勇所著的《小说与电影中的教育研究》，从对个体及社会影响很大的非学校教育领域的小说与电影入手，从教育文化研究等角度解读鲁迅、沈从文的经典小说，以及侯孝贤、王家卫、陈凯歌的著名电影作品，揭示其中蕴含的现实社会文化背景乃至日常生活中的教育问题，并为教育文化研究和教育社会学等理论研究贴近生活世界提供经验事实基础，拓展与更新教育理论界既有的刻画学校教育的小说与电影研究，为丰富教育文化研究等理论研究的视野与议题提供新的探索路径和范式参照，同时彰显了将电影及小说引入教育研究的学术价值。

葛孝亿所著的《学业：一个中国家族的教育生活史》，基于人类学田野工作和历史研究，主要运用历史文献、口述史与生活史等研究方法，收集了大量与毛氏家族有关的家族文献、地方史料与口述史料（尤其是教育方面的史料），在历史文献与口述史料交叉互证的基础上，讲述了中国南方内陆省份江西省吉安市郊区的一个家族性村落江头毛家村毛氏家族的历史故事，涉及家族的迁徙史、村落的日常生活、家族的教育观念和教育活动，以及经由教育带来的家族成员的职业变化、社会地位的升降等，并基于对这些事件的叙述，讨论了教育作为重要的文化动力机制，对家族成员的社会流动及个体生命的影响，以及这种流动对于家族结构特别是社会结构所产生的影响。

司洪昌所著的《中国县域学校分布与空间探析》，从空间视角描述中国基层学校的分布，将其放置于县域之中来描述与解释，尝试重述近代以来学校的空间分布趋向、学校分布内在的微观运行机制，通过具体而微地分析学校与人类聚落之间的关系，从理论上描述了胡焕庸线两侧的县域空间类型及其与学校空间布局的文化关联，也从现实出发，描述了特殊类型县域之海岛、飞地、乡镇、村落之中的学校空间分布，并基于具体情境分析影响学校分布的社会与文化因素，理解学校的空间分布，为教育研究提供一种新的空间视野以及政策制定研究的“空间维度”。

吴昊瑜所著的《安身立命：中国传统营造匠人的学习生活研究》，从教育文化研究的视角，以近世营造匠人为样本，切入“工匠”这个在传统中国数量庞大、地位重要但又往往为人所忽视的群体。作者走访苏州香山，拜访香山帮匠人后代，搜寻“样式雷”家族的遗迹，结合碑刻、史志、家谱、族规、实录等史料，并对比明清之际的中国士大夫和文艺复兴时期的欧洲知识分子对营造和建筑的不同参与方式，试图用一种“类型学”的方式进入营造匠艺内部，考察营造匠艺的范畴类型，还原中国近世匠人的学习生活。

王独慎所著的《身体、伦理与文化转型：清末民初修身教育的历史图景》，聚焦于清末民初（1904—1922 年）新式学校开设的“修身科”，力图透过修身教育的变迁呈现中国近代社会文化演变的内在脉络和历史图景。作者对“修身养性”和“修齐治平”的修身传统进行了理论梳理，继而在教育场域内部考察修身科与现代教育学科的建立、教学文化的转型之间的关系，揭示现代教育的特性；从修身教科书编撰者群体的特征、教科书中伦理谱系的变迁、身体操练与现代性身体的生成等侧面考察修身教育与社会文化的互动。这些不同面向不仅呈现了修身教育的演变历程，同时揭示了“修身”这一文化大传统是如何参与到中国现代文化建构中的。

毛毅静、王纾然所著的《隐约有光：近代上海城市、社会性别与女性职业教育》，将近代女性置于时代和社会嬗变的大背景下，研究新兴的城市公共空间中一群中间阶层女性的求学、就职的心路历程，以“非定向的记传式采访”的口述内容和原始档案还原部分真实历史，并从接受教育和从事职业的女性的主体视角描述女性的受教育过程和职业生涯，以及女性在教育中获得的社会认同和自我实现。同时，该书从妇女史学、文化研究的视野，考察迂回彷徨在闺门与职场内外的一代女性的生存位置与教育立场，为理解教育与女性的职业发展和自我实现之间的关系提供了可能。

陶阳所著的《生活濡化与知识演进：近代学人的早年学习生活图景》，运用个案深描和群体画像的历史叙事方式，呈现了一代知识分子早年的学习生活，探讨了早年所继承的文化遗产对个体文化生产的影响，涉及家宅和自然空间中的新旧知识和情感、学堂小社会中的师生交往、民间社会的礼仪和风俗，以及日常生活中的物件和身体感觉。这些异质性的文化符号和因素构成了个体早年学习生活五彩斑斓的景观，而从中所吸收的认知模式、情感结构、交往方式、文化心理与具身观念，则为个体的学术研究、文艺创作、社会行动、观念形塑等文化生产提供了重要的滋养。

樊洁所著的《性别图景与家庭想象：家政教育文化的近现代转型》，追溯了前现代中国的家政知识生产实践与性别职能的关系，分别从经济话语、媒介展演、知识体系与家庭观念重塑等多重维度，考察与呈现了近现代家政教育文化的转型过程，以及伴随这一过程的20世纪初中国性别图景与家庭想象的话语建构，阐明了家政教育何以嵌入知识分子寻求现代家国关系与性别职能的全新阐释途径中。本书认为，家政新知识通过为家庭性别角色提供现代性阐释方式实现了对女性职能的重构，家政教育文化的近现代转型与女性在家庭中获得新知识并形成“现代性自我”的过程密不可分，女性也由此成为促进中国社会文化现代嬗变的重要角色。

本丛书的出版得到了国家出版基金的资助以及教育科学出版社的鼎力支持，在此深表感谢。作为我国第一套教育文化研究丛书，其中的著作选题独特、方法新颖、理论前瞻，而且可读性强，反映了教育文化研究的最新成果，也体现了作者们对于教育文化研究的执著与不懈努力。然而，学无止境，探索依然在路上，诚邀更多志同道合的同人，共同推进教育文化的研究与繁荣。

丁钢

2023 年 2 月于沪上闲云斋

目　　录

CONTENTS

绪论

清末民初作为近代社会文化转型的一个段落，是新事物不断涌现、旧事物消亡或变化的不稳定时代。也许经过柯文等史家对“传统–近代”对立模式和西方中心史观的批评[①]以后，今天我们很难不加反思地给清末民初这段历史贴上诸如“转型”“从传统到近代”这样简洁明了、带有历史发展方向指示的标签，但至少还可以用风起云涌来形容这样的动荡岁月。在这一转型过渡时代，五四时期作为文化巨变的历史转折点和文化转型的高潮给今天留下了极为丰富的文化遗产。而这一文化遗产实际上并非铁板一块，比如单单围绕着“新文化”的内容和对“传统”的认识，近代学人内部充满了差异、分歧和冲突：有人（比如胡适、丁文江、顾颉刚、刘半农、钱玄同等人）一心想用“科学”的方法整理和改造中国传统学术和民间文化；有人（比如鲁迅、周作人等）认为中国的过去和现实愁云惨淡，

① 柯文批评了以李文森为代表的美国中国史学家在20世纪五六十年代的治史偏见，认为李氏的历史结论夸大了中国传统社会在西方入侵以前常规不变的一面，从而将中国近代社会的“根本变化”归功于西方文化，让西方扮演异常重要的角色。柯文认为，按照“传统–近代”模式讲故事往往暗示西方理应执世界之牛耳，只有从根本上放弃这套术语，才能以中国中心的视角描绘历史过程。为此，柯氏提出了关于中国历史的不同看法：中国革命不仅仅是对冲击的反应，在很大程度上是对年久日深的本土问题所做出的反应；中国过去文化具有的一些特征不完全阻碍民主和科学的成长，也有可能促成这种成长。也就是说，“传统”与“近代”并不是此消彼长的关系，人类的某些超时空经验既存在于过去，也存在于现在，对过去与现在需要用一种更为复杂的关系模式加以说明。参见：柯文. 在中国发现历史：中国中心观在美国的兴起 [M]. 林同奇，译. 北京：中华书局，2002：54–105.

并被过去某些“反动的传统”所吸引；有人（比如“学衡派”同人）转向过去的上层文化，希望从中寻找到与西方相同的价值观；还有人（比如张君劢、梁漱溟等）认为科学不是万能灵药，而到佛教和阳明心学中寻求慰藉。文化观点立场的鲜明差异背后当然是知识结构、情感结构、文化心理、观念心态、行动惯习等方面的差异。众多研究表明，个体早年的知识学习、情感积蓄、心理境遇、生活记忆对于一个人的人生轨迹有重要的影响。那么，能否从个体的早年学习生活入手，解释近代学人千姿百态的人生选择和文化贡献？

基于这样的假设，本书想要探讨和解释的问题是，在一个新旧交汇、风云激荡的过渡时代，近代学人早年的学习生活如何影响了个体的学术旨趣和文化实践？

一、身处“转型时代”的近代学人

所谓“转型时代”，史学界有不同的说法，但综合来看，基本是指清末民初这一历史阶段。

从社会文化史上看，从鸦片战争到新文化运动被认为是近代文化转型的一个段落（李长莉，2008）[前言8]，也有人将1890—1920年称为“危机时代”（Saari，1990）[2]；在思想史上，学者张灏提出1895—1925年为中国思想文化由传统过渡到现代的“转型时代”（张灏，2006）[134]；而在教育史上，1860—1928年被认为是新教育萌芽发展的时期（苏云峰，2007）[5-34]，1895—1926年则是“新教育场域”形成和变化的时代（应星，2017）。因此，综合来看，19世纪90年代到20世纪20年代中期是一个新旧事物此消彼长、冲突融合、不断变化的过渡时代。而在这一历史阶段晚期活跃在文化舞台上的近代学人，许多出生于19世纪80年代至20世纪初，并在这一历史时期内度过其早年的学习生活。

综观本书所选择的近代学人，其早年学习生活均发生于1880—1912

年，考虑到1911年是政权更迭的重要历史节点，中国社会从此进入全新的共和时代，本书将1880—1911年设定为研究时段。

本书选取出生在1880年至20世纪初的若干近代学人作为研究对象，本书的研究问题决定了对人物、案例的选择。第一，本书选取的人物是为文化转型做出一定贡献的近代文化界学人，从而使得从个体层面观察文化的转型和变迁成为可能。第二，为了使其早年学习生活的叙事成为可能，本书选择的案例主要来自学人的自传性文本，包括自传、自述、回忆录、回忆性散文、日记、自编年谱等文本。在这方面并未留下可供分析的文本的人物，或对于早年生活寥寥数笔带过的人物就不在研究范围之内。

自传是指"一个真实的人以其自身的生活为素材用散文体写成的回顾性叙事，它强调的是他的个人生活，尤其是他的个性的历史"（勒热讷，2001）[200]。这意味着自传有其不可克服的局限性：一是来自回忆，二是来自叙事。假设存在一个真实的早年生活本体，那么自传传主记忆中的童年生活绝不可能是对其百分之百的还原，"事件可能遗忘，或是在时间流中变形"（Sutherland，1992），记忆的不可靠性赋予自传第一重局限。即便传主的回忆最大限度地保留了生活的细节，自传的主观性也会使其具有局限性，即作品的写作和叙事无时无刻不受到传主写作意识和无意识的支配，故事的讲述路线是逻辑性的，体现了关于个性形成、生活意义的某种一致性。有研究发现，男性传主往往"按照系统性的活动，比如游戏、工作、职业序列"来组织故事，而女性则"通常关注她们与重要他人的关系"。另外，故事的叙事往往发生在一个人的"生活评论"阶段，某些人倾向于从"好的一面"看待曾经冷眼看待的事件（Sutherland，1992）。因此，与其说自传是对早年学习生活的还原，不如说是重构。

那么，为什么依然运用自传？首先，儿童和青少年作为历史上的沉默群体，很少有严肃的史料记载他们的声音，而自传"记录了其他史料没有记录的经验和感觉"（Gleason，2016），这使得自传中的回忆成为考察人物早年生活不可取代的材料。其次，自传的局限性是以本真童年的存在为前提的，但后现代认识论已经对儿童声音的真实性做了解构。以对现实中的儿童观察为例，即便在研究策略上最大限度地消除了成人研究者的干扰，“儿童声音的真实性并不直接来自儿童说出自己想说的话，儿童想要表达的意思会随着组织环境的变化而前后矛盾，也会存在多层意义的交叠，并且有时那些并非说出来的动作、表情、沉默、延迟中也藏有意义”，因此，“儿童声音的真实性取决于研究者能否从儿童的视角和立场理解他们的经验”，“但是鉴于成人永远不可能完全成为儿童中的一员，不可能完全理解儿童，因此对研究者理解和解释儿童声音的过程加以揭示和反思才是保证研究可信度的正确策略”。（Spyrou，2011）现实中的儿童声音如此，历史上的儿童声音同样如此。史学家已经意识到了其中的悖论：“我们越是借助概念性的社会科学调查儿童的童年，这一调查和讨论本身，而不是最初复杂而隐蔽的感受，越会成为儿童成年后记忆重建的结构。矛盾的地方在于，你越是在时间上接近被访者的童年，童年离你越远”，“只有当一个沉思的成人回顾自身并且尝试捕捉”（Sutherland，1992）童年时，才能真正进入过去的经验世界。最后，为了矫正记忆的遗漏和叙事的重构带来的“失真”，一方面需要运用客观性史料，以及他人撰写的传记，尽可能对自传中的时间、地点、人物、场景、事件等叙事要素进行交互印证；另一方面自传作为传达现实信息的“指涉文本”，它的价值之一在于讲述只有传主自己才知道的事情，其中就包括对童年生活事件的情感、态度，对生活意义的探求。从这个角度来说，记忆的确是不可靠的，但是遗忘也可以“被认为是一种对生活意义的遮掩”（勒热讷，2001）[71-72]，或是对生活本质意义的“过滤”和“保留”（勒热讷，2001）[72]。同样，叙事的逻辑重构也是对意义、价值一致性的探求。此外，自传的修辞和人称中也隐含了叙事者与过去自己的情感距离，也就是成人对早年的态度，比如“认同感”“距离感”“幽默感”，以及第三人称带来的超验性。正是意识到了自传不可避免的“虚构性”和主观性，自传才被认为“不是要揭示一种历史的真实，而是展现一种内心的真实：人们追求的是意义和统一性，而不是资料和完整性。……自传不是要有真实，而是它就是真实”（勒热讷，

2001）[81-82]。当然，意义和统一性对于重构早年学习生活场景的作用有限，但是对于历史人类学来说，历史当事人对生活意义的探求是一笔珍贵的财富，本研究也需要成人传主回答早年学习生活的意义问题。

因此，本书正是在意识到自传性文本不可避免的局限性和必要性的前提下，对其加以了运用。为了尽可能接近传主“真实”的早年生活和关于这种生活的“真诚”看法，本书根据热奈特（Gérard Genette）对叙事话语的归纳，对一些“成人视角”和后设视角过于强势的文本进行剔除。首先，从叙事方式来说，主要选取采用“模仿”方式呈现的自传性文本，而把那些过于依赖“叙说”方式的自传作为辅助史料。“模仿”是以一种呈现场景，描写具体环境，把所说、所做的一切统统呈现于读者面前，进而催生一种身临其境的幻觉的叙事方式。这样的叙事方式为笔者进入传主鲜活的童年生活世界提供了先在条件。相反，“叙说”则是转述，这种总结性或全视角的叙述，目的在于以最有效的方式向读者提供关键信息。这样一来，一是生活中丰富复杂的细节很可能被作者当作无甚价值的杂芜冗余过滤掉了，二是产生了传主可能以一种过于强势的成人视角回顾和叙说童年经历的风险。某些个体的自传文本，因为作者急于塑造自己的童年形象，或是突出强调童年生活的某一个侧面，而显得生硬，甚至造作，这令读者极难辨别童年的真实感受和成人思想、感情的叠加。当然，这并不是说，采用“模仿”方式的文本完全是童年生活的再现，这是不可能的，但是要在编织细节的同时附加一种较强的解释视角，这本身是一件难度很大的事，也是那个时代的许多读书人在“自传契约”中潜在地加以否定的方式。其次，从叙事视点来说，那些过于频繁地运用“外部”聚焦法的自传文本，也是研究中加以绕行的文本。所谓“外部”聚焦法，是将视点放在所描述人物，也就是传主的外面，读者仅仅知道从外部可以直接观察到的东西，比如言语和行为，这就为研究进入人物的内部意义世界设置了障碍。相反，使用“内部”聚焦法时，读者得以窥视人物的思想和感情（巴里，2014）[224-225]。当然，绝大部分自传文本同时使用了这两种视点。另外，“外部”聚焦法在具体的文本语境中有时候反而能够揭示出深层的意义，这需要具体分析。

在考虑上述因素的前提下，本书对人物的选择尽可能地考虑其他因素的代表性，包括性别、民族。但在具体实施中，满足条件的女性、少数民族人物寥寥可数。这也是本书的局限之一。

二、何为早年学习生活

本书所说的“早年学习生活”，是指近代学人在进入工作场域、登上历史舞台之前所经历的学习生涯。这一段历史时期是他们接受家庭教育、初等和中等教育，积累知识和文化，形成比较稳定的性格气质的人生阶段，通常包括童年时期和青少年时期。

童年时期的近代学人往往在乡村或中小城镇度过以日常玩耍、私塾教育、古文阅读、新学吸收等为内容的一段较少忧虑的欢乐时光。

自从阿利埃斯（Philippe Ariès）① 提出的“儿童是一种社会建构观”深深地影响和启发了儿童史、童年史的研究之后，什么是儿童、什么是童年变得异常复杂。不同社会、不同社会领域的话语体系，对儿童和童年做出了不同的年龄界定。比如，儿童心理学对童年的界定是期限最长久的（0—25 岁），而以此作为依据的学制则将学生入高等教育机构之前的人生阶段视为广义的童年（高振宇，2012）[20-23]；另一项研究则列举了中国古代医学、当代儿童心理学、儿童社会学以及民国上海人口调查中对小儿年龄的划分和对儿童的不同界定（刘媛，2010）[1-2]。相对于这种在学术和官方话语中寻找关于儿童界定的做法，熊秉真则考察了中国人文化心理上的儿童，包括传统社会普通人心中孩子的意义以及传统哲学关于儿童的思考。她认为对传统社会里的家庭而言，“孩子”“儿童”“子”“童”“幼”这些词包含两层含义：一是指年龄小的人，如出生几个月到几岁的孩子；

---

① Ariès 也被译作阿里埃斯，本书统一使用其著作中译本上的译名“阿利埃斯”。

二是指尚没有获得社会地位的人，比如“晚辈”“没有结婚的人”“结婚后还没有生育的人”，他们得不到成人应有的对待（熊秉真，2000）[24]。

本书的研究对象出生于19世纪80年代至20世纪初，尽管许多现代的事物和说法不断冒出来并流行开来，但这些人基本上还是出生于传统社会意义上的家族，从而处在传统文化的笼罩之下，因此熊秉真的界定方式，即出生几个月到几岁更适合本研究。具体到几岁，则对不同个体而言具有差异性。绝大部分人物都在自传自述中对自己的童年期有明确的判断，比如柳亚子认为12岁①之前是自己的童年时代，蒋梦麟也认为12岁之前自己接受的是童年教育，郭沫若将18岁之前界定为“我的童年”，陈鹤琴则将15岁上中学之前划分为童年……，如此诸种判断说明，童年大抵与故土和家乡有着深切的联系，十二三岁离开家乡上学容易给近代学人一种童年结束的阶段感。

青少年时期则是一个从儿童向成年人过渡的历史阶段。在这一阶段近代学人大多离开故土，去更大的城市甚至大都市接受更好的教育，很多人发生了从“乡巴佬”转变为新式学堂学生的身份转型。按照联合国的界定方式，青少年阶段是指13—17周岁。许多近代学人就是在此期间表现出对“长大成人”的渴望和体验。比如，陈衡哲14岁那年在与舅舅共处的某天早晨，感到“我在他眼里一下子从小孩变成了大人”（陈衡哲，2006）[85]；1906年，16岁的胡适进入中国公学，“天天和这班年长的人在一块，更觉得自己不是个小孩子了”（胡适，1994）[61]。另外，比较类似的是郁达夫，1911年，16岁的他只身赴省城考学堂后归家，“大家都说我长成得像一个大人了”（郁达夫，1996）[25]。赵元任是少见的自觉运用现代心理学反思早年人生的近代学人之一，他在自传中交代自己赴美留学之前，10—19岁这段少年时代“改变得较我一生其他时期都要多”（赵元任，1997）[69]。

---

① 本书中涉及的人物的年龄，若无特殊说明，则为虚岁。计算公式为：当年年份－出生年份+1。按此法计算所得年龄可能与一些人物的自述或年谱中标注的年龄不符。

总的来说，本书中的“早年”是指近代学人的童年和青少年时期，在此期间他们完成了初等和中等教育，为接受高等教育做好了准备。一般来说，本书不涉及近代学人的大学经历和出国留学经历，但对较为早期的近代学人有所例外。比如鲁迅，其1902—1909年留学日本时期形成的思想深刻地延续在其后来的言说与行动中，因而这段时期又被研究者称作“原鲁迅”时期（孙尧天，2019）。考虑到鲁迅对新文化运动的影响，本书对这一段历史有所涉及。但对于鲁迅之后的近代学人，比如胡适、赵元任等人，由于其留美生涯在时间上接近五四时期，本书不再将其纳入考察范围。

关于学习生活，本书还有几点说明。心理学上，学习一般被定义为个体后天与环境接触、获得经验而产生行为变化的过程（孙晔 等，1999）[156]。这一过程可以是发生在学校教育场域中有目的、有计划的生活形态，也可以渗透在日常生活空间中以一种弥漫的生活方式存在。而对社会学来说，其更关心人与社会以及人文环境的接触，学习是个体社会化的方式。经典社会学认为，个体的社会性发展和社会化影响的方向显而易见：社会塑造个体。帕森斯观察到内化社会规则、规范的“强硬方式”，而符号互动论和群体动力社会心理学则主张一种更为“温和的方式”（詹姆斯 等，2014）[19-22]。然而，新童年社会学大大突破和修正了这一概念，认为“社会化不仅仅是适应社会和内化社会的问题，它更是对社会规约、革新以及再构的过程”（科萨罗，2016）[15]。少年儿童极有可能在生活中同时参与两种文化，即“成人文化和儿童文化”。前者涉及对既有文化的吸收和内化，并且其创造性的参与方式也“受现有社会结构和社会交往的生产方式所制约”（科萨罗，2016）[15]。而在理解和解释成人世界文化的同时，个体也有可能利用来自成人世界的符号、物质、知识，在与同伴、环境的互动和游戏中，创造某种不同于成人文化的独特的意义世界，或者说儿童文化。儿童文化世界应该被理解为一个独立的世界，有自己的规范、约束、习俗、仪式、规则（詹姆斯 等，2014）[译者序4]。新童年社会学中这一“部落儿童”的观点很显然受到人类学的启发。通过建构儿童文化，儿童助力、拓殖和再生产文化，从而有可能为社会文化生产和转型贡献力量。

概括地说，学习生活是儿童在与自然和人文时空的接触和互动中，吸收和内化社会文化秩序，同时（创造性地）利用既有文化中的资源（知识与符号、社会关系、物质、身体）建构儿童文化世界的日常生活形态。

基于上述概念界定，本书将以近代学人早年的学习生活叙事为基础，试图揭示在晚清民初这一历史阶段内，近代学人建构其早年文化意义世界的机制和过程，探讨这一文化世界对个体文化选择和文化实践的影响，以期为理解转型时代的文化变迁提供一个微观和生动的视角。

三、扫描：近代儿童的学习生活

自 1962 年阿利埃斯的开山之作《儿童的世纪》出版以来，儿童或童年史领域①的研究已经有了比较可观的积累，建立在对“阿利埃斯典范”的批评、误读和突破之上的历史研究作品也分化出多元的研究旨趣和路数。一件有趣的事情是，历史学家不是唯一对历史上的儿童感兴趣的群体，社会学家对此有着同样高涨的热情（当然两类人群存在交叉）。相对于史料梳理和解读，社会学家在理论思考上面花的功夫似乎更多。比如，童年社会学为儿童研究所做的一大贡献是为初入该领域的人提供了一张“游览地图”，帮助新手沿着不同的研究路数欣赏前人所留下的作品。这张地图就是詹姆斯（Allison James）等人在《童年论》中概括的四种童年社会学理论模式。他们认为，童年社会学探究历史或当代儿童的能动性和他们作为现实存在的社会、政治和经济身份，前者对应的理论模式是“少数群体儿童”和“部落儿童”，后者则对应的是“社会建构的儿童”和“社会结构化的童年”（詹姆斯 等，2014）[22-30]。

① 有人认为儿童史外延大于童年史，这并非本书讨论的重点，此处暂不做辨析和区分。

受到西方儿童史学兴起的影响，从20世纪90年代开始，针对中国儿童的历史研究开始涌现。开创性作品由海外学者贡献，中国台湾学者熊秉真紧随其后，21世纪以来，大陆社会史研究者开始将目光投向儿童这一群体。从研究模式来看，不管是古代还是近现代儿童史研究，考察儿童观的社会建构模式和从儿童生活中解读社会特征的社会结构化模式较为普遍，解读儿童意义世界的"部落儿童"模式则较为稀少，部分作品稍加涉及。

近代儿童的生活和经验当然是笔者重点观察的领域。在这一领域中，大量的研究从儿童观入手，分析这一时期儿童观与社会政治、文化变革的联系。比如弃婴收养慈善机构在18世纪兴起，作为对社会问题的回应，19世纪晚期它的理念发生了变化，开始将幼儿视为拥有特殊需要的社会生物，帮助儿童融入更大的社会成为重要的慈善工作，这与保护他们脆弱的生命同样重要（Kinney，1995）[251–278]。20世纪，社会和政治压力明显增大，五四时期作家在杜威思想的影响下，将希望放在青年和儿童身上，儿童视角的写作和儿童叙事为讨论与解决社会和政治问题提供了一条出路，同时进一步颠覆了中国传统长者为尊的思维习惯（Kinney，1995）[279–320]。事实上，近代儿童观的书写通常是在"现代框架"之下进行的，比如"新文化儿童本位主义""童心崇拜"（王海英，2008），这种现代儿童观的渗透和扩展并非只有思想传播这一外显的途径，影像媒介、玩具也是观念、意识形态的承载体，并且以一种更精微、更不易察觉的方式为人所接受。比如，从近代以来由外国人拍摄的或是由接受西方文化的中国人拍摄的中国儿童图像中，可以解读出近代"儿童"概念的浸染（陈映芳，2003）[1]。对民国初年兴起的玩具行业，人们从教育、民族主义和经济发展等方面给予了关注。由于物体具有定义身份和想象的力量，即"创造主体的力量"，加上近代兴起的"工作与玩耍、成人与儿童"的转喻，国产玩具被用于复制公民，也就是通过"中国玩具"创造出"现代儿童"。同时，玩具行业成为改革家用于重建物质生产和社会再生产的途径。玩具成为核心商品，说明它已经成为"政治美学化"的一部分（Fernsebner，2003）。这项研究实际上是对社会儿童观运作机制的精细分析，儿童观已然成为政治、经济、教育和社会心理多个领域力量的交汇之地。

除了儿童观以外，不少研究直接面对儿童在社会各个领域内的生活。其中大致分化出两种思路：一是“社会结构化的童年”模式，关心儿童群体生活以及社会、成人对于儿童生活所做的制度安排，从中折射出近代社会的某些特征；二是“部落儿童”模式，关心儿童自身经验，深入儿童各自不同的内心世界，挖掘儿童所建构的社会文化。也有作品同时涉及这两种思路。

莎瑞（John Saari）进行了关于近代儿童的开创性研究，他的著作《童年的遗产》追溯了中国学龄男童（受史料的限制，其研究对象基本是近代知识分子）的成长经历，特别是人格、道德自我、独立性和自主性的形成，对中国社会训练儿童“学做人”的文化传统做了心理意涵上的考察。所谓“学做人”的文化传统，是指中国人对长大成人的理解框架。作者希望考察“抽象的儒家自我实现如何与切身的感觉、需要以及儿童对自己的想法联系起来”，“确定不同的经验对于行动者自身来说意味着什么，解释他们用于理解世界的文本”，包括“信仰、格言、哲学、自传、故事、书院院规”，以及“关于脸面的概念”。因此，本项研究可以被视为“部落儿童”模式的典型作品。晚清是一个中国被从古老的停泊港口驱逐出去，进入世界变革激流的危机年代。作者想要探讨的是，身处这样的时代，儿童在理解这个混乱世界时所建构起来的符号意义对于他们意味着什么，儿童在危机时代作为行动者具有的优势和弱势。所谓“童年的遗产”，一方面指晚清儿童出生于特定的文化和历史环境中，继承“学做人”这一古老的理想，这体现在他们各自不同的思想、感受、行动以及梦想之中；另一方面指他们各自不同的童年经历及其意义帮助他们在矛盾挣扎中建立自己的性格和方向，“只是很少一部分”年轻人能够“看到、抓住和创造出过去破碎的传统与他们关于未来的希望和愿景之间的联系”。尽管这一代中国人在很多方面都各异其趣，比如他们对于传统的看法，对于将中国从不可接受的现实中摆脱出来的对策，以及性情、哲学观念都大为不同，但他们身上也存在共同点，即在“失序中抓住机遇并付诸冒险”，“灵活、勇敢以及微妙地回应他们那个时代的危机”。（Saari，1990）[271–275]莎瑞的研究在“童年遗产”这一构思上启发了本书对两大研究问题的设定，不过本书并不局限于考察儿童在人格和道德领域的学习和成长，而是观察其在人格、情感、知识、审美等多方面的社会化过程。

莎瑞可以算是第一个对中国近代儿童的生活加以理论思考的西方人，然而最早直面近代儿童童真生活的另有其人。晚清以来，在来到中国的西方人士当中，传教士大概是与当时的中国儿童有最多接触机会也对他们最感兴趣的一大群体了。尽管传教士的慈善、教育和布道活动有其明确的目标导向，但小心剔除意识形态色彩过于浓厚的部分之后，他们的回忆和记录中，保留了大量关于近代中国儿童生活的真实细节，从而成为研究近代儿童的一种史料。1998 年以来，国内开始重视这批传教士的写作，陆续出版了多部来华西人回忆中国社会和中国人的随笔性著作，其中包括对儿童的观察。专门以儿童为主题的著作则是何德兰（T. Hudson）和布朗士（K. Blanche）的《孩提时代》。何氏声称力图在东西方儿童生活中找出相似的东西，尽管他特别关注东西方童心相通的地方，但从他的描述中依然可以看到一些关于中国儿童生活的有趣发现，比如孩子的乳名基本是由父母取的，学名则是师长等有文化的人取的。在清末民初，学名的获得可能意味着孩子与家族的关系逐渐疏离。何氏花了很多精力采集中国男孩女孩的游戏，并且一五一十地加以描述，其中男孩们从街头学来的游戏有极强的对抗性和竞争性，这与一些人关于中国近代儿童缺乏竞争性活动的看法并不相同。何氏认为，游戏是对父母职业的模仿，不同地域的气候和人们的性格不同，孩子们的游戏就会反映出这种差异。布朗士的描写相对来说传教色彩更为浓厚，不过他也捕捉到了中国儿童的一些特点，比如中国儿童的罗曼史想象和做官紧紧联系在一起，中国家庭中父母对子女拥有至高无上的权力（何德兰 等，2000）[233]。相对于其他传教士而言，何氏和布氏对中国儿童的描述是比较乐观的，更多的来华西人对于中国儿童的印象乃是境遇堪忧：生存条件恶劣、天性得不到舒展，以及缺乏充足和恰当的教育。有文章指出，尽管这种认识并不能完全反映现实，但比较出洋华人对西洋儿童所处环境的判断，来华西人眼中的中国儿童状况有很大程度上的真实性（杨为明，2016）[48-50]。

与《孩提时代》关注近代儿童生活一样，中国当代学人对近代人物自传、图像中的童年场景和儿童经验进行了梳理和解读。《另一种童年的告别》将1828—1938年出生人士的自传中童年回忆的部分按照“教育、家族、环境、游戏和工作、前途、价值观、宗教以及女性”主题加以梳理和归类（张倩仪，2001）。尽管算不上严格的学术研究，但作者对于近代儿童生活与当代童年生态有着自己独到的洞察和思考。另外，某些教育领域的研究出于对民国文化名人学习经历的好奇，也关注自传中儿童的经验和内心体验。比如民国大师在家塾、学堂以及课外生活中的国文学习经历（石佳佳，2015）[31-47]，现代文化名人童年时期戏剧经验的类型、特点和获得机制（邱云，2015）[37-73]。这两项研究对自传文本的主题做出比较细致的归纳，但其存在的共同问题是由于过于强调历史经验对现实教育问题的启发而忽视了当时的社会文化特征，这使得两项研究尽管关注历史上的儿童，却缺乏“历史感”。前者虽然试图将民国不同时期的教育政策（宏观）与儿童观、儿童的国文学习经历（微观）结合起来分析，但是这种结合并没有体现在作者对现实启发的提炼中，换句话说，这种结合比较生硬，没有生发出有内涵的观点。后者则强调当代儿童与近代儿童在“心理结构与情感模式”上的延续性和相似性，忽视了儿童戏剧经验获得的时代特征。这种研究思路未尝不可，但是历史的延续性与动态性总是不可剥离地纠缠在一起，一项研究如果过于强调其中一个方面，其结论就会存在武断的风险。当我们希望从历史经验中得到现实启示时，应该特别小心历史情境和当代处境的差异。

也有学者善于从图像中解读近代儿童的生活众相。比如有文章结合丰子恺的“儿童相”漫画和文集，从三个方面——社群生活、本真生活和异化生活——分析清末民初儿童的生活方式：与家庭成员和同龄群体的关系是儿童最重要的人际关系；儿童观察事物的视角是能够看到纯粹本体的

"直线眼光"；儿童终究要长大成人，异化生活带有强烈的阶层特征。作者认为，丰子恺记录的儿童生活和他关于童年的思想是留给后人的两份遗产（小田，2006）。另一篇文章则分析了晚清《点石斋画报》中儿童的生存和教育境遇。作者认为，画报反映的儿童生活总体上是悲惨的：杀婴、弃婴等现象没有受到道德或法律的约束；儿童被拐卖；灌输式的早期教育，责罚手段简单粗暴；7 岁以后儿童的服装就与成人无异，儿童缺乏完整的童年期。但也有积极的地方，比如儿童医疗和保健事业渐有起色，游戏并不专属于儿童，而是儿童与成人共同的娱乐方式（谢毓洁，2009）。此文对画报中的儿童形象做了比较完整的梳理，但分析视角过于表面化，同时也比较简单地用现代儿童的生存状况来衡量晚清儿童，从而导向文明进步的推论。笔者认为，画报描绘的一些现象还可加以进一步挖掘，比如《父代子责》可能折射了晚清儿童教养文化的松动和冲突，而并不只是呈现表面上看起来的私塾教育落后；儿童与成人共同游戏的场景也呼应着阿利埃斯、熊秉真关于现代儿童失去自由的观点。

以上研究或多或少具有"部落儿童"模式的色彩，将儿童自己的经历和体验放在研究的前台加以关注。另一类以儿童生活为主题的研究实际上更为关心成人围绕儿童所做的事情、成人与儿童的关系（家族和亲子关系）、制度安排，以及成人与儿童关系折射的社会文化特征。有文章对 20 世纪 90 年代到 2011 年之间的近代儿童史研究做过梳理，作者认为相关研究主要集中在儿童被教育、被保护（保育、难童、溺婴及童工）、被认知和儿童自身的研究上，而关于儿童自身的研究数量远远不如前三种，由此得出近代中国儿童史是"没有儿童的儿童史"的结论（苏全有，2013）。但作者列举的关于儿童自身的研究其实并不都直接关注儿童所思所感所做，并且作者的视野也没有包括海外学术圈，比如莎瑞关于近代儿童成长心理过程的研究，哈里森关于法国圣婴会在近代中国活动的研究（Harrison，2008）。《上海儿童日常生活中的历史（1927—1937）》被上文认为是关于儿童自身的研究，实际上这项研究的意图是从儿童的物质、精神以及群体生活三个侧面反映民国时期上海城市的现代化发展程度，勾连儿童生活与上海社会转型之间的互动，既考察政府、社会和家庭在儿童生存和发展中的作用，也探究儿童自身对上海社会变迁的回应和影响，因此可以将其视为社会结构化模式的研究。在作者的笔下，上海儿童社会化的方向与城市现代化完全吻合，上海儿童生活的各个侧面都能挖掘出现代性的特征，这难免给人一种不过增加了一个耳熟能详的故事之感。事实上，按照从传统到现代这一叙事框架来组织史料是常见的研究套路。比如关于近代儿童娱乐世界的研究，作者通过描述娱乐空间、玩具和媒介，指出近代上海儿童娱乐的现代化转变：儿童娱乐走出家庭，娱乐活动折射社会化特点，现代公共娱乐场所出现，儿童娱乐进入教室和课程（方妍，2012）[101–107]。关于近代上海儿童体育的研究也与之类似。近代上海儿童体育在理念和事业发展上都经历了现代化转变，这种转变一方面使儿童身体得到了解放，另一方面也是体育和健康救国、求得国家解放的路径（刘媛 等，2016）。

也有一些研究放弃了现代化这一组织史料的抓手（同时也是限制），而是试图在具体情境中考察历史的演变，其结论往往是在“传统”的地方发现了“现代”特征，而在“现代”的时空发现了“传统性”。程再凤的论文《晚清绅士家庭的孩子们（1880—1910）》基于五四时期虽然是近代思想潮流的至高点却是“晚清以后思想革命的自然结果”这一历史前提，描述了晚清绅士家庭中两代知识阶层（晚清绅士阶层和五四时期、后五四时期知识分子）如何通过教育、娱乐和亲子关系实现知识分子的文化转型，这既是绅士阶层塑造子女的过程，也是新一代知识分子自我成长的过程，私人领域的新旧更替折射了公共领域的社会和文化异动。在教育和学习生活方面，从西学的逐步渗入到中西学对半，再到中国文化退据角落，儿童实现了知识结构的变化。在娱乐生活方面，作者论述了绅士家庭的游戏和娱乐对塑造五四时期知识分子豪杰之气的作用。（程再凤，2011）[143–149] 遗憾的是，作者本可以更透彻地分析社会文化变革对绅士家庭儿童游戏生活的影响和渗透，比如科举考试的没落与家长对孩子游戏时间的管制放松，新教育理念是否影响了士大夫家长的育儿理念，孩子们钟爱的消遣读物传递着时局和政治信息。作者对家庭情感生活的研究是最薄弱的部分。按照研究意图，作者应该考察家庭中的亲子关系是否发生了某种变化，这种变化是否影响到新一代知识分子的家庭伦理观念，但作者将论点转移为母亲和父亲分别对孩子的人格气质产生了什么样的影响。其个案分析比较脱离历史语境，并不能从整体上解释知识分子的家庭伦理发生了何种文化和观念转型。一项聚焦南京政府四四儿童节的研究则分析了1932—1949年儿童节纪念活动中政府所渗透的国家政治意识，社会团体对“儿童本位主义”的关注和呼吁，各方势力汇合，客观上也为儿童谋取了幸福（孙霞，2012）[34]。这项关于事件的历史研究能够挖掘具体历史事实背后的政治和文化机制，因而相对于各种不同的“现代化”叙事来说更为生动。另一项关于近代儿童学校教育生活的研究也进行了有趣的探讨：通过描述1902—1949年儿童的学校生活，既讨论了国家、社会、家庭对儿童上学的态度和作为，学校关于惩罚和自治的制度，学校教学的具体做法，也描述了儿童为捍卫受教育权所采用的策略、儿童在自治制度中发挥的积极作用，以及儿童的课内外生活体验。作者发现，对儿童的发现并不完全发生在五四时期，比如五四时期对义务教育的认识始终是国家本位视角的，但在法律上保护童工的运动和学程规划上的儿童本位的确始于五四时期（高振宇，2012）[235–243]。

至此，本书已经对中国近代儿童史发展的大致脉络和一些重要研究做了一番回顾。从研究思路上看，遵循“部落儿童”模式和“社会结构化的童年”模式的儿童史研究或多或少都能启发本书。从研究内容和主题上看，几乎所有关于近代儿童日常生活的研究都与本书有关：莎瑞关于知识分子人格养成的研究、教育领域关于文化名人国文和戏剧学习经验的研究，都涉及本书所谓的“学习生活”；《孩提时代》、《另一种童年的告别》、关于画报和丰子恺漫画的研究，描述了近代儿童多个领域内的日常生活，为本书提供了史料线索，本书正是要以“学习生活”的视角对儿童的生活进行重新解读；刘媛等人关于近代与儿童有关的社会、教育制度安排，娱乐、消费、体育等社会事业发展的研究，则描绘了近代儿童的童年生态，为本书思考儿童的所思所感所为提供了背景上的参考。

不过，历史学对近代儿童的研究，大部分着眼于成人与儿童的关系（家庭史），成人围绕儿童的所思所感（儿童观）所为（社会制度和安排），真正将历史上儿童的生活细节摆在研究前台，并着力理解儿童的声音，体察儿童的情感、观念、信仰等内心世界的学术研究并不多。莎瑞的著作是目前唯一按照这种模式进行的历史研究，许多研究只是稍微涉及儿童自己的意义世界，比如熊秉真、高振宇对若干人物童年体验的描写。本书试图重现的近代儿童学习生活，是由时空、环境、对话、人物、情节、内心活动等要素组成的有血有肉的生活故事，通过故事的描述揭示儿童在与社会文化生态的互动中如何建构自己的意义和文化。这一做法也受到了微观史、新文化史、历史人类学的启发和影响，它们对于丰富、拓展儿童史的研究路径和研究模式具有一定的学术意义。

四、聚焦：近代知识分子的童年

近代知识分子研究是史学界的热门领域，其中也有一小部分研究专门关注个体知识分子童年经历与其整个人生的关联，包括对其性情倾向、个体人格、学术方向、价值信仰等方面的影响。比较多的研究考察童年生长环境中的地域文化、乡土文化、家族风气对郭沫若、鲁迅、周作人、胡适、李大钊、王统照、许杰、巴金、钱基博等知识分子的影响，也有部分研究关注亲子关系、个体早期受教育经历的特殊影响，比如梁漱溟与其父亲的关系、叶圣陶与叶氏文学世家、张资平早年的教会学校经历。由于本书各章将会涉及这些研究，此处不做展开评述。

史学界以外，文学界对近现代作家的童年经历往往十分关心，童年经历被认为对近现代作家的创作和思想具有十分重要的影响，并且童年经验与成人作家写作之间的紧密联系也被视为新文化运动以来文学迈向现代性的结果和标志（翟瑞青，2013）[5-17]。因此，文学研究中对童年经历的关注基本遵循发生学的逻辑，以文艺心理学、心理分析理论为依据，到作家的童年经历中去追溯其精神个性（熊家良，1994）、思想与创作（谢泳，1992）（梁敏，2013）[37–49]、创作风格（翟瑞青，2013）[138–170]形成的原因。然而，文学界的研究往往更关心的是作家的写作。以翟瑞青的博士论文《童年经验对现代作家创作的影响及其呈现》为例：文中的假设是，作家的某种主题图式和先在意向结构是其文学创作的起点，而这些先在意向结构是在童年经验中形成的。因此，她的论证逻辑是从作家作品中分析提取某些反复出现的题材、人物形象、叙事策略、审美情感、文学语言、艺术风格作为其先在的审美心理结构，然后根据心理分析理论，在作家的童年经历（包括公共环境、个人经历）与审美心理结构之间建立因果关系。笔者认为，这种论证逻辑的问题在于，作者其实并没有着力于对童年经验的分析，而是将重心放在提炼作品的特征上，借助文艺心理学将作品的特征归因到人生早期阶段所具有的时空经验，包括地方语言文化、故乡水土、家族人事等。再以梁敏的《论现代童年回忆散文中的游戏世界》为例：作者认为，童年经验是作家个体经验世界的源头和基石，会对作家产生稳定而恒久的影响。作者看起来是要讨论童年经验对作家创作的影响，但又交代其立意为追寻受到现代文明侵蚀而消逝的童年游戏世界，以及人类现代化进程中的童年。论文并没有说清楚立意，在主体部分也没有很好地展开作家的童年经验，而转为分析作家在描写游戏世界时流露的情感和其中的思想内涵。这就能解释文章在结语中为何收束到“游戏世界的诗性再现与重构，以及游戏世界逝去的悲哀，是现代作家群体心灵深处与现实抗争的精神乌托邦”，继而讨论成年作家在回忆中因为拉开时空距离而对童年游戏进行的审美美化，以及忏悔和反思，折射的是成人的心理活动。（梁敏，2013）不过，此文倒是提醒笔者，在童年记忆的描写中存在着两种心理活动：一是传主童年时期的体验和情感，二是成年回忆主体的心理活动。在史料处理中，两者是需要加以辨别的。

总之，就近代儿童史以及近代知识分子童年研究而言，能够将社会学等其他学科的理论与史实很好地加以结合的研究也不多见。本书尝试运用新童年社会学、解释人类学的理论阐释近代学人早年的学习生活，试图对平常的生活细节加以“陌生化”，从而得到不一样的认识。

五、侧面：近代中小学生史

对近代学人而言，进入学堂成为中小学生无疑是一段重要的人生经历。

目前国内关于中国近代中小学生生活的研究，呈现出这样两种倾向。一种倾向致力于全面、总体地描绘学生生活的各个面向，但这一学术努力目前停留在对各种生活现象的简单概括上，比如师生关系、同学交往、情感生活和社团活动，这种关于表面形式类型的概括尚未能深入到交往行动的内在结构分析中。即便注意到了学堂社会交往中出现的“新气象”，研究也因为理论视野的缺乏而未能区别私人交往和公共交往，从而忽视了交往方式本身所具有的变革意义，而只是从学生交往和活动内容的角度论述学生对社会变革和移风易俗的推动作用（刘训华，2014）[26-318]（刘训华，2018）（刘京京，2015）[312-349]。另一种倾向则仅仅关注近代学生社团、学生自治组织，这一类型的研究基本延续的是制度史的学术理路，将社团和自治组织视为一个整体，论述某一时期这些组织的思想渊源、创建过程、知识氛围、组织结构、功能意义、活动内容、运作方式、作用效果等（刘训华，2014）[160-171]（刘京京，2015）[249-311]（向华，2014）（周小喜 等，2016）（陈梦越，2015）（李林，2020）。总的来说，这些研究提供了关于近代学堂学生社会交往的关系类型、交往主题、组织结构和思想背景方面的图谱，却难“深描”历史现象进而揭示近代学堂公共生活与交往的内在机制及其更为深远的社会文化意义。

就内在机制和过程而言，桑兵早年完成的学生史研究（桑兵，1995），借助文化心理的视角，勾勒了晚清学界涌现的学潮、学生自治与社会民主化变迁的内在联系。通过分析学生民主实践所反映的心理和实践特征，研究揭示了学堂学生作为除旧布新的变革力量所起到的先锋作用及其不成熟性。这种深入表层现象分析内在心理过程的路向与本书的分析思路是暗合的，具有重要的借鉴意义。同时，此项研究也存在值得反思和进一步推进的空间。其一，桑兵在分析清末学生民主实践的特征时，将分析重心放在学生的意识和心理结构上，包括民主意识的倒错、对自由抽象的理解、缺乏心理准备、崇拜权威心理等。这种向内的归因方式当然是有意义的，但是对于一种民主的公共生活方式而言，界定和判断其本质属性应主要依据行动和实践，即以公共交往作为实现民主生活的基本手段，这也是阿伦特强调行动、哈贝马斯强调交往理性的原因。而此项研究可能因为过于倚重报刊史料（报刊的新闻报道文体限制了作者对叙事方法的应用，事情经过往往被高度凝缩）而无法进入更为具体的学生交往世界，从而忽视了对学生民主实践行动层面的分析。其二，用一种规范的民主制度理论来评价近代学生的民主实践当然是有意义的，但是“具有局限性”这一判断未免带有后摄视角的嫌疑。实际上，不论是布迪厄，还是哈贝马斯，他们都已然意识到历史和现实中的行动者不可能按照完全理性的行动逻辑驱使自己的行为，为此布迪厄提出“惯习”概念，转向对实践过程中不同个体真实的偏好结构的研究，而哈贝马斯则拉开规范理论与历史现实情境的距离，提醒人们注意理论的“乌托邦”色彩，指出理论是希望的方向而非意识形态。因此，暂时悬置对历史的价值判断和评价，直面学生的微观公共交往与生活，进而揭示其中的行动惯习结构，或许更能释放生活史研究的真实力量。

六、镜鉴：来自历史的“他者”童年

本书对近代学人早年学习生活的深入理解能够为现实带来或多或少的启发，而对学习生活发生的晚清民初生态的理解又能成为观察年轻人现实处境的参照系，从而使我们更为审慎地对待历史经验。

揭示过渡时代的年轻人建构意义世界的机制及其社会文化特征有什么意义？人们常说，以史为鉴。在笔者看来，历史和现实的对话至少包括两层意思。一方面，就延续性而言，人类的心理结构和情感模式的历史演变比外在环境的变化慢得多，近代的少年儿童与今天的年轻人身上都存在文化再生产和创造的力量。尽管所处的社会文化环境不同，但在为年轻人创设一个意义丰满的教育和生活环境方面，历史总能为我们提供或多或少的启发，只不过这种现实启发建立在对古今学习环境的清醒认识的基础之上。另一方面，就动态性来看，过去年轻人学习生活的时代烙印能帮助我们更敏锐地把握现实中年轻人的生存处境。洞察一种社会现实和生态并不是一件顺理成章、轻而易举的事情，身处其间浑然不觉更有可能成为常态。来自历史的“他性”能够成为陌生化现实的一个基点，使我们对现实中受到社会文化影响的儿童和青少年的生存境遇保持一份敏感与警惕。

从近代学人的早年回忆中不难发现，总的来说，小时候的他们在一种文化浸润的环境下生活，这一文化环境很大一部分来自纸质媒介承载的旧学和新学，另一部分来自流淌在日常生活中的民俗风情和地方文化。其中，上层文化和下层民众的文化、成体系的经典文化与不成体系的观念意识思维以及隐蔽在生活表层之下的概念和意义世界、抽象和具象的符号，以这种或那种方式萦绕在童年时光的故土之上。在这样的时空条件下，儿童的学习发生在对周围的人、事、物与符号的认知、洞察、体验以及与它们的创造性对话之中。这样的童年学习生活是丰饶的，也是令人怀念和向往的。但是因为如此，就要让今天的孩子们回到过去的时代吗？尽管很多研究告诉我们，今天的儿童生活在各种电子媒介的包围之中，儿童和成人的界线变得模糊，童年在消逝。比如，一项针对上海白领阶层儿童的电子智能产品使用研究表明，儿童所遭遇的不仅仅是“童年的消逝”，儿童是数字化生存的原住民，五光十色的图像塑造了儿童的思维和感知，儿童察觉不到数字化游戏背后的商品逻辑，从而与成人一样，异化为网络世界的幼小“玩工”（曹晋 等，2013）。但回到前媒体时代毕竟是一种乌托邦的理想，也没有必要。波兹曼的研究主要借重于对媒体文化的解读和一些关于儿童使用媒体的调查报告，但儿童使用和消费媒介的感受、儿童自己的声音是缺席的。许多调查研究表明，儿童的确会受到电子媒介的影响而出现道德水平下降（卜卫，1994）、社交障碍等问题，但儿童也会积极地参与、利用和创新对新媒体的使用（科萨罗，2016）[216]，儿童在与媒介符号的互动中总是在建构某种文化。相对而言，《童年之死》的作者帕金翰（David Buckingham）的态度更为中肯：面对电子媒介，应该迎上前去，接受它的挑战（帕金翰，2005）[223-225]。饶舌了许久，笔者无非想要说明，不管身处什么时代，儿童都是在与既有结构和文化的互动中，建构和再构自己的文化，只是其具体过程必然有时代的烙印和特征。而本书正是要通过微观的人类学和社会学式的解读，使儿童与之互动以建构儿童文化的童年生态和时代特征变得陌生，从而深入理解历史的“他性”。这种研究并不预先设定价值判断，过去不是绝对光明的，现实也不是一片灰暗的。

相比于从传统转型到近代的清末民初，今天的社会现实是如此不同。现实处境变了，过去儿童做的事情、玩的游戏、看的书，不见得可以原封不动地移到今天儿童的教育和学习环境中。譬如考虑到家庭规模的缩小和社会分化的精细化，笔者就不认为今天的读经会取得和过去一样的效果，读经既不见得有助于中华文化焕发新的生命力，也不一定有助于今天的儿童过上一种有意义的学习生活。回到五四时期知识分子的童年回忆中，这批知识分子多多少少是读着“四书五经”长大的，有的把“一部十三经”背得滚瓜烂熟，有的只是诵读过部分，但是在他们所生活的大家族和乡土社会中，总有一两个长辈、兄长或是可触可感的同乡，以身作则，亲身实践着什么叫“长幼孝悌”，什么是“齐家治国平天下”。比如曹聚仁的父亲醉心于各项地方公共事业，杨亮功的父亲通过就近办学的方式为晚清基础教育做出自己的贡献。儒家文化以一种活生生的方式存在于儿童的身边，诵读儒家经典便比较易于将儿童的具象经验提升到某个抽象的水平。反观现实，今天我们的孩子大多生活在核心家庭中，父母的职业也局限在某个专门的领域，长幼有序的伦理实践和成人对地方公共社会的投入不再是童年时的常见景象，滋养儒家伦理的传统生活形态日渐模糊。缺少了具象生活的熏染，纯粹地读经沦为一种乏味的语言训练亦是难免。然而，考虑到历史和现实中儿童都具有的自主性，历史上儿童对于经典的创造性诠释又启发我们：某些传统文化能够以一种与日常生活紧密结合的方式滋养童年的学习生活。

除了拥有经典学习的人文环境，近代学人的早年生活空间也与当代年轻人有很大差异。在许多近代学人的早年回忆中，他们往往是在与各色各样的人打交道的过程中明白、体察到一些事理和人情。然而，当前，由于大中型城市的发展和财富积累的两极分化，在城市中日益出现空间区隔，城市中的人们陷入相互接触但不贯通的怪圈（胡滨，2012）。在乡土社会生活过的人对此可能更为敏感，比如曾做过知青的韩少功在他的都市文化批判作品《暗示》中有过生动描绘。社会区隔的深化必然影响到生活于其中的儿童，其对儿童学习生活的具体影响尚需要进一步探究。不过阿利埃斯和熊秉真都曾在著作中提到，前现代时期的儿童拥有出入成人世界的自由，相比而言，现代儿童处在某种年龄管理制度之中，反而失去了这种自由。如今，城市内部以及城乡之间的空间区隔，是否使得儿童在与成人世界隔离以后，同时失去了与不同社会背景（阶层）的伙伴相处的机会？

概括而言，不论是近代的少年儿童，还是当代的少年儿童，都具有从所处文化环境中吸收符号并用于建构文化世界的潜在能力，这表明历史的延续性往往隐藏在看起来不同的现象背后。同时，意识到变化往往使史家对盲目复古的行为保持一份冷静。

七、工具：教育历史叙事

教育历史叙事是本书运用的研究范式。作为教育叙事的一种形式，它从文化研究、新文化史（社会文化史）、微观史、历史人类学、叙事学、现象学等人文学科中借鉴吸收理论和方法资源，同时强调对教育作为一种生活方式的理解，尝试借助中国本土叙事传统对吸收的资源加以创造性转化。对于本研究来说，考虑到历史叙事与现实生活叙事的差异（历史叙事面对的是已经成文的叙事性文本，而现实生活叙事通常需要研究者撰写生活故事），研究过程一方面遵循教育叙事研究一般方法（丁钢，2008）[73-87]展开，另一方面也对个别环节做出调整。具体环节步骤（邓金，2004）[79-86]如下。

（1）解构关于现象的前在观念。目的是批判性地梳理关于现象，比如学习与时空、身体、物质文化、地方知识、游戏等的研究和理论文献。

（2）把握现象。在收集近代学人早年经历故事的同时，“在真实自然的社会世界中定位”早年的学习生活。

早年经历故事的来源主要是人物的自传、回忆录、回忆性散文、书信、日记、自编年谱、现实主义小说。佐证性的材料，包括师友回忆录、人际关系网中其他个体的书信日记、后人撰写的传记等。

所谓“在真实自然的社会世界中定位”，还包括通过追溯社会结构来观察个体和群体“创造体验和表达自身困境的条件”。为此，需要借助客观背景史料来勾画学习生活发生的社会、文化和教育制度环境。客观性的史料包括年鉴、编年史、年谱、报刊、地方志、学校志、政府统计资料、外来西方人士的摄影和文字记录等。就史料考证而言，客观性史料可能遇到的最大问题是相互抄袭。历史上的人们从不同的观察角度、使用不同的数据，难以想象会自然产生完全相同的记载（布洛赫，1992）[86]，因而如果两份文件相似之处过多，笔者就有理由怀疑其中一份的真实性，或者两份文件都来自对另一份原件的临摹。

（3）化约现象。在悬置梳理解构的理论答案前提下，此阶段按照研究者自己的理解对每一个研究对象早年的“自传空间”文本进行主题编码，提取其中的关键阶段、意义单元、叙事素材。此时，适当借助叙事学、符号学、精神分析等文本分析策略。

（4）建构现象。寻找步骤（3）中打碎的基本要素之间的关系和相互作用，建构意义结构、经历结构等。

（5）深度描述与深度解释。化约和建构过程使研究者对研究个体的早年经历产生初步的新理解。在此基础上，研究者对现象做出新的有重点的深度描述，并同时进行深度解释。根据解释主题，每一个个案的深度描述都可能有不同的重点，比如关系、个人和情境。本研究中，很多传主对其早年生活的描述采用了“模仿”方式，已然涵盖了对动作、言语、情感、意识等多层次的细节勾勒。本书的深度描述则将重点放在人物的生活环境和社会关系上，从而弥补自传中生活片段的语境空白。

深度解释是对文本表层和深层意义的解释。表层解释是指意识层面的、行动因果方面的解释，而历史人类学、微观史关注的重心是对人深层的、无意识活动①的说明，比如各种习惯、内在的人生体验，从而揭示生活的意义。关注“无意识”层面的活动和感知觉，在梅洛-庞蒂那里，则意味着试图通过可见的去挖掘不可见的身体经验的深度；对施密茨而言，则是“从人的身体知觉和情感而表现出来的原处的情绪震颤状态出发，揭示性地和理解性地去接近人的无意识的生活体验与生存实质”（熊和平，2014）[23]。解释得来的意义常常是象征性的，并且呈现多重意义结构。同时，为了做出交往性的、多重声音的、复调的解释，研究者需要尽可能考虑和结合当事人对自身经历的看法与理解，而不是强加研究者的理论解释框架。此阶段的解释重点乃是近代学人早年学习生活的发生机制。

需要指出的是，考虑到历史上儿童声音的不可再现性，从当时儿童的视角和立场出发理解他们的经验世界就格外重要。当然也不局限于对儿童的研究，微观史的策略之一便是“推测范式”，即从有限的、不完整的资料中通过推测获得一个合理的解释（周兵，2012）[80]。对于儿童和青少年更是如此。儿童史学者格里森（Mona Gleason）认为，史学家“太过执着于追寻史料中的儿童声音，这会妨碍他们对传统史料做出更有想象力的解读”，解决办法是“移情推测”，比如“从年轻人的角度来想象他们的经历意味着什么”“对年轻人视为重要的事情保持敏感”，它“邀请历史学家运

① 关于历史人类学以无意识活动为考察重心，参见：章衍. 人类学方法在历史研究中的运用：以《蒙塔尤》为个案的分析 [J]. 史学理论研究，2010（1）：66–78，159；常建华. 历史人类学应从日常生活史出发 [J]. 青海民族研究，2013（4）：17–22.

用最弱势者的视角想象和解释这个世界”。（Gleason，2016）

（6）深化对现象的诠释。本研究中，在对不同近代学人的文本进行化约、建构、描述和解释之后，需要根据不同的理论主题，将同一主题的文本进行并置和对照，寻找个体之间的联系，从而对该主题做出进一步的诠释。因此，此步骤实际上可能是对文本组合的又一轮化约、建构和解释。此阶段的解释重点将收束到本书的后两个研究问题上，即童年学习生活对人生的影响以及其中所反映的社会文化历史特征，从而考察过去与现在的联系。

从本书各章的写作架构来看，主体部分每一章的开篇导论将体现观念解构的结果，主体部分则是把握、化约、建构、描述和解释过程的综合呈现，各章以及全书的结论部分则是现象深化诠释的体现。

第一章

家园：情感和知识流动的学习空间

学习生活总是发生在一定的时空中，学习空间并不是一种价值无涉的物理空间，人与人、人与物、人与知识的汇聚、相遇赋予了学习空间无比丰富的人文意涵。对于过渡时期的近代学人而言，乡间或镇上的家宅便是初次接触学问的空间，关于旧学的记忆总是和最为熟悉的家宅粘连在一起。放下书本，跨出宅门，作为住宅和家空间的延伸，园林、田野、山林提供了更为广阔的活动、游戏和学习的空间。对于很多人的早年生活来说，在田园、庭院、山野里逛荡的时刻是快乐和自由的：或得到美的熏陶，或享受嬉戏的乐趣，或满足好奇之心，甚至体验某种更为原始的神秘之感。自然成为一个更为开放和多元的学习空间。

本章试图解读家宅以及大自然空间对这一代学人早年学习生活的意蕴，并由此探讨这种生活所蕴含的人生和文化意义。在进入个体的学习空间之前，有必要梳理、澄清“空间”在社会文化理论和教育生活研究中的内涵。

一、“空间”在教育生活研究中的内涵流变

20 世纪 70 年代，西方社会和文化理论发生“空间”转向，教育学也

开始运用空间理论思考不同空间层面的教育问题和现象[①]。90年代以来，随着新童年社会学、童年/儿童地理学的兴起，在最为微观的层面上，审思空间在儿童日常生活中的作用和意义开始成为学术知识生产的一大方向。儿童的日常生活往往关涉儿童的教育、学习和成长这样的主题，因而来自社会学、地理学、教育学、现象学等多领域的学者共同将空间推到了儿童教育生活研究的显要位置。其中，作为人文地理学的一个分支，儿童地理学继承了人文地理学对于“空间”的文化敏感，同时与最近兴起的教育地理学、情感地理学等相互交叉，成为教育空间研究中风头正劲的一股力量。当然，这些学科在理论视角和资源上往往相互借鉴，难分你我。

微观层面的教育空间研究包括儿童与成人，教师、学生与管理人员，学校与各种学习场所的教育生活研究，以及较小尺度的教育建筑空间研究。梳理这些研究，可以看到其中的“空间”在内涵上不断经历着拓展和流变。

（一）表征与主体性

在“空间”和“文化”转向出现以后，在人文地理学中“空间”概念从既定的客观空间转变为社会空间（杨颖 等，2016）。就微观教育空间层面而言，作为社会空间的教育空间是对复杂的社会关系与秩序的隐喻和表

---

① 在空间理论中，“空间”的尺度可大可小。比如，在宏观层面（如在全球、洲际和国家尺度上），学者们运用社会网络理论、网络权力理论、系谱学、空间正义理论等探讨教育全球化、教育资源布局、学术知识流动等宏观教育问题。而在中观或较为微观的层面上，建筑学和教育学的交叉视角关注建筑和教育空间设计如何物化和折射特定的教育理念，其考察尺度可以是一个城市的教育机构建筑，也可以是单间的学校教室，参见：BURKE C, CUNNINGHAM P, GROSVENOR I. ‘Putting education in its place’: space, place and materialities in the history of education [J]. History of education, 2010, 39(6): 677−680. 这一领域的研究也与儿童的教育生活有关，不过往往并不将儿童生活置于研究的焦点。除此之外，教育学术研究中的空间视角还包括其他三个方向（由于它们并不主要从空间理论中汲取理论资源，因而不在此处讨论范围内，在此仅罗列）：一是科学、技术和心理学取向的“学习空间”、创客空间研究；二是儿童心理学和发展心理学取向的儿童空间认知思维研究；三是教育和课程哲学研究中的教育空间，比如作为颠覆空间的课堂、教师教育中的第三空间、空间课程的概念重构等。

征。以学校教育空间中的秩序再生产为例：大量的研究已经揭示不同地域和历史背景中的学校如何通过对儿童的角色定位、空间纪律、制度与课程等策略和技术达到对儿童（也包括成人）的规训，儿童的身体成为社会规训与秩序的表征空间。

当然，教育空间并不总是社会霸权和不公正秩序的同谋，学校建筑和其他各种非正式的教育空间也可以是某种文化中的教育理想、社会理性的物质表征、隐喻和意指实践。比如，中国传统书院与社会底层的精神相接引，其新型教学关系蕴含在不同于主流象征秩序的空间格局中（丁钢，2016），是对一种相对自由、开放和包容的人文精神的空间呈现。与之相似，“二战”后英国进步主义教育理念指导下的世界和平教育，连接了个体成长发展和物质空间设计（Kozlovsky，2010）。然而，当代社会中的教学楼则在它的空间叙事中沦落为工业文化的实体表征（段俊吉 等，2018）。

新童年社会学和儿童地理学的一大理论兴趣就是摆脱“死气沉沉”的空间规训，挖掘儿童对生活和社会空间的具身体验和主动改造与创造，从而体现一种“主体性”（agency），进而能够抵抗成人世界的秩序和表征。如此，空间不再仅仅是社会秩序和文化理念的表征空间，而成为个体体验和行动的主观的、主体性的空间。作为“有能力的社会行动者”，儿童的主体性可以有三层含义：第一，儿童对其生活的空间有自己的感知和体验，拥有表达自身的能力，能够形成独特的眼光和视角；第二，儿童所创造的意义空间可以有自己的习俗、仪式和规则，儿童可以形成自己的身份和认同，儿童的秘密世界与成人世界相对独立，存在差异，甚至是对抗，比如学校中的儿童借助占据游乐场、图书馆、餐厅等宣示其主体性；第三，儿童在与同伴的互动中建构的儿童文化空间，当然有可能是对社会和文化特征的内化，但同时也有可能拓展了成人文化，儿童有能力与成人一起行动，从而为社会和文化的转型做出贡献。

然而，当空间中的“主体性”被充分开掘时，儿童地理学学者首先敏锐地观察到表征和“主体性”理论的两大风险：一是在儿童地理学中，

“主体性”最后总是要被归结到某种认同政治上，或是认同表征，或是对抗表征，并且过于工具性地寻找儿童不同于成人的声音、情感、行动来论证某种显在的“主体性”（Kraftl，2013），这在一定程度上遮蔽和扭曲了儿童的真实生活；二是在既有的理论视角下，（现实和历史上）儿童生活中那些更为庸常、微不足道和日常的事物（Horton et al.，2006a），那些不能被用于论证“主体性”概念的行为，那些难以用语言形容的情感，那些与表征和再现性符号无关的事件，往往被认为是毫无意义的、可以被过滤和丢弃的“残渣”。为了更好地探索这些复杂、庸常的事物潜在的意义，儿童地理学提出了非表征（non-representational）理论。

（二）“非表征理论”的观照

非表征理论由人文地理学家薛伟德（Nigel Thrift）在20世纪90年代提出，进入新世纪后得到认可和运用，可以说其理论生命还十分年轻。尽管该理论已引起众多国际学术同行的兴趣，但尚未得到中国人文社会科学和教育学学者的关注。就像后结构主义、后人文主义、后女性主义等概念，“非表征理论”也具有多义性、开放性和不可避免的模糊性。学者对其的简明定义是，寻求更好地解释“人类之外、文本之外、多重感官的自明的世界”，关注“生活怎样在共享的经验中得到形塑和表达，日常生活常规，转瞬即逝的相遇，具身的活动，事前的触发，实践技能，情感浓度，持久的内在冲动，意外的互动和感觉倾向”，对相关表达的意义和令传统儿童地理学感到不安的“无意识”保持敏感和开放的理论。而这些平凡、细微、不易被人察觉的表达和“无意识”拥有充满希望的作用和潜力，比如形塑新的常识，生产新的秩序，打造新的生活地图（Lorimer，2005）。

当非表征理论与儿童地理学相遇，儿童地理学开始思考除了规训、表征与主体性，儿童的空间经验和生活还意味着什么？这些思考至少可以被归结为两点。

第一，空间的内涵变得丰富和复杂化。首先，空间中不可言说的复杂性得到了更为严肃的对待。这种复杂性包括多样性和各种细节，涉及物质性、实践、具身、情感上的复杂性，空间的尺度则从微观结构的、人际触碰的层面，拓展到建筑空间、人、装置和事物的领域。其次，空间并非客观存在的、可以被访问的地方，而是私人的、个体的、人际的、主体的、情境的。这种主观性包括了可以言说和不可言说的部分，空间是人、物体、自然的相遇，是人与他者、自我的相遇，并往往发生在特定的、古怪的、随机的、非理性的时刻，简单地说，空间与生活本身一样复杂。最后，与其谈论空间，不如谈论“空间化”（spacings）。作为动词的空间化是指空间的动态性和进行中性（ongoingness），事物和我们处于不断的变化之中，总是在成为什么的过程中。另外，同样的物理空间可能存在着许多不同的“空间化”，也就是对空间的不同理解，每一种理解都有未被表述的代码、规则、符号和习俗，产生了自己的系统和权力关系（Horton et al.，2006b）。

第二，非表征理论观照下对儿童空间的意义的思考，挑战了关于儿童教育和社会化的既定观点，从而打开了新的解释空间并获得了想象更好未来的潜力。

首先，关于作为非线性过程的长大成人。在一项研究中，两位儿童地理学家回忆了童年往事中的四个片断，包括故事中那些庸常的、微不足道的瞬间，比如佩戴眼镜的感受和影响、打闹中受伤、第一天上学的经历、笨手笨脚的自我认识，并特别反思了与这些故事有关、某些至今依然保持的特性和习惯。这些微小的事件、情感很难被纳入主体性的思考框架，也不是权力秩序的表征，更谈不上一个儿童的“成长”。他们认为，儿童的生活与其说是成长，不如说是一个持续不断的变化过程，是非线性的，“个体的成长并不必然发展出某种有价值的能力、举止风格或倾向。这些历史影响我们以不同的方式在不同的情境中继续生活——去应对，去做到最好”。但是这些东西“结构”和定义了我们，比如戴眼镜这件事，“结构”了我们作为一个“四眼书呆子”的生活的意义，以及关于暂时性、幸福、身体想象和吸引力的理解。这种过去与现在的容易被遗忘的联系，

“经常是无序的，突然产生的，也许是压倒性的，怀旧的或是令人不安的。但是这些联系并不都是‘重大事件’的结果，比如我兄弟折断腿的时刻、我得到考试成绩的时候、我被碾压过去的时候。许多联系通常悄无声息地出现：得了腮腺炎，在数学课上表现不好，撞碎了东西，在生日聚会上吼叫”（Horton et al.，2006a）。这就挑战了关于成长是一种从不成熟发展到成熟的线性过程的既有观念。“进行中性”邀请我们去关注过去与现在之间，也就是童年和成年之间那些微妙的联系和持续性。事实上，空间与时间不可分割，后现代空间观认为，“从过去穿过现在然后迈向未来，这样的线性进步并不存在。确实，未来已经埋藏在了过去之中”（卡瓦拉罗，2013）[172]。从这个意义上讲，个人的过去（童年）拥有着连接和重新想象未来的潜力。

其次，关于“社会性之外”的混合童年。从某种程度上说，新童年社会学将它的理论建构在对心理学特别是发展心理学的批判和摒弃上，强调社会文化建构的童年和儿童在社会中的主动建构。非表征理论的一个出发点是重新审视儿童生活中的物质性方面，比如对某些心理学、脑科学理论的重新运用。混合童年是指儿童总是处在混合的空间中，总是遭遇和邂逅人类与非人类的部分，包括自然和人工物体。在真实的、复杂的和丰富的遭遇空间中解释儿童的经验所具有的意义，而不是用理论提纯空间中的儿童生活，从而走向理论的综合和混合，成为非表征儿童地理学的努力方向。

非表征理论对儿童“主体性”的批判和对庸常生活细节的重新关注，与教育领域学者的反思形成了一种共鸣。比如格里森认为，儿童史领域的学者太过执着于追寻儿童的独立看法和行动，进而将之归结为儿童对历史的贡献。为了避免这样的“主体性”陷阱，她提出运用“移情推测”来发现儿童更具关系性的、更为情境化的主体性。比如，父母在做出关于孩子的教育决策时考虑了儿童的需要和能力，从而引发了家庭内部在收支平衡与遵守法律（支付教育费用）之间的紧张关系，儿童有时也可能认可父母的选择（Gleason，2016）。这些以往被孜孜不倦寻求“主体性”的儿童史学者所忽略的日常细节，对历史上儿童的真实生活却具有深远的意义。

概括地讲，对新童年社会学来说，教育生活中的“空间”更多的是表征社会权力与秩序的社会空间，也是儿童通过社会行动反抗和抵制这种权力表征的主体空间。当然，教育的“空间”也可以是对某种文化和教育理念的表征与隐喻，同样关注儿童的主体性。对儿童地理学来说，空间是儿童经验、感知和赋予创造性意义的主观空间。非表征理论不是要否定这些关于空间的内涵，而是在融合空间的物质性和社会性的基础上，通过对儿童生活中更庸常、更平凡、更微不足道的经验的意义解读，将人们对空间的关注导向对儿童生存和道德境遇的关注。看起来，非表征理论与儿童地理学的相遇似乎孕生了一种教育关怀。

也就是说，教育生活研究中的“空间”概念经历着流变，各种具体的质性研究不断丰富新的理论化可能。本章就将从存在与意义赋予的主观空间的层面上，考察近代学人在家宅和自然物理空间中的早期学习生活。

二、家宅空间里的情感和知识流动

大部分近代学人在早年的学习生活中经历了新旧之间的转换：由中学入西学，或是从支持立宪转向支持革命。从宏观角度来看，这似乎是一个自然而然、顺应时代潮流的过程，但如果我们调整观察的焦距，深入个体的内心和生活世界，就能体察到这种转变远非一个简单的线性过程。而且，人们往往关注西学知识、革命报刊起到的启蒙作用，但旧学知识以及和旧学粘连在一起的生活记忆在这种转变中发挥的作用被严重地低估和忽视了。

（一）新旧转换间的矛盾和粘连

在蒋梦麟、柳亚子和萧瑜的记忆中，早年在家宅空间里吸收的旧学传统以及镶嵌于家宅空间里的情感记忆，并没有成为其追求新知的负累，而是提供了某种知识和情感上的过渡。

1. 蒋梦麟：科场与家宴上的视角反差

1897年，余姚乡间一个商绅的儿子进入府城[①]的绍兴中西学堂读书，在此之前，在家塾中学习的他对做官充满了热切期盼和想象。5年以后，少年已在杭州的浙江高等学堂吸收西学，不过他依然认真地准备科举考试，并在1903年秋季举行的郡试中考取了县学附生（秀才）的功名。1904年初，少年已满18岁。适逢学校寒假，他遵父命回到余姚蒋村接受亲戚朋友的道贺。是年暑假，少年毅然离开浙江高等学堂，赴上海考取南洋公学。这个一度深陷新旧异途的斗争漩涡而难以抉择的少年就是日后接替蔡元培执掌北京大学（简称北大）的蒋梦麟[②]。30多年以后，年过半百的蒋梦麟在回忆中这样描述这一幕场景：

> 两个月以后，寒假到了。奉父亲之命回到乡间，接受亲戚朋友的道贺。……
>
> 在绍兴时曾经收到一份捷报，不久，试差又用一份同样以红纸写的捷报，敲着铜锣分向我家乡的亲戚家属报喜。开筵庆祝的那一天，穿起蓝绸衫，戴了一顶银雀顶的红缨帽。好几百亲戚朋友，包括妇孺老少，齐来道贺，一连吃了两天喜酒。大厅中张灯结彩，并有吹班奏乐助兴。最高兴的自然是父亲，他希望他的儿子有一天能在朝中做到宰相，因为俗语说，“秀才为宰相之根苗”。至于我自己，简直有点迷惘。两个互相矛盾的势力正在拉着，一个把我往旧世界拖，一个把我往新世界拖。我不知道怎么办。（蒋梦麟，2016）[55-56]

在蒋村这样一个只有300余人的中小村落，有几百人前来赴宴表明蒋

---

① 在清代，浙江省下辖11府，余姚是绍兴府辖境内的8县之一。绍兴府府治地为会稽、山阴，同城而治称为绍兴府城，故而周作人称儿时的自己为“府城里的人”。1913年废府设县。

② 蒋梦麟，1886年生于浙江余姚县蒋村一个较为富足的家庭。家有田产，其父蒋怀清还是上海几家钱庄的股东，为人慷慨厚道。蒋家是受到乡民尊敬的大户人家。蒋梦麟早年留学美国，归国后成为北大历史上任职时间最长的校长。

梦麟摘取功名这件事在当时应是村里的一件盛事，2 天的筵席也是乡民们平日少见的大场面。根据地方文献和今天在原址上修葺扩建的蒋梦麟故居布局，笔者尝试复原这个场景：余姚蒋村，坐落在水网密布的杭州湾南岸，蒋梦麟的家修建在一条小河道的南岸，坐北朝南，屋子三面环水，杨柳青青。蒋宅是一座三进五开间的四合院式水乡民居（见图 1–1），从宅门穿过前院和门厅，便是宽敞的中庭和高大的五开间正屋。正屋的山墙采用了江南地区常见的观音兜[①]设计，远远望去，流线型的山墙曲线在四周的人字形房屋群落里格外出挑，显得灵动活泼。正屋南北侧，分别有一个狭小的天井，以及煮饭做菜用的后灶屋。推开后灶屋的小门，便能看到石桥和小河。为了接受父老乡亲的道贺，蒋怀清带领一大家子早早地从杭州城赶回老屋，开始布置。正厅[②]和中庭被临时改为宴会大厅，正厅放不下的圆桌就布置在露天的庭院里。

通常来说，对于当时印象深刻的、引起情感反应越是强烈的经历，传主往往花费越多的笔墨进行描写。正如巴什拉所言，作为写作中的雕刻，突出显示文字是真诚言说形象的结果（巴什拉，2013）[62]。然而，梳理蒋梦麟童年求学生涯的“剧情”发展线（“期盼—苦学—郡试—上榜—庆贺”）可以发现，就在“庆贺”这个逻辑上的高潮点上，蒋梦麟自觉不自觉地通过对空间的大场面调度压缩了时间，在对空间的扁平化处理中省略了人物、情节、动作和对话。匿名的“妇孺老少”，概括性的“齐来道贺”，大全景式的“张灯结彩”“吹班奏乐”，以及“一连吃了两天”，寥寥数笔，仿佛是从一个旁观者的角度所做的不带感情色彩的客观观察，从而暂时隐藏了叙

---

① 王永江《影像余姚》中记载：蒋宅原有三进，山墙为观音兜设计。另参见学者对观音兜山墙的解读：张新克. 解读浙北水乡古镇民居建筑文化中的形式之美 [J]. 大众文艺，2013（13）：57–58. 人字形造型是江南普通农家的常见屋顶造型，简单实用，较为殷实的家庭才会建造结构更为精致的山墙。

② 宴会所设的具体位置，蒋用“大厅”来描述，较为模糊。根据那仲良对民居的研究，“正厅在中国拥有各种称呼，如正厅、正堂、正屋、大厅”，“重要事件与节日庆典均在此举行”，“家具也可以灵活移动以适应厅堂的各种使用需求”。参见：那仲良. 图说中国民居 [M]. 任羽楠，译. 北京：生活 · 读书 · 新知三联书店，2018：107–111. 综合来看，此次宴会很可能设在正厅和中庭。

述人作为主人公的事实。可以说，蒋在此处做了典型的“摄影机视角（客观镜头）”①的描写，成为一种对热闹场面的“冷处理”。

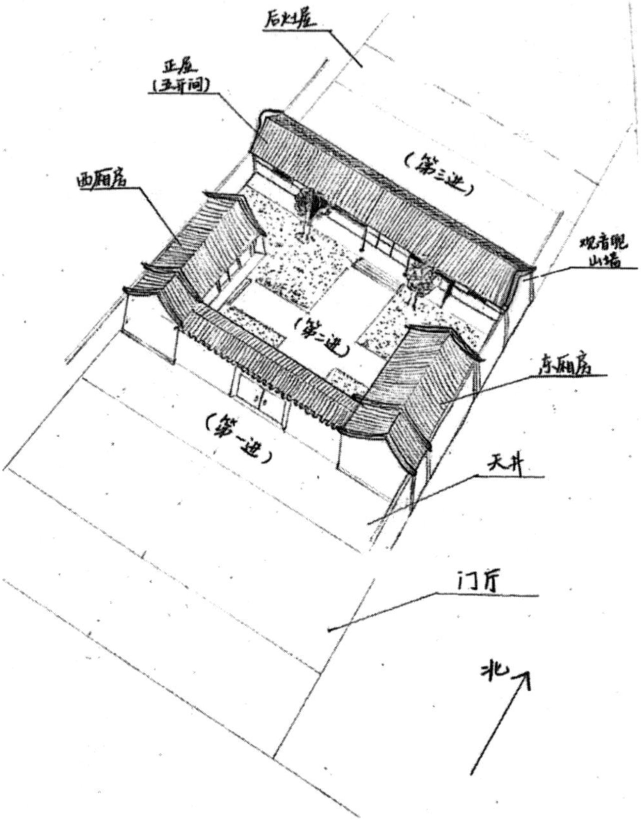

图 1－1 蒋梦麟故居遗址建筑结构

注：笔者根据蒋梦麟故居复建建筑和史料记载绘制。“蒋梦麟故居，坐北朝南，原由门厅、正屋、两侧厢房及后灶屋组成，现仅存正屋五间。2010 年起，重建东西厢房、围墙、庭院等建筑。”另根据我国传统四合院式样的民居的一般结构，三进式院落分为三个部分：宅门、倒座房（门厅）、天井（前院），垂花门、中庭、正厅（正屋）、东西厢房，天井（后院）、后屋。今故居门厅、后灶屋已无存，游客可从第二道门直接进入庭院和正厅。（浙江文物年鉴编委会，2016）[95]

在这段运用了大量大全景、蒙太奇手法的描写中，隐藏的“我”显得

---

① 在电影中，客观镜头不是以“剧中人”的眼光来表现景物，而是直接模拟摄影师或观众的眼睛，从旁观者的角度客观地描述人物活动和情节发展。它与主观镜头相对。

分外客观冷静，“我”成了看似“不在场”实则在场的“我”。在一些自传中，这是一以贯之的风格，比如周作人的回忆录，他对自我经历的描述更像是民俗风情纪录片的脚本。但对蒋梦麟来说，“摄影机视角”的出现意味着同一文本中写作方式、描写视角的转换。与这段身心分离的描写形成鲜明对照的，是蒋对入郡试科场的细致白描。

> 考试开始时，清晨四点左右大家就齐集在试院门前，听候点名。那是一个初秋的早晨，天气相当冷。几千位考生挤在院子里，每人头上戴着一顶没有顶子的红缨帽，手里提着一个灯笼、一只考篮。大厅门口摆着一张长桌。监考官就是绍兴知府，昂然坐在长桌后面。他戴着蓝色晶顶的红缨帽，穿着深蓝色的长袍，外罩黑马褂，胸前垂着一串朝珠。那是他的全套官服。他提起朱笔顺着名单，开始点名。他每点一个名，站在他旁边的人就拖着长腔唱出考生的名字。考生听到自己的名字以后，就高声答应：“有！某某人保。”保的人也随即唱名证明。监考官望一眼以后，如果认为并无舛错，就用朱笔在考生名字上加上红点。
>
> 考生点名后就可以进考棚了。他的帽子和衣服都得经过搜索，以防夹带，任何写了字的纸头都要没收。
>
> 考生鱼贯进入考棚，找出自己的位置分别就座。座位都是事先编好号码的。考卷上有写好考生姓名的浮签，缴卷时就撕去浮签。考卷的一角另有弥封的号码，……
>
> 考试的题目不出四书五经的范围，所以每个考生必须把四书五经背得烂熟。……题目写在方形的灯笼罩子上，白单子上写着黑字，灯笼里面点着蜡烛，因此从远远的地方就可以看得很清楚。提灯笼的人把灯笼擎得高高的，在考生座位之间的甬道上来回走好几次，所以大家都不会看漏题目。（蒋梦麟，2016）[52–53]

这一系列画面和动作描写，“齐集—点名—搜身—就座—考卷—灯笼”，完全跟随作者的视点，是“主观镜头”[①]的运用。文句中虽然没有过多地提到“我”，但每一句都有“我”的在场，是“我”之所见所闻所感。

事实上，在两个空间中，“我”当然都是在场的，但从描写方式可以看到，从科场到宴会，从主观镜头到客观镜头，少年蒋梦麟发生了从身心合一到身心分离的变化。而这种变化折射出这个少年在潜意识中对科举入仕之路的渐生怀疑和一丝厌倦。热闹喧腾的场面反而放大了少年心中的厌倦，促使和刺激他去认识与反省自我的矛盾情感。真正的思想必然根植于情感，情感上的矛盾冲突逐渐上升为思想上的矛盾斗争。这种冲突的情感和对立的思想终于在 1904 年的那个夏天达到忍受的顶峰。也是在这个暑假，少年打定主意接受更全面的西化。往前追溯，可以发现，蒋梦麟的矛盾情感至少在绍兴中西学堂时开始萌发，其在绍兴、上海以及杭州期间的学习生活中所吸收的知识、见闻和阅历，为这一新旧世界间的矛盾不断增加新的内涵。本书尝试归纳其中的因素，如表 1–1 所示。

表 1–1　蒋梦麟的新旧矛盾世界[②]

<table>
<tr><th></th><th>旧学 / 旧世界</th><th>西学 / 新世界</th></tr>
<tr><td rowspan="3">拉力（吸引）</td><td>①情感。对科举入仕、参加政府工作的热切期盼</td><td>①知识。在绍兴中西学堂里对自然科学的学习发展了蒋喜欢观察、喜欢说理的习惯
进入浙江高等学堂后，豁然开朗，洞明世事。梁启超主持的《新民丛报》是蒋的精神食粮</td></tr>
<tr><td rowspan="2">②道德。宋明理学（经世致用）作为人生和道德指南以及潜在的学术资源</td><td>②观感。钦佩洋人的市政建设和机器工业</td></tr>
<tr><td>③宣传。孙中山及其他革命志士使蒋的革命情绪高涨</td></tr>
</table>

① 主观镜头是指一种用以暗示特定角色的视点的拍摄方法，能够让观影者（读者）认同视点而将自己纳入故事叙事中。参见：海沃德. 电影研究关键词 [M]. 北京：北京大学出版社，2013：478.

② 主要根据《西潮·新潮：蒋梦麟回忆录》整理。

续表

<table>
<tr><th></th><th>旧学 / 旧世界</th><th>西学 / 新世界</th></tr>
<tr><td rowspan="3">推力（排斥）</td><td>①知识。神佛偶像一个一个融化，旧观念被弃如敝履，赋予蒋行动的勇气[①]</td><td>①观感。洋人不可一世、凶神恶煞，对一面是天使一面是魔鬼的洋人的恐惧</td></tr>
<tr><td>②情感。郡试成功和家宴庆贺一定程度上满足了蒋幼时的期盼</td><td rowspan="2">②观念。维新运动昙花一现，革命似乎遥遥无期、困难重重</td></tr>
<tr><td>③观感。对八旗子弟在杭州城内的寄生生活感到憎恨和鄙夷</td></tr>
</table>

旧世界的推力与新世界的拉力一起，增强了新世界的吸引力，特别是郡试的成功和家中庆贺仪式的举行，一定程度上满足了少年蒋梦麟一直以来对科举的幻想，这种情感的满足很大程度上消解了旧世界的吸引力，从而帮助少年将注意力和旺盛的精力转向新的目标。在蒋梦麟关于科举入仕的描写中，存在四处关于行头和身体形象的描写，它们前后呼应、结构相似，但又有着某些微妙的变化。

（1）童年时的蒋梦麟对朝廷官员的第一印象来自县太爷。“我还记得有一天县太爷到邻村查办命案，他乘坐一顶四人抬的绿呢暖轿，红缨帽上缀着一颗金顶，胸前挂着一串朝珠。四名轿夫每人戴着一顶尖锥的黑帽，帽顶插着一根鹅毛。暖轿前面有一对铜锣开道，县太爷所经之处，老百姓就得肃静回避。”（蒋梦麟，2016）[40]“暖轿—红缨帽—朝珠—环境”是这处描写的基本结构。

（2）第二处来自少年的想象。“我幼稚的心灵里，幻想着自己……中了秀才再中了举人，……终于有一天当了很大很大的官，……身穿蟒袍，腰悬玉带，红缨帽上缀着大红顶子，胸前挂着长长的朝珠，显显赫赫地回到故乡，使村子里的人看得目瞪口呆。”（蒋梦麟，2016）[40]“蟒袍玉带—红

① 关于这一点，胡适儿时亦有相似体验，不妨作为蒋梦麟同时代读书人的共同经验。他提到自己喜欢、信服司马光、范缜关于无神论的论述，因为“他们教我不怕”，这意味着在因果报应和神佛鬼怪束缚个体行动的世界里得到自我解放。参见：胡适. 四十自述 [M]. 北京：中国华侨出版社，1994：42.

缨帽—朝珠—环境”，此处的结构与第一处几乎一致。

（3）蒋第二次提到的朝廷命官是主持郡试的绍兴知府。“监考官就是绍兴知府，昂然坐在长桌后面。他戴着蓝色晶顶的红缨帽，穿着深蓝色的长袍，外罩黑马褂，胸前垂着一串朝珠。那是他的全套官服。”（蒋梦麟，2016）[52] 这里的结构是“环境—红缨帽—长袍马褂—朝珠”，由于来自考生的远距离仰视视角，描述要素的顺序略有变化。但“全套官服”这句话似乎流露出“不过如此”的潜台词。

（4）最后一次是蒋梦麟对自己在筵席上行头的描写。“开筵庆祝的那一天，穿起蓝绸衫，戴了一顶银雀顶的红缨帽。”（蒋梦麟，2016）[55] 这是熟悉的“环境—绸衫—红缨帽”结构。这一次，仅寥寥数笔。

蒋梦麟如此不厌其烦地描写不同场景下的人物形象，固然有增加文本可读性的考虑，但这几处结构相似的描写，如果单纯从提供官服信息的角度看，不免有些重复。如果仔细审读这几处描写，可以发现，从第三处开始，描写的笔法开始收敛，减少用于形容的修饰词，最后一处则最为简单。这种描写笔法的由繁至简，或许暗示着蒋梦麟对科举入仕热情的逐步减退。与此同时，随着西学知识学习的渐入佳境，再加上各种直接刺激，以及革命宣传的间接情绪感染等，少年战胜了对新世界的恐惧和怀疑，越来越向往西化的新世界。

在这一转变过程中，旧学以及科举所发挥的并不只是阻碍和延迟转变的消极作用，实际上，少年在旧学学习生活中亦有不少有益的收获，这些收获以各种形式迁移到了新知的吸收和西学学习过程中。首先，郡试的成功和家中庆贺仪式无疑是对过去旧学学习的一个肯定，这种自我确信沉淀为日后求取新知的一个信心来源。其次，根据蒋梦麟的说法，童年时期阅读的“古书”给予了自己日后立身处世的道德指针。当他在南洋公学比较东西方行为标准时，每当发现宋明理学和历代中外伟人传记内容的相似之处时，便有难以形容的喜悦，渐渐地他对自己做人的见解更为肯定和自信。不仅如此，从蒋梦麟的博士论文[①]及其后来的学术随笔来看，早年学习生活中所膺服的以程朱陆王为代表的宋明理学及儒家道德体系，成为其建构教育思想和中西文化观的重要思想资源。一方面，通过引入杜威、克伯屈等人的实用主义思想和希腊个体主义哲学，蒋梦麟一直尝试调和中西文化，创造出适合现代中国需要的新型文化（陈永忠，2013），这种中西复合的文化观与蒋梦麟的教育思想保持着内在一致。在他看来，儒家思想在天人关系和天物关系上，过于依赖事物与人的关系这一标准，“格物致知”的目的不是探求事物和自然本身，而是追求事物在道德上的价值和实用性，这就极大地限制了理性和理智活动的发展。因此，现代中国社会所需要的知识教育需要引入西方的科学理性精神，好比在德性世界的天花板上开了一扇探察理智和科学知识世界的天窗。另一方面，在人与人的关系和道德教育方面，蒋梦麟对于中国旧有的道德体系颇有好感。他认为儒家所强调的是“群己平衡”，“中国具备现代民主国家的坚强基础”（蒋梦麟，2016）[236]。不过，“强烈的家族观念已经阻滞了使个人结合为广大团体的过程”（蒋梦麟，2016）[236-237]，因此，需要引入个人主义、公民道德等西方思想加以改造，重建新道德。同时，对于道德教育的途径，蒋梦麟又在杜威、孟禄之儿童中心、天性导善的进步主义思想与陆王心学之间找到了共鸣。也就是说，不论是知识教育，还是道德教育，他都希望在中西思想之间找寻互补和调和，而这种调和更像是在实用主义以及社会达尔文主义的价值引导下，对中国传统思想的选择和再解释。

除此之外，笔者认为，科举以及支持这一制度的“旧道德体系”带给蒋梦麟的影响并没有停留在知识和思想资源的层面上。尽管郡试后的蒋梦麟永远地告别了科举，踏上了出洋留学、追求新知的道路，但“学而优则仕”所代表的儒家士大夫那种亲身参与改造社会、经世致用的情感冲动一直潜伏在他的血脉中。与许多同时代学人一样，蒋梦麟并没有被西学导向

---

① 关于蒋梦麟博士论文“A study in Chinese principles of education”的研究，参见：吕光斌，时培磊. 蒋梦麟教育思想的学术谱系与内在理路：以其博士论文为中心的考察 [J]. 高等教育研究，2015（2）：80–86.

纯粹的学术追求，他放弃农学转入教育学，后又从教育界转入政界，最终回到农业治理领域。每一次抉择除了受到时势和个人际遇的客观推动之外，也反映了他想要更加有力和直接地参与社会改造、发展社会事业的心态。

借助蒋梦麟事无巨细的笔触所带来的鲜活回忆，我们得以窥见在时代转折的背景下，种种与新旧学问和中西生活方式相关联的因素对一个少年心灵复杂的作用机制。在新旧转变中，旧学以及和旧学相关联的家宅生活记忆，并不能被完全视为与新世界相冲突的对立面；相反，就像以上分析所指出的那样，在知识积累和情感准备的双重层面上，早年的某些学习经验和生活记忆与新知新生活的展开有着延续和粘连的内在关系。

2. 柳亚子：正统史论与革命反清

关于柳亚子①的研究，在谈及他个人思想转变时，往往将其1903年赴上海入爱国学社、结识章太炎等革命党人这段经历作为转变的起点，所谓“始言革命”。然而，如果将时间线稍稍向前展开，就可以发现，发生于家宅之中的一些更早些时候的学习体验与少年革命反清思想的确立有着千丝万缕的关联。

柳亚子出生于吴江县乡间一个主张维新变法的士绅家庭，受其舅祖父凌退修先生、父亲柳钝斋公的影响，12岁的柳亚子早已“反对旧党，醉心变法”，并且“好写翻案文字”（柳无忌 等，1986）[106]，发表关于历史的另类见解和议论。1898年，柳家搬迁至黎里镇虎筋桥西首的周元理老宅寿恩堂居住。寿恩堂一共五进，分别是门厅、轿厅、正厅和前后两进楼房。由于最后一进尚未腾空，空间有限，家中人口规模不小，刚搬来的柳氏父子只得共用第四进“题红仙馆”对面的两间房作为书斋。很快，在

① 柳亚子，原名柳慰高，1887年出生于江苏苏州吴江县大胜村的一个书香世家，1898年随父母迁居本县黎里镇。21岁，始创办并主持南社。曾任孙中山总统府秘书，1925年严厉批驳国民党“西山会议派”背离孙中山政策，后进行反蒋活动。新中国成立后，任中央人民政府委员等职。

1900—1901 年，柳亚子在“题红仙馆”楼下有了自己单独的书房①。1901 年②，少年 15 岁，在这间后来被命名为“磨剑室”的书斋里，他写下了生平第一部史学著作《河东纲目》。这年上半年，少年已经写下一部进言光绪帝载湉的万言书，列举维新主张。40 多年以后，柳亚子这样回忆书稿告成的那一天：

> 且说我《河东纲目》告成的一天，正是旧历重阳佳节，谢先生善于装订书籍，他把我这部书齐齐整整的装订好了。凌先生呢，就把他起早落夜留心灌溉着的几十盆菊花，供献给我，作为我“绝业名山幸早成”的贺礼，摆在我书房内的花架上面。于是题红仙馆西首的一间书房内，花香拂拂，书气腾腾，在我也算平生一乐呢。（柳无忌 等，1986）[115]

菊香升腾，书香阵阵，可以想见，书斋内的场景给少年带来了极大的精神愉悦和满足，从而使得《河东纲目》在柳亚子的心灵上留下深刻的印象，成为他宝贵的记忆之一。

《河东纲目》的体例来自《紫阳纲目》（即《资治通鉴纲目》），此书乃朱熹等以形而上的伦理道德重新审视和改造《资治通鉴》的史学论著。在朱熹看来，历史需要为儒家正统理念提供解释的注脚，比如曹魏通过篡权建立政权即为乱臣，而蜀汉则在血统和政治上拥有承汉启晋的法理基础，其存在便符合宋儒的正统观念，这是道德史观得到空前强化的表现（刘荣，2017）。少年的《河东纲目》尽管在史观上与《紫阳纲目》不尽相同，但其遵循的思维方式和治史路径则极其相似，即为纷繁的中国政权更替史理出一个头绪和线索，确立其中的“正统”。与朱熹的天理纲常道德正统

---

① 关于寿恩堂建筑结构和“磨剑室”的考证，参见：殷安如. 柳亚子“磨剑室”书斋初考[J]. 南学通讯，2001（18）：119-125.

② 柳亚子自传中所记时间为 1900 年，但在其早些时候写就的年谱中，记为 1901 年。后世学者多采信年谱说法，本书亦跟随。

相比，柳亚子这时期的“正统”观念除了篡位不得为正统外，增加了“不能统一中原者不得为正统”。为此，他将契丹政权与赵宋王朝相提并论。除了《紫阳纲目》以外，柳亚子还提到那时的自己还看过《元经》和《心史》，从其高抬异族统治政权的主张来看，他很可能从王通的《元经》中吸收了思想资源，特别是《元经》以传承中华文化、维护“德治”传统为正统，而非坚持血统继承（胡克森，2018）的文化史观。

第二年，少年赴吴江县应县考，与此同时，开始集中阅读梁启超的《新民丛报》，他特别提到令自己不由自主地产生反清革命感情的《意大利建国三杰传》和《新罗马传奇》，以及令自己感到愉悦的《少年中国说》《饮冰室自由书》。这时期，梁启超研究世界历史的方法是对中国史学独特的正统论思想的发挥。所谓“正统”，指的是在特定历史时期在世界历史舞台上占据主导地位的民族，经他改造的正统论带有进化论的色彩（曹小文，2016）。今天我们不难想象，维新一代学人对于寻找世界历史发展主线，从而为中国社会确立方向的迫切愿望。新鲜的知识，更重要的是内在理路和思维方式与少年之心灵相契合的文字，很自然地成为令柳亚子如痴如醉的宝物。

不过，很快，梁启超政治主张的保守性让很多曾为之倾倒的年轻人感到失望，柳亚子也不例外，一个更为激进的思想和文化中心吸引着少年的心。1903 年，17 岁的柳亚子进入上海爱国学社附课，结识章太炎、吴稚晖等教员。如果说梁启超的影响主要在于西方资产阶级民主主义学说，革命派的影响则为反清增加了民族主义这一思想武器，即利用中国传统的“夷夏”观念来否定清室统治中国的合法性。“正统论”又一次改头换面出现在柳亚子面前。不可否认，革命派的民族主义观是狭隘的小民族主义。民国成立后，孙中山意识到了这个问题，随即重新吸收改良派梁启超的中华民族概念，提倡“五族共和”。

历史总是错综复杂地纠缠在一起。改良派拥有保守的政治主张和突破狭隘传统的中华民族概念，而要求民主共和的激进革命派则将狭隘的民族主义作为推翻清室的思想工具。在两派的争论中，“正统论”被赋予了太多的思想内涵，其内部逻辑上的自相矛盾或许也体现在柳亚子于抗日战争时期治“南明史”的意图中：一方面坚持清室“僭盗”、南明正统，从而捍卫辛亥革命的合法性；另一方面以古讽今，激励作为整体的中华民族燃起一致对外的抗战热情（王国平，1989）。

尽管柳亚子后来否定了自己在《河东纲目》中有悖于民族主义的观念，但从其后的书报阅读、思想接受和学术著述活动来看，确立历史正统、寻找历史发展方向的意图始终萦绕在柳亚子的脑海中。诚如学者所言，“我们或许不能从后设的由改良到革命的线性方式来考察排满报刊的阅读和排满言论的接受情况”，“在历史实际进程中几乎不存在那么阶段分明、轻易转向的‘阅读’”。（瞿骏，2017）[32] 对柳亚子而言，政治主张变化的背后，某种清晰但存在悖论的思想进路和智识探求意图自儿时起便不曾断绝。

3. 萧瑜：诗意栖居中的新旧知识渗透

对一些近代学人来说，新与旧、立宪与革命的对立曾经给他们儿时的心灵带去矛盾、混乱和纷扰，但在一些学人的学习生活记忆里，早年生活的老宅俨然是一个充盈着温情脉脉的家学氛围的诗意栖居空间。

1894 年盛夏，湖南湘乡县横铺村萧家冲 61 岁①的萧太公迎来了独子所出的第一个儿子，也就是他的长孙，取名萧旭东②。无限的希冀和珍爱之情寄寓其中。在这个耕读传家的书香世家，聪颖早慧的萧瑜在祖父和父亲的悉心教导下，在母亲的爱抚下，度过了无忧无虑、浸润在中国文人传统中的居家生活。

---

① 萧瑜《回忆我的小时了了》集中叙述了童年时期的生活，其中提到他 16 岁那年，从县立东山高等小学堂毕业，“父亲已不以小孩待我”。当年，萧瑜独赴长沙“自打天下”。显然，萧瑜在 1909 年结束了童年。关于祖父的年龄，萧瑜提到祖父去世时享年 73 岁，当年是 1906 年，据此推算出萧瑜出生时祖父为 61 岁。

② 萧子升，字旭东，1894 年生，后改名为萧瑜。萧家是湘乡县乡间典型的书香世家，祖父半江先生曾远走口外，入幕府任军师，得军功保举。父亲萧岳英曾留日，好习声光化电，是乡间趋新第一人。萧瑜幼年承父教，1911 年考入湖南省立第一师范，与毛泽东结为好友。1915 年在长沙楚怡学校任教，1919 年赴法留学，回国后一直为国民政府工作，晚年在乌拉圭从事中国文化教育。

夏秋间的一个夜晚，家人把还在摇篮里的萧瑜放在院子里乘凉，皎洁的月光洒落进庭院中央，也投进了萧瑜的小小世界。多年之后，萧瑜对这一幕依然念念不忘。

> 月光之下，我们全家在欢笑谈论，我能在月光下摇篮里安静几个小时不要摇，我很想月光来到摇篮里一块儿玩，一块里睡，常常因为这样想就入睡了。……我第一回看见月光的时候，我想是一个大实心鸡蛋，圆圆的，白白的，我想它会落下来，会落到我面前，我想舔它，吃它，常在这种期待中睡着了。（萧瑜，1970）[11]

襁褓中的这一画面久久驻留在萧瑜的脑海，这一刻的童真童趣竟然成为他创作人生第一件文学作品的灵感来源。1902 年农历八月的一天，夜晚时分，云淡风轻，皓月当空，照得书房里亮如白昼，向来喜爱赏月的萧瑜提议父亲和同在父亲书房读书的表哥们一起“看看月亮”。此时，9 岁的萧瑜已在祖父的应允和授意下读完四书五经，并且开始读唐诗学作对子，虽不曾作诗，然其创作的冲动洋溢在学作对子的热情之中。一会儿，点灯夜读，父亲给一班少年出诗题：书斋赏月。思索了一会儿，萧瑜的处女作诞生：“幼时摇篮里，看月如相亲，今夜书窗下，月来是故人。”父亲替萧瑜修改了几个字——“当年摇篮里，望月最相亲，今夜书窗下，月来似故人”（萧瑜，1970）[61–62]，使得整首诗更有韵律，意涵更为含蓄。

受到父亲和祖父母嘉奖的萧瑜十分愉快，他甚至按捺不住激动的心情，想要与最疼爱他的母亲分享构思的过程。

> 我说：“祖父以前教我在大厅认字读对联，有一联：‘去日极可恋。——远山如相亲。’我在我家门外，天气晴朗时，能望到两百里外南岳衡山的一个高峰，在近处的山岭更多了，望多了，……我才渐渐懂得‘如相亲’的意味，这是我诗中‘如相亲’三字的出处，大表哥在他书桌右边墙上贴了一付（副）他自写自作的红纸条小对子：

'风吹小草活。——月引故人来。'这是他作诗的得意句子，我问过他：'故人是什么？'他说：'故人就是老朋友的意思，'所以我学了这两个句子，用了这四个句子。"母亲问："为什么月亮也算是你的老朋友了呢？"我说："我睡在摇篮里的时候，就喜欢看见他，如今好几年了，不成为老朋友了么？"（萧瑜，1970）[63]

这首朗朗上口、清新自然的五言小诗因为取材自小萧瑜生活世界中的真切体验，因而显得生动活泼。应该说，萧瑜是幸运的，初尝写诗甜头的少年此后都将写诗作为一门充满乐趣的功课，诗词更是伴随萧瑜一生的抒发感怀和排解苦闷的通道。

对小萧瑜而言，学作诗是一件乐事，识字写字亦有乐趣。在他 3 岁多时，萧太公便抱着他在大厅看对子，以对联为识字课本。"第一次教我认识一个大字。我看那个大字，像一个人，双腿打开站在那里，我很喜欢那姿势。"（萧瑜，1970）[33] 身处作为符号空间的家宅之中，这种对文字形象的兴趣逐渐浓厚。此后，萧瑜时常模仿大厅上悬挂的"寿"字练习书法，对于厅堂中的对联也乐于咀嚼品味，特别是父亲特意装裱的小条幅精笺，那是曾祖父进京会试时赶考同人互相书赠的直行字信笺。父亲常与萧瑜分享对书法的鉴赏体会："曾劼刚（曾文正公子曾纪泽）的字见智慧。黎培敬的字见福泽。""后来大了，不时回忆。父亲的评语确乎深刻。曾字笔活天矫，黎字笔致凝重。"（萧瑜，1970）[89]1910 年，17 岁的萧瑜已在长沙湖南省立优级师范附属中学就读，对于隔壁的优级师范学堂（湖南优级师范学堂后更名为湖南高等师范学校）颇为向往，儿时观赏书法的雅兴此时发展为以收集优级师范学堂学监的手写便条为乐。实际上，就中国的书法传统而言，文人们相信，书法能够揭示书法家的精神品格和个性特征，俗语"见字如见人"即有这层意义；同时，书法因为饱满的个人性情而拉近了观者和书写者之间的距离，从而得以实践古人的"神交"理想（柯律格，2013）[140]。可以说，文人书法传统对萧瑜的影响就如日常生活一般，细雨无声、润泽心灵。

童年时萧瑜在萧家冲桃坞塘度过的大部分时光浸润在旧式文人的诗意传统之中，与此同时，晚清社会的种种异动和新鲜事物也正以不同方式渗透进中国内地的乡里民间。也正是在这个质朴古雅的书香之家，萧瑜敏锐地捕捉着来自新世界的气息。1898 年，萧瑜 5 岁。一天，父亲的书房里来了很多人，他们吵吵闹闹，时而拍桌大骂，萧瑜和表哥们在一旁虽听不明白可也十分兴奋。过了一会儿，父亲带客人上厅堂用午饭，祖父的加入使得会议的层次跃升一个台阶。萧瑜和家里的女眷们挤在大厅后面的倒厅门缝里偷听偷看，自觉十分有趣：

> 看见他们辩论时的面部表情与手之舞之，种种怪模怪样，真如演戏一般，连祖父也往往发出惊人的动作。
>
> 我在看戏听戏的场面之下，当时只听一个客人说："一下就杀了六个呢！"又用心听祖父的"戏词"。只听懂记住一句："好！康有为梁启超跑掉了！好！"当时康梁两名词只略记字音，自然写不出，也不认识。不过这两个名词，在我的记忆里是由声如洪钟的祖父，如雷贯耳送入我的耳门的。（萧瑜，1970）[95]

虽不能理解谈话的大意，然而幼小而敏锐的头脑依然能够捕捉到长辈和客人交谈时政时流露的强烈情感倾向，举手投足、语音腔调，言辞之外的身体和具象符号感染着门板后的少年。无须过多解释，少年已然对康梁代表的新力量产生了一种认同。

此后有一回①，横铺村来了一个洋人。此前因为义和团的事，萧瑜一直视洋人为面目可憎、狰狞可怕的洋鬼子，但乡间没有人和洋人直接打过交道。这一次，祖父派人传话给乡人，不可围观、不可无礼。洋人走的第二天，传话去的萧裁缝来萧太公面前汇报见闻，全家人有如盼得天使降临，聆听裁缝接待洋人的一手见闻。萧裁缝据实描述，将洋人的衣着、身体、

① 此处时间不详，当为 1900 年义和团运动之后、1906 年萧瑜祖父去世之前的某一年。

举止和中国人一一对比，最后的结论是洋人和平常人一样，不过是某些地方略有不同。从那时起，对洋人充满了妖魔化想象的萧瑜打定主意，以后要像跟平常人那样和洋人交流。

不管是传统的文人诗书，还是关于新世界的点滴知识，两者都以一种诗意悠悠、温情脉脉的方式展开于萧瑜的家宅生活与符号空间之中。如巴什拉所言，家宅通过赋予个体一组特定的器质性习惯而从生理上铭刻在人们心中（巴什拉，2013）[16]。桃坞塘的童年学习生活为萧瑜打下深厚的学养、品格[①]的基础，并为他接受一个更广大的新世界提供了情感上的准备和过渡。此后萧瑜留法期间选择文学作为研究方向，晚年又在海外坚持教授和传播中华文化，不得不说这是对早年文化学习生活的深情怀恋。

（二）学术传统的继承和演进

不独萧瑜在家宅中度过诗意悠然的学习生活，在不少学人的回忆里，早年读旧书的经历并非完全是牢笼和地狱。相反，凭借着求知的热情和努力，以及家人在经济、情感上的投入和支持，儿时的胡适、顾颉刚等学人畅游在由经书史册汇聚而成的文化世界中，竭尽所能，加以理解和吸收，使得中国学术传统中的某些流派得到继承，并在日后的现代学术路径开辟中得到改造。

1. 胡适[②]：宋学传统的继承和改造

从整体上看，胡适在“整理国故”中的治学方法和关于中国历史的思想，固然有实用主义哲学的方向指引，然而其内在理路实际上是对学术传统中宋学和清代“朴学”的继承发扬。特别是以朱熹为代表的宋学传统，对胡适早年的绩溪上庄镇故宅和私塾生活（1895—1903年）影响巨大。由于在父母膝下时已认得千字，刚入家塾的胡适并不如一般儿童那般从破

① 关于品格上的熏染，萧瑜提到了曾祖父、祖父和父亲在乡间受人尊重的原因，所谓“道德镇守使”是也。至于他自己如何受到这种影响，并没有过多地展开。另外，他还叙述了母亲给自己上的性教育启蒙课，萧瑜认为自己受益匪浅。

② 胡适，原名胡洪骍，1910年为自己改名为“胡适”。

蒙的书开始读，而是开始咀嚼父亲胡铁花以程朱理学为指导而编纂（徐国利 等，2018）的三部书：叙述做人道理的《学为人诗》、阐述哲理的《原学》，以及《律诗六钞》。之后，胡适开始在家塾和蒙馆先生的引导、讲解下，诵读儒家经典，包括《孝经》、《小学》、“四书”，以及《诗经》《书经》《易经》《礼记》。在这些书中，有七部是朱熹的著述或朱注本。胡适回忆幼年的自己“最喜欢朱子《小学》里的记述古人行事的部分，因为那些部分最容易懂得，所以比较最有趣味”（胡适，1994）[25]。这一时期，胡适对朱子的偏爱实际上只是一种直觉上的亲近和陶醉，父亲的熏陶和由此激发起的情感认同起着很重要的作用。

胡适意识到自己沉醉于宋学这一思想状态发生在1910年。这一年，少年参加留美赔款官费考试，在上海闭户读书两个月后，胡适和二哥来到北京备考。在这一个月的待考时间里，少年又在二哥好友杨景苏先生的指点下，读了大量的汉儒经学典籍，比如《十三经注疏》。“我就读了些宋人以前〔注释〕的旧典籍，尤其是〔《十三经注疏》中的〕‘诗经’”（胡适，2005）[129]，这是胡适第一次接触汉朝治学方法，即“汉学”。不过令少年感到惊诧的是：

> 自己对郑玄〔康成〕和毛公〔毛苌〕两位汉学大师也感到不满。……今日回思，我想我那时是被宋儒陶醉了。……我也觉得朱注比较近情入理。因而当我接触到毛公、郑玄一派的注释时，我为他们〔汉、宋〕两派之间显明的差异炫惑了；所以才引起我自己企图来写点批判性的文章。这些文章也显示出我幼年期以批判法则治学的精神，我把它叫做考订古文字真义的“归纳法”。（胡适，2005）[129]

汉宋两代对于《诗经》的不同注解引发了少年考证字词文义的强烈欲望。第二年（1911年）5月，在抵达康奈尔大学不久后，少年随即动手撰写他的第一篇考据论文《诗三百篇言字解》。受到朱注中对字句贴近情理的解释的感染，少年也希望为“言”字寻找到一个“更自然、更近情理，也更能被人接受的意义”，从而批驳汉儒根据《尔雅》所做出的简单解释。为此，他“把《诗经》上所有‘言’字的用法，归纳在一起”，细细地比较、归纳它们的用法。就在这时，一部10来岁时接触到的清人著述《马氏文通》（研究汉文文法）给予少年以关键性的启发。根据胡适的自述，其在中国公学期间特别注重英文文法分析，并用于比较中文文法。对文法的敏感，帮助少年在一连串的“言”字用法中发现，“言”字在《诗经》中多半是夹在两个动词之间使用，具有“连接词”的作用，颇像古文字中的“而”字（胡适，2005）[130]。这种归纳比较得出结论的办法，被胡适概括为“以经解经，参考互证”。这种“以经解经”的考据路径在胡适的“整理国故”学术生涯中发挥了巨大的作用。在他后来的考据文章《尔汝篇》《吾我篇》《井田辨》，以及被唐德刚誉为中国20世纪30年代国学“巅峰之作”的《说儒》中，运用经书参考互证进行语法结构比较的方法均有明显体现。比如在《说儒》中，为了证明孔子和老子都属于殷遗民中的教士阶级，胡适提供的一个重要的论据便是《论语》中的“以德报怨”与《老子》中的“报怨以德”具有完全相同的语法结构（胡适，2005）[273]。

可以说，宋学特别是朱熹的考证、注疏实践为胡适治学思路的形成提供了原初的动力和灵感，而西方历史学科的训练，以及对清代朴学传统的了解，实际上为胡适进一步科学化地论述其学术方法论提供了思想资源。用他自己的话说，除了一点怀疑的精神，“另一个灵感的来源，也可以说是出于我早期对宋学中朱注的认识和训练”（胡适，2005）[136]。实际上，胡适对朱熹的欣赏时常溢于言表。比如，胡适认为：

> 从某些方面来说，朱子本人便是一位科学家。他对古代典籍深具批判能力。朱熹也是研究古音韵的急先锋。他开始怀疑《书经》中大部都是伪作；平时对古籍的处理也完全不拘泥于传统；每每使用新方法，另创新论。所以从这一方面来说，中国自十七世纪初期其后凡三百年的学术研究，实在并不是反对朱熹和宋学；相反的，近三百年来

的学者实是承继了朱子治学的精神。这也是个崭新的观点！（胡适，2005）[288]

就在《诗三百篇言字解》完成后，胡适读到清代“乾嘉学派”大师王引之的《经传释词》，欣然发现他们所用的方法是一样的。更大的惊喜还在后头。在康奈尔大学和哥伦比亚大学的历史学课堂上，胡适接触到了较为系统的西方校勘学。同时，他在哥伦比亚大学历史哲学课的期末作业中简述了清代发展起来的校勘、训诂和考据传统。胡适在感到中西方殊途同归的同时，也体会到西方历史学的方法实在比中国的同类方法更彻底、更科学化（胡适，2005）[135-137]。正是借助西方历史科学的视角，凭借其早年对宋学清学著述的熟稔，胡适才会在《清代学者的治学方法》中对中国学术传统做出这样的解读：宋儒将“格物致知”的方法论从《大学》中提出来，“方才算是寻得了中国近世哲学的方法论”，而“程朱的归纳手续，经过陆王一派的解放，是中国学术史的一大转机。解放后的思想，重新又采取程朱的归纳精神，重新经过一番‘朴学’的训练，于是有清代学者的科学方法出现，这又是中国学术史的一大转机”。（徐国利 等，2018）这一番解读实际上遮蔽了宋学、清学中富有人文道德精神的部分，比如宋明理学的主流是义理阐释而非考据寻究，“格物致知”被挑选出来加以放大为一种“新的科学方法”，但从这种刻意的选择和解读中可以看到胡适对中国宋学、清学传统中“考据批判”这一支流的继承和“现代化”改造。

2. 顾颉刚：“古史辨”的学术资源积累

正如胡适说幼年的自己不大觉得读书是一件苦事，后来成为胡适高足的顾颉刚也有同感。在苏州的早年学习生活中，顾颉刚对于新旧书籍的热爱和掌握全部学问的野心，为其走出别具一格的古史研究之路积累了深厚的知识和学术资源基础。

从2岁（1894年）祖父教方块字开始，一直到17岁（1909年）祖父病逝，十五六年的年少时光中，顾颉刚基本浸润在高文典册的海洋中。根据顾潮所编的年谱（顾潮，1993）[7-24]，笔者对顾颉刚这一段遨游书海、出入书肆的岁月做了一番梳理（见表 1–2）。

表 1–2　顾颉刚早年阅读简史（1895—1909 年）

时间、年龄	阅读情况
1895 年，3 岁	母亲教《三字经》《千字文》等启蒙书
1896 年，4 岁	叔父教读《诗品》
1897 年，5 岁	叔父教读《天文歌诀》《地球韵言》《读史论略》等
1898 年，6 岁	读《大学》《中庸》。六七岁时已能读些唱本小说和简明的古书
1899 年，7 岁	读《中庸》《论语》
1900 年，8 岁	喜在书上批抹，作《小史》。始读《左传》《三国演义》
1901 年，9 岁	读《诗经》
1902 年，10 岁	续读《左传》，又读《东莱博议》《读史论略》《学堂日记》
1903 年，11 岁	读《左传》。父令读《古文翼》。自购新书。旧书簏里寻到一本《湖北官书局书目》，买看不懂的《西洋文明史要》
1904 年，12 岁	读《左传》毕。读并改写《纲鉴易知录》。常到玄妙观的市场上去看书。商务印书馆每月出版一本《图书目录》，每期必看。作《恨不能》。自读《新民丛报》。阅《绣像小说》
1905 年，13 岁	读《礼记》。天天看《时报》，好发时论
1906 年，14 岁	病中观《汉魏丛书》及《二十二子》。阅《复报》
1907 年，15 岁	读《国粹学报》
1908 年，16 岁	受王伯祥、叶圣陶等同学影响，购书兴致始转向旧书，放学后辄到玄妙观旧书肆阅览，研究目录学，《四库总目》《汇刻书目》《书目答问》一类书那时都翻得熟极了
1909 年，17 岁	每晚向祖父习《尚书》《周易》《礼记》，看出《尚书》各篇很有问题，引起研究的志愿

顾颉刚的爱书嗜书，从一件极小的逸事中可见一斑。大约 7 岁的时候，顾颉刚已能读懂简明的古书，求知欲旺盛的他并不满足于私塾的功课。好在家中长辈们拥有丰富的藏书（顾颉刚祖父喜爱金石学和小学，父亲和叔父则喜治文学和史学，因而其看见的书籍作品是多方面的）（顾颉刚，2011）[29]，尽管不一定看得懂，它们对少年却有着难以言喻的吸引力。

> 我的翻看书籍，并不是要功课做得好，得着长者的赞许，只觉得书籍里的世界比我日常所处的世界大得多，我遏不住我好奇的欲望，要伸首到这大世界里探看一回。这时候因为屡把教师和尊长的书籍翻弄，惹起了他们的厌恶；我叔并在书架上贴一个纸条，写着“双庆[①]不许翻动”。（顾潮，2010）[13]

顾颉刚 11 岁开始自主购买新书，第二年，疼爱他的祖父开始每月发给他 300 钱“点心钱”。有了这笔不小的资本，少年便可以常常到玄妙观市场翻检书籍了。此后数年，少年购书藏书的习惯一直得以维持，有一年所负的书债竟达到了 200 余元。

如果说 17 岁之前对于史册典籍的翻阅还仅仅是一种无目的的爱好，那么 17 岁时跟随祖父接触今古文《尚书》的顾颉刚，开始生发出一点“疑古”的兴味了。这一年，顾颉刚上苏州公立第一中学堂二年级，祖父为了让孙子接受较为完整的儒家经典训练，每晚向顾颉刚传授《尚书》《周易》。

> 《尚书》的文句虽古奥，但我已经有了理解力，能够勉强读懂，对于春秋以前的社会状况得到了一点粗疏的认识，非常高兴。祖父教我时，是今古文一起读的，我本不知道今古文是怎样一个重大的讼案，也就随着读。后来感到古文很平顺，它的文字自成一派，不免引起了些微的怀疑。偶然翻览《先正事略》，从阎若璩的传状里知道他已把《古文尚书》辨得很明白，是魏、晋间人伪造的。一时就想读他所做的《尚书古文疏证》，但觅不到。为安慰自己的渴望计，即从各家《书》说中辑出驳辨《伪古文》的议论若干条，寻绎他们的说法。哪知一经寻绎之后，不但魏、晋间的古文成问题，就是汉代的古文也成了问题了。……我感到《今文尚书》中《尧典》、《皋陶谟》诸篇的

① “双庆”是顾颉刚的小名。

平易程度并不比《伪古文》差了多少，我又感到汉人《尚书》注的不通。（顾潮，1993）[22-23]

趁着这股考辨今古文《尚书》真伪的冲劲，少年在参加1910年存古学堂的招生考试时写了一篇驳斥郑玄《尧典》注释的文章。因为触犯了“学术权威”，少年自然没有被录取。一腔学术热情遭受这么一个打击，少年考辨古史的兴趣暂时冷却了。再加上祖父去世后，革命的气氛愈来愈浓，少年的兴趣和热情很大程度上被办刊、办党等政治和社会活动吸引过去。直到1913年，少年经历了一番社会党的阅历和正负两面的情感体验后，其从事政治工作的激情才减退。也是在这一年，顾颉刚考入北京大学预科，开启了全新的学习生活。

从1913年5月到年末，以及1914年上半年休学期间，是顾颉刚与京城各类戏曲艺术结缘的时期。这段戏迷生活因为被顾颉刚赋予了学问启发上的重大价值而常常被拿来论证民俗、戏剧对顾颉刚“古史辨”思路转向的启发。这一转向是指从“辨定真伪”到“追究流变”的路径转折。前者将研究的重点放在考据历史叙述形成的年代及其与事实的关系上，而这种对“真伪”的考辨，在1923年那场关于古史的讨论中，最终将顾颉刚带入了对细枝末节的争论泥潭中。而“追究流变”是指搁置关于历史叙述真伪的问题，转而通过考察历史故事的流变过程，揭示“伪史”、传说、神话之中的历史真实性。这一“历史真实”是指人们出于某种心理和观念，接受、改造、转换了故事。这既可以指不同时空、环境下民众的愿望、想象、心态，也可以指智识阶层的心态、观念、思想。按照这样的思路，戏剧和古史都可以被视为“故事”：戏台上，薛仁贵、薛平贵故事的流变反映了编戏人对角色人物的情感和愿望，他们按照自己的情感改变故事；《尚书》里西周人的古史观和《尧典》中的古史观，折射的是由神道到人治的政治理念变迁。因此，“古史辨”的学术路向转变一般被认为存在着一个“由故事到古史”的时间序列。但也有研究通过更为细致地梳理古史辨论前后顾颉刚关于民俗的研究，以及其《古史辨第一册自序》，认为戏剧的启发作用是一种后设性的“编排”，“追究流变”方向的确立更有可能与胡适对顾颉刚在方法上的点拨密不可分。因此，与其说是“由故事到古史”，不如说存在另一个“从古史到故事”的序列（袁先欣，2016）。也就是说，胡适对古史研究“根本方法”的提点更为直接地促使顾颉刚放弃对“真史”的执着追求，转而关注故事和神话流变中蕴含的“历史真实”，这种方法反过来被运用于戏剧、歌谣等民俗研究，成为一种经典的民俗学范式。

笔者认为，这一说法的确更有说服力。不过，“古史辨”学术思路的转变很可能是多种因素共同作用的结果。比如1913年冬，顾颉刚和毛子水聆听了章太炎的国学会讲学，章氏对今文学家康有为的批判引起顾颉刚阅读《孔子改制考》的兴趣。

> 虽则他所说的孔子作《六经》的话，我永不能信服，但《六经》中参杂了许多儒家的托古改制的思想是不容否认的。我对于长素先生这般的锐敏的观察力，不禁表示十分的敬意。（顾颉刚，2011）[40]

顾颉刚实际上已经体会到，孔子作为一个历史叙述者，在对《六经》的编校中渗透了自己关于礼乐仁政的政治改革思想。只不过，康有为关于孔子的观点失之偏颇，而太炎先生“用了看史书的眼光去认识《六经》，用了看哲人和学者的眼光去认识孔子”（顾颉刚，2011）[38]的学风恰能贴合顾颉刚的脾胃。除了《孔子改制考》和章太炎的启发，胡适在《水浒》版本考证中使用的方法论也给顾颉刚带去强烈的冲击。他在自述中说，“真想不到一部小说中的著作和版本的问题会得这样的复杂，它所本的故事的来历和演变又有这许多的层次”（顾颉刚，2011）[53]。

通过以上论述，笔者想要说明的是，顾颉刚早年关于经学史册的知识积累，为其开辟“古史辨”派的研究路数提供了丰厚的基础，其早年对于今古文《尚书》的造伪怀疑也不失为“古史辨”前期“辨定真伪”治学方向的一种萌芽。当然，在北大期间，顾颉刚对戏剧故事的体察，胡适在史学治学方法上的启发和直接的提点，以及章太炎、康有为的直接间接启发，这些因素的合力才真正促使其早年积累的知识转化为“古史辨”取之不尽、用之不竭的学术资源，其早年学习生活对于“古史辨”学术路向确立的基础性作用，依然是不能被忽视的。

三、对家乡自然空间的多元体验

跨出书斋，走出宅门，大自然为近代学人提供了一个迥异于书本的学习空间。田园生活的恬静与诗意，山海的气象万千，自然风物引发的格物兴致，早年生活经历中与自然的相遇在近代学人的记忆中留下了不可磨灭的印记，成为其从事文化与知识创造的某种灵感和情感萌芽。

（一）本真感知：文人自然审美传统的蜕变

自然，一直是中国审美传统中的要素，其元素主要包括田园和山水，体现于诗歌、散文、绘画、园林建筑等多种文学艺术形式之中。

就田园而言，在先秦时期的农事诗中，人的乐趣来自农业生产活动本身，客观的自然并没有被寄予超出农事本身的价值和希望。东汉以来，随着文人对田园的关注和介入，相对于尔虞我诈充满危险的城市生活，田园逐渐被认为是一种更合乎人性更为理想的生活方式。在张衡的《归田赋》里，在陶渊明的田园诗里，田园生活因为被注入了自由的文人价值追求而日益成为“被歌颂美化的对象”。

而就山水而言，魏晋南北朝以后，附于山水之上对远方的想象逐渐向内收缩，文人笔下的山水诗和山水画将关于自然的审美情趣导向对山水灵趣的体察，对山水灵趣中“自然而然”之道的体察（张雨，2018）。事实上，南宋以来，关于山水的自然审美意识在江南一带文人园林的建筑营造中得到极致的展现。作为大自然艺术化的再现，园林并不是自然本身，而是一幅三维的立体画。通过园林的命名、建筑的结构、诗词的装饰，园林成为文人观察世事、表达个人感情、传达人生观和某种思想的文化空间，比如独善其身、远离喧嚣、卓尔不群，比如理想的友情、品格、抱负和世界（那仲良 等，2011）[73-97]。

不论是乡村田园，还是山水园林，渗透中国文人审美传统的自然都被融入了某种价值追求和感性情感，正如在“感物兴情”这一中国传统美学方式中，自然之物既可能成为文学艺术作品中的意象，也可能在完成感发任务之后便立即隐退（李健，2017）。自然之美的落脚点在于人文性的因素，天人合一是这种审美传统的最高境界。

对儿童来说，这种关于自然的审美传统必然是后天学习的对象。而对早年的近代学人而言，科举制的废除、动荡不安的生活环境，以及西方知识的强势渗透，这一切使得人文传统（特别是关于自然的审美传统这种不具有功利价值的传统）的传递遭受阻碍。但从另一方面来看，读书人早年关于自然的本真感知也因为传统的断裂而获得了发扬和扩展的机会与空间。

1893 年腊月底，周氏兄弟二人跟随大舅父迁往绍兴城东 15 里的小皋埠秦家台门[①]暂住。这一年，鲁迅 13 岁，周作人 9 岁（鲁迅博物馆鲁迅研究室，2000）[32-33]。对于台门里的“娱园”，周作人有这样的印象：

> 对于这个园颇有点感情，不过感情是一回事，而兴趣又是别一回事；就园说园，实在说不出它的好处来。大抵在一个四周造有围墙内，又是一块块的区划开来设计建造起来，要做成好园林是很艰难的。……苏州多有名园，其中我只见过刘园，比较的还是整齐，可是总觉得是工笔画的样子，很少潇洒之致。中国绝少南宋风趣的园林，这是我个人的偏见，因此对于任何名园，都以为不及百草园式的更为有趣。（周作人，1999）[15]

① 秦家是鲁迅大舅父鲁怡堂先妻的娘家。因一度是当铺，所以秦家台门又被称为“当台门”，地处小皋埠村清源桥北首。鲁迅大舅母是秦秋渔的女儿，秦秋渔为孝敬母亲，在屋后置地造了花园，取名“娱萱小圃”，简称“娱园”。

在周氏兄弟的眼里，精心布局的“娱园”显得很局促和造作，远不如自家半荒弃但充满自然野趣的“百草园”令人着迷。尽管枝蔓遍布，年久失修，在台门的菜园子里，周氏兄弟二人不知逗留消磨了多少童年时光，园子里虚虚实实的生灵，四季的风物，所有这一切都妙趣横生。

高墙内“圈养”的半人工自然也同样令湖南湘乡萧家冲的一个少年心生疑惑。1906 年，萧岳英带着自己的长子，13 岁的萧瑜赶往长沙入学，萧岳英进速成师范，萧瑜则入速成师范的附属小学。在步行前往湘乡县城的路上，小萧瑜第一次见到大户官绅的住宅建筑群落，甚为壮观，竟然以为已经到了县城。

> 我走了二十里，过了泉井坳，望见王壮武公[①]生前的住宅，白色墙壁，围绕像个小城。我心想或是到县城了。因为县必有城，故曰县城。父亲告我那是住宅。并略说王壮武公一些历史。这是我生平第一次所见的大住宅。心想住宅这样大，何必呢？不太难管理么？又想有很多穷人连一间茅屋也没有得住，而他一家何必住那样多呢？我傻问父亲，父亲说：“围墙内不全是房屋，有很多花园花木及小山。”我又想，我住的桃坞塘，不也有花园花木及小山么？不过没有一道围墙而已，何必加此一道围墙呢？（萧瑜，1970）[113]

如少年所说，桃坞塘的确风光别致，有花有草木亦有小山。“茅屋一椽，水田四十亩，……屋前有塘养鱼。塘边除几株桃树外，有耸入云霄的梧桐树五株。……屋后后院是一空坪，大小两井，泉水清澈，紫荆两树。再后入山门，便是菜园。园后是山。山上梅树三五株，长松几十株外，全是绿竹。春日吃笋，冬日也有冬笋。夏日，每天傍晚，有成千的白鹭飞来避暑，过宿即去。由屋前山岭向后山望去，一大片绿林，上有无数白点。绿白两色，相映成趣。我两三岁时起，即常请人陪伴，前去欣赏。每

---

① 王壮武公，即王鑫（1825—1857 年），湖南湘乡人，晚清湘军元老。

次都望到出神，总想捉得一鹭，放在目前，看个仔细。又总因此愿难偿，怏怏而归。每次归家，即是晚饭时候了。常在席上，食不甘味。”（萧瑜，1970）[21] 此时的少年当然不可能领会园林承载人文理想和伦理价值追求的营造传统，童真童稚的眼里，自然之美在于自然本身，自然之乐趣也在于自然本身，而非草木山水之上所附加的结构、布局、情感和思想。对于自然美物（白鹭）的占有冲动，倒是儿童的原始本能，这一点在萧瑜的风趣妙笔下显得真切而生动。

1. 陈衡哲①：乡野景致的视觉冲击

童年遭遇的自然之美，有时引发占有的冲动，有时则形成强烈的视觉冲击，给个体的精神留下不可磨灭的痕迹。1895 年深秋的一个午后②，常州府武进县一大户人家的二小姐站立在自家菜园里，一旁的婢女忙着收晾晒在竹竿上的衣服，女孩则兴致勃勃地观赏着菜地。

> 附近有一棵不知名的大树，叶子都落尽了。我端详着菜地的时候，一大群黑色的乌鸦不知从哪里飞来，翅膀和鸟喙碰撞出巨大的声响，突然都一起降落在那棵大树上。一棵光秃秃的大树突然覆盖满了几千个移动的黑色物件真是一种神奇的景观，直到那个婢女做完了事暮色四合的时候，我还舍不得离开菜园。

---

① 陈衡哲，祖籍湖南衡山，1890 年生于江苏常州武进县的陈家大宅，是家中第二个孩子。祖父陈钟英曾任杭州知县。父亲陈韬，字香凝，清末举人。祖母赵氏为武进人，母亲庄曜孚，均为地方上知名的画家。陈衡哲从小受到良好的家教和文化熏陶。13 岁离家赴广州求学，此后辗转广州、上海、常熟等地求学和工作。1914 年考取官费留美学额，1917 年发表第一篇白话文小说《一日》，此后笔耕不辍，作品屡见于《新青年》《小说月报》等刊物，1920 年回国后任北大教授，讲授西洋史，是我国新文化运动中最早的女学者、作家、诗人，也是我国第一位女教授，有“一代才女”之称。

关于陈衡哲的童年时期，她在自传中提到，13 岁来到舅母家，因为没有同龄小伙伴，觉得自己一下子长大了。第二年，陈衡哲老练地平息了一场舅母和舅父之间可能发生的风暴。第二天早上，在舅父庄思缄的眼中，“一下子从小孩变成了大人”。参见：陈衡哲. 陈衡哲早年自传 [M]. 合肥：安徽教育出版社，2006：85. 因此，可以认为，其童年期为 14 岁之前。

② 陈衡哲回忆这一年自己 6 岁，因此这一年应为 1895 年。

> 对一个成年人来说，这个经历可能没有什么奇特之处。但对一个孩子来说，它象征了神秘和诗意的最高境界。它在我心头留下了深刻的印象，以致到今天，每当我想起它就会充满喜悦和浪漫的感觉。（陈衡哲，2006）[13–14]

自然给予陈衡哲的财富很快再次降临。第二年清明前后，因为对次女的学业表现感到满意，陈香凝[①]决定带上这个孩子去乡间给祖父母上坟，作为对女儿的奖励。“我们坐的船是典型的中国船，很小，可是因为小，它才最受孩子的喜欢。河也很小，两岸长着小小的树，正是一个孩子感到最自在的环境。父亲那天心情很好，他在小舟扬帆航行时吟唱着古诗。我那时七岁，但从来不曾看到过船、河、或是竹林水田遍布的开阔乡野。我觉得像是回到了自己的本真状态那么自由自在，无拘无束，这跟我此前的生活又那么不同！我完全被迷住了，坐在那儿一动不动，以致父亲为我突然的安静感到奇怪。……对我来说，自然是神奇的，比任何大城市的百老汇和第五大街更神奇。”（陈衡哲，2006）[14–15]在纯粹的乡野风光面前，少女亦如不加矫饰的自然一般，感到“回到了自己的本真状态”，自由自在、无拘无束。正如陈衡哲所言，童年时获得的自然之美印象是根深蒂固的，各种自然风物和爱自然的情感时常出现在她和许多同时代作家的文学作品之中。

对很多儿童来说，对大自然的本真感知更多的是玩耍和嬉戏的乐趣，如周氏兄弟的荒园之乐。园虽荒，毕竟还是台门老宅封闭建筑里的开放空间，对儿童有较强的保护性。而对于家境较为拮据的乡间少年来说，村外山坳树林里的逛荡是与大自然最直接的接触。有时候，这种略具冒险性质的乡野嬉戏是农家少年缓解学习生活压力的一大途径。

---

① 陈香凝对其次女的教育甚为上心，尽管陈衡哲在自传中对父亲的灌输式背诵记忆法持批判态度，但不可否认，这为她的学术和写作生涯奠定了扎实的古诗文基础。7 岁时，陈衡哲很可能正在背诵父亲指定的《尔雅》，或是父亲的地理、历史笔记，其中记录有中国各地地名以及历代君主的称号和统治时间。

2. 程天固：学习生活压力的缓冲乐土

1899 年，伶仃洋边村落里一个人高马大的农家少年程天固[①]，进入族人开办的香山中西学堂学习。起先，少年们对于学习外国语文感到殊为兴奋，但是一年以后，他们发现英文教员的英文程度不过是略通应酬的会话，如此一来，学习英文的热情便冷却了下去。与此同时，学堂里的中文教学，依然是旧私塾里的“扑作教刑”，举人教员对学生动辄打骂。一日，教员给学生们出了一个嘲讽农家子弟的上联，程天固因为代替别人给中文教员递送语出不敬的下联字条而招来一顿痛打，以至于体无完肤。如此一来，本就厌学的少年更加心灰意冷。在家人的默许下，他开始了天天逃学的生活。所幸因为体形高大、好出头，竟然引来了一班同情少年的同学，大家以程天固为领袖，日日在乡间寻机报复教员。一日，捣乱的少年们误打误撞，捉弄了另一位学堂先生，这下给中文教员抓住了把柄。教员召集校董兴师问罪，并间接导致一个少年因被毒打而病死。少年们为了避祸，商议决定每日流浪至区内各村。本是被迫离家的少年们，却因此而收获了一段奇妙的经历。

> 每日，我们一班人，一早便到村外的关帝庙集合，商议离村出发地点，议决后，便浩浩荡荡地向目的地去流浪了。有时遍游区内各村名胜，或去山林打猎，或游水，或登山，或到海边捕鱼，随意所之，这种漫无束缚的放荡生活，都使我们感到愉快，正如空中之鸟，高飞远引，享尽大自然之赐与，所有人世上之黑暗家庭，如野蛮教师，都被我们脱离了关系而得自由。（程天固，1993）[8]

---

① 程天固，1889 年出生于广东香山县南萌安定乡（孙中山故乡翠亨乡就在安定乡附近），父亲为乡间儒医，家境仅能实现温饱。程天固 6 岁入祖父开设的私塾，1899 年入学堂，3 年后远赴雅加达当机器厂学徒。后为自己争来去新加坡上中学的机会，1907 年和 1911 年两次赴美留学，回国后曾任广州市工务局长，被誉为广州现代建设的开拓者之一。1907 年，自中学毕业的程天固准备赴美留学。临行前，他不但自筹路费，还慷慨帮助朋友。回家后，眼见父亲重病，他来回奔波，日夜劳心，终于为家里应对不测做好人事准备和资产准备。可以说，此时的程天固早已摆脱稚气，成长为男子汉，因此其童年期可能非常短，在其 14 岁那年远赴雅加达做学徒、饱尝谋生艰难之时，其童年便已结束。

安定乡靠近伶仃洋西海岸，那一带的风光因为山、海、溪的集合而瑰丽异常。“本村面对零丁涌口门，附近群山合沓，山上生长着茂密青翠的树林，登高远眺，壮阔的海，一望无际，而源出五桂山的溪流，纡曲的横过整个乡村，风景优美而绝俗，海的壮阔，更是气象万千，使人们的襟怀为之开拓振拔。”（程天固，1993）[1] 正如程天固的描述，瑰丽的海边乡野美景，暂时忘却烦恼和创伤性记忆的自由嬉戏，所有这一切都使得少年们因逃学、报复、避祸而高度紧张的神经得到大大的舒缓和放松，学习生活中的压力得到暂时的释放。根据当代学者的观察，农村儿童居住区附近的自然可以部分保护少年免受压力和逆境的负面影响。首先，自然领域把年轻人聚合在一起，友谊所带来的社会支持能够帮助舒缓生活压力；其次，自然能够轻松地吸引个体的注意力，并且提供远离个体日常生活的环境，允许个体受到压抑的神经得到休息，得到恢复的注意力能够使人抑制对潜在导致分心的刺激做出反应，从而更有效地应对生活压力（Wells et al., 2003）。教员的责打、威胁，以及同学的亡故，都足以构成少年们学习生活中的压力。对程天固而言，在大自然的嬉戏中得到恢复的生命力使其很快就投入下一个人生阶段，迎接更为艰巨的生活挑战。

不论是萧瑜想要占为己有的自然美物、陈衡哲感受到的自然之美冲击，还是周氏兄弟和程天固的自然嬉戏玩耍之乐，早年与不加矫饰之自然的亲密接触带给一代学人许多童真的体验，滋养着他们的审美心灵和情趣情操。

除了自然之美与自然乐趣以外，不少近代学人早年的自然体验具有另一番风致。

（二）另类体验：自然作为客观异己的对象

在具有文化精英主义[illegible]自然审美传统中，“天人合一”是文人追求的理想境界。自[illegible]各种生物和非人力量是异己性的物质存在，它们有时被作为[illegible]察和探索的客观对象，有时则以冷酷和威胁性的面目出现在[illegible]儿童面前。这些都是本真的自然体验，前者被认为是转型时代自然科学精神的启蒙，后者作为一种更为原始的自然经验，因为新文学打开的书写空间而得以重新进入主流文化的视界。

1. 博物学的启蒙

1893年，因为母舅诸嵩生去广西阳朔做幕僚，马君武①亦跟随前往读书。母舅工作繁忙，教君武阅读经书以及《大清律例》之类的法政书籍，课余又总是让少年抄写批词、例案这类的公文，以“刑名”为主的学习生活让少年感到索然无味。所幸阳朔的绝美山水给了他另一方天地。

> 舅父离开公事房之后，我便开始我这时期的山上活动。
>
> ……阳朔城内外的山，没有跑不到的。看见奇异的植物，就采集回来。阳朔产的李子最佳，有紫色的，有黄色的。遇到李园，就随便吃李子，还带许多回家。好在那些园主人都知道我是诸师爷（诸嵩生——作者注）的外甥，遇见了不但不干涉，还和我说些客气话。有一天看见人家园里有许多很大的果子成熟，我很奇怪，何以没有人去摘来吃呢？摘了一个，开口便嚼，那知又苦又涩，说不出的怪味。那主人却笑嘻嘻的向我说：“这是油果，吃不得的。”
>
> ……
>
> 阳朔的柚子是圆而苦的。舅父家眷住的屋后有一株柚子，却是沙田柚种，但是他们不知道。我发现之后，也等不到十分成熟，一个一个摘来吃。舅父对此颇为担心，以为吃酸柚会生病，屡次责备。（马君武，2013）[16]

① 马君武，1881年出生于广西省恭城衙署的一个幕僚家庭，自述4岁时迁居平南衙署西北角，次年迁居桂林。1890年，其父病故，家境贫困，后寄居于母舅家。1901—1906年留日，学习应用化学，结识孙中山。其间，发表大量哲学论文，后从事革命，是国民党元老之一。1915年，在德国柏林工业大学获工学博士学位。1924年后，逐步投入教育事业，是大夏大学、广西大学的创办人和首任校长。

阳朔有山有水，物产丰饶，少年君武似乎对这山间的各种风物情有独钟，并且不吝笔墨地描写物产的色泽、口味、外形、名称。在更早些时候，马君武就对平南衙署自家屋前的大榕树、八哥鸟和一对蛤蚧记忆尤深，对于父亲带回来的特产，他也能清楚地辨别和说明“不是荔浦芋头，就是恭城柚子和恭城柿饼”。少年君武对自然风物之物质性的一面给予了较多关注，并且能用准确的词汇和语言描述物质的特征。可以肯定的是，这种带有“客观”色彩的对自然的兴趣并不同于周氏兄弟与陈衡哲童年时期的自然之趣。

有趣的是，26年后，马君武在《达尔文物种原始》的译序中提及自己12岁时因在阳朔贪玩而荒废学业的经历：“(《达尔文物种原始》) 盖是为予二十二岁时所为，于博物学既无所得，英文亦多误解。旧译既不可复用，乃将前五章重译之，又历三月余乃脱稿。重译此书，几费予一年之精力。所以不惮烦以为此者，盖以补予少年时之过。”（马君武，2013）[97] 事实上，马君武对博物学一直兴趣颇浓。除了这部译作，马老尚著有《植物学》，编纂过《实用主义动物学教科书》。尽管自谦是补过，但童年时期对于自然物种的观察、收集乐趣并没有消失。尽管马老的主修专业是化学，但从他的著书译书的选择中，可以察觉到童年自然探索经历留下的痕迹。

与马君武同时代的读书人群体中，还有不少人在童年时也抱着观察探索的态度对待身边的自然万物。在蒋梦麟的回忆中，童年时接受的三大教育之一便是“对自然的粗浅研究”，比如看见那皂荚树上的甲虫头上长着和树上的刺一模一样的角。少年并不相信村里人的解释，直到看到一只鸟在皂荚树上啄虫吃，却对长着角的甲虫视而不见，于是恍然大悟甲虫的生存智慧。再比如少年对冬天树干上包稻草、春天取下烧掉，能够杀死寄生虫所做的科学解释（蒋梦麟，2016）[31]。“观察、触摸、理解”成为蒋梦麟毕生学习知识的法宝。虽然蒋梦麟后来由农学转向了人文社科领域，并未能直接从事农学研究，但对自然科学知识的纯粹好奇实际上影响了他关于知识教育的思想。

而对另一个同在浙北水乡长大的少年来说，观察和思考各种自然现象更是伴随他一生的习惯。在1905年离开家乡绍兴东关镇①赴上海入澄衷学堂以前，竺可桢②在这个小镇上度过了他的童年。根据年谱、传记的记载，竺可桢童年时就表现出对自然现象、因果关系的强烈好奇心，并养成勤记录的习惯。比如琢磨各色稻米的成长、小动物的习性，向米农请教关于天气的谚语并一五一十地记录在笔记本上③等。竺可桢日后成为中国气象学大家和物候学创始人并非偶然。

2. 残酷的自然力量

20世纪初，对于不必为生存而从事农业劳动的儿童来说，自然可以是观赏、嬉戏的场所，也可以是探索的对象。但是对于农家少年冯雪峰④来说，大自然似乎并没有向他显露可亲可爱的一面。10岁之前，他的生活基调便是无休无止而又繁重的体力劳作。

在他所留下的回忆性散文中，《月灾》⑤可以算是一篇奇文了。在此文中，冯雪峰以油画般的笔触描绘了在山坳里劳动时的时间流转和一种恐惧而神秘的情绪。在神坛这个山清水秀但是交通闭塞的山村，山民们普遍坚

---

① 东关镇，原属绍兴县，现为上虞区东关街道。

② 竺可桢，1890年出生于东关镇一个米粮商人家庭。1910年考取官费留美学额，1918年获得哈佛大学气象学博士学位，之后回国任教，曾执掌浙江大学13年，是我国近现代气象学家、地理学家、教育家以及物候学创始人。

③ 由于缺乏可靠的一手史料，竺可桢早年生活中的很多情节、人物，甚至关键时间点，存在很多不同的说法，莫衷一是。此处所举事例综合自《科学家的童年2》和《竺可桢的故事》。

④ 冯雪峰，原名福春，1903年出生于浙江义乌神坛村农人家庭。神坛位于义乌南部，当时是一个只有10来户人家的小村落，四面环山，山清水秀。在长期停滞的传统社会里，这里交通闭塞，不曾有生疏的人来过，这里的人们一直坚信自然神的存在。冯雪峰自学步起，就得学习劳动。年龄增长后，从事简单、辅助性的劳动，直至从事某些主要劳动。1912年，10岁的冯雪峰扔下牛鞭和锄头，到离神坛5里地的赤岸一所私塾去"开蒙"。参见：陈早春，万家骥. 冯雪峰评传[M]. 重庆：重庆出版社，1993.（此部传记作者做了实地查访，可信度较高）1919年，冯雪峰考入位于金华的浙江省立第七师范学校，接受"五四"新思潮影响，1921年被开除。是年秋，考入浙江省立第一师范学校，开始发表文学作品。1922年，与潘漠华等合著并出版新诗集《湖畔》。此后笔耕不辍，成长为现代著名诗人、文艺理论家。

⑤ 这篇文学作品带有一定的想象成分。但考虑到作者取材于自己的身世，因此在一定程度上反映了其童年时期在艰苦的劳动环境下体会到的大自然。

信自然神的存在，比如农人是太阳的奴隶，夜神能提供庇佑，等等。在山风民俗熏陶中长大的冯雪峰自然不会例外。只不过，童年时的这段经历给他肆意奔放的想象和富有表现力的写作，增添了一丝诡谲和惊异的色彩。

民国元年前后，急剧变化的时局似乎对这个平静的村庄并无多大的影响。八九岁的冯雪峰还在伯父家放牛，每天起早摸黑跟着伯父家雇佣的工人去田野劳作。这一天黄昏，人群结束一天在太阳底下的炙烤和劳累，麻木地走向村庄。夜晚，他们就赤裸着身体睡在祠堂的砖地上。这是一个静谧的夜晚，星河皎皎，微风阵阵。不过没有人有心思欣赏这夜的美景，大伙沉重的身体很快就陷入沉睡。夜半，明月当空，或许是因为夜风吹拂，幼年的冯雪峰警觉地醒来，一抬头，这幅阴惨毒酷的景象从此印刻于他的脑海。

> 恐怖完全占据了我。我不敢再望她，也不敢从她的光里逃出；我只仿佛遭了魔压一般，睁着眼看她的光继续着，有节奏的但是无声的，在我们的身体上舞踏着过去。而且在初我们的一队里似乎只有我知道这事，他们似乎全都不知觉，只死一般的睡着，发出轻微的鼾声和死兽似的气息，况且每个人在月光底下都露出他的可怕的死脸来。但是不久他们也都在梦里感到不安，感到被袭的事了，他们的身体都痉挛着颤动起来了。他们的本能也即感知一切了。这时远近都很分明，微微的夜风在光里游戏着，衬着光亮那祠堂的阴暗处就仿佛全被恶魔所占据着，全是她们的阴影在跳跃着一般。我们死人一般的躺着，这时恐怖是占据着我们全体了，我们全体都失了想从流动的光里逃出的勇气了。最后我们就分明地意识着我们的全身都已渗进毒液，我们的血已经紫结着了。绝灭的哀音渐渐在我们的心底里鸣响起来，一阵无声的号哭就从我们高扬起来了……（冯雪峰，2016）[182]

儿童的“空间视界”本就接近于巫术和神话看待、感受空间的方式，再加上幼年的冯雪峰接受了曾祖母关于月亮的朴素信仰［“别用手指指佛佛（月）呵，拜拜佛佛吧。……月亮有些年岁要放灾难给地哩”（冯雪峰，2016）[181]］，他的心灵便如一块海绵，在自然空间中充分发挥出自本能和直觉的感知力量。在神话和巫术中，“世界模型应该来自于我们所知的最亲密的和最熟悉的整体，即人体”，自然空间便因相似的外貌被类比于人的身体。通过“相邻原理”和“摹拟共鸣”（萨克，2010）[157-175] 的空间感知方式，太阳的东升西落便是“一天从东到西跑一遍，要穿通一双铁草鞋”（冯雪峰，2016）[180]，而月亮那惨白的尖冷的光便是她的身体的一部分，恰如血液和毒液一般，隔着天空的距离，注射进入作为太阳的奴隶的山民体内。这一年，神坛村遭遇瘟疫，和冯雪峰一同劳动的一队农人消亡殆尽。这可怕的灾难与冯雪峰脑海中月夜祠堂的阴森画面联系在一起，甚至一直到离开家乡多年后，对冯雪峰来说，自然仍然像冷酷无情的神高高在上，只可敬畏不可亲近。当然，这种关于自然的神秘主义体验既是他童年的创伤和阴影，也在日后成为他文学创作上奇妙想象之源泉。

四、家园中的知识准备与情感积蓄

对早年的家宅学习生活的记忆和关于旧学新知的学习，以及自然空间中的多元体验，均为过渡时代的近代学人实现知识的演进和更新，接受并过好一种新的生活提供了知识和情感上的准备。在这一过程中，中国传统知识系统，以及与之相粘连的情感记忆，应得到更公允的评价和更充分的认识。这种复杂的作用并非“恋旧”一词所能概括的。

首先，从知识准备的角度看，早年学习生活中积累的旧学新知对于近代学人治学路向的确立具有重要的影响，这种影响有着不同的路径和方式。

蒋梦麟在早年的读书生活中获得的以宋明理学为代表的儒家道德伦理知识体系，成为其在博士论文以及其后的学术文化写作中，建构其“复合式”的教育思想体系和中西文化观的重要思想资源。对青少年时期的蒋梦麟来说，发现宋明理学和古今中外伟人传记中相似的东西给他带来难以形容的喜悦，其在博士论文中所做的中西教育思想的“对接”和杂糅融合，成为这种早年发现的延续和升华。不论是蒋梦麟的教育思想，还是他的文化观，其鲜明的特色是“不中不西”的文化复合论。一方面，蒋梦麟在程朱理学、陆王心学以及实用主义哲学、进步主义教育思想之间寻找着相似的地方，也论证了中西道德理想的一致性，从而对中国传统思想中的一部分加以肯定；另一方面，其自少年时代就开始积极思考中国思想缺少了何种成分，以及如何运用西方思想进行补充和调和。为此，他提出以西方的科学理性精神，即追求纯粹知识的欲望调和被道德价值和实用性束缚了求知手脚的中国传统知识体系；另外，他又引入古希腊个人主义哲学、公民道德等西方思想，改造儒家传统中过于强烈的家族观念和薄弱的民主团体基础。蒋梦麟的教育文化思想折射了一个来源十分庞杂的知识系统，其早年对宋明理学的研读和热爱，以及对地方社会人情世故、国民心理的体察，使之将中国文化中的“大传统”和“小传统”作为调和和改造的对象，而改造的工具则是同样具有多个源头的西方教育和文化思想，包括其在哥伦比亚大学研究院的“导师组”成员（杜威、克伯屈、孟禄）的思想，以及古希腊个人主义哲学等。不同于蒋梦麟多线并进的中西调和路径，同样有着深厚旧学根底的胡适实践的是一条单线抽取的改造思路。童年时期，胡适受到父亲胡铁花的熏陶，朱熹著述以及朱注儒家经典在其阅读的典籍中占据着绝对的比重。不过，这一阶段他对朱子的欣赏主要停留在对朱注通达情理的欣赏上。20 岁那年对汉儒古文经学的接触和反感，激发了胡适考证《诗经》词意，继承朱子考据学风，反驳汉儒的批判兴趣。另一部少年时所读的清学著述《马氏文通》则给予了胡适语法比较方法上的启发。随着胡适对西方历史学科的学习，中西学术传统中校勘、考据传统的殊途同归，则让胡适产生了莫大的振奋。以上这些学术资源汇聚在一起，酝酿成“整理国故”的方法论源流，即对从汉学、宋学到清代朴学传统的传承和改造。其中，早年的家宅学习生活中令他陶醉的宋学，特别是朱熹的考证、注疏实践为胡适治学思路的形成提供了原初的动力和灵感。尽管他在对宋学的接受和诠释中，抹去了富有人文道德色彩的义理阐述，但是从建构起一个科学的、现代的治学传统来说，胡适对于中国学术传统的“简化”解读不失为一种高明的策略。

拥有留学背景的蒋梦麟和胡适在面对中西文化与学术传统的碰撞时，其反应是对两者的调和补充，以及运用西学改造中国文化和思想。而对一直在本土学习和生活的柳亚子与顾颉刚来说，对新学知识的摄取主要依赖于译书，相对于旧学知识来说，西学知识对其学术路向形成的影响要小得多。从模仿《资治通鉴纲目》作《河东纲目》、支持维新派到确立反清革命的“正统论”，再到晚年治南明史，政见转变的背后，确立历史正统、寻找历史发展方向的意图始终萦绕在柳亚子的脑海，家宅读书生活里所接受的朱熹道德史观一直存活在柳亚子的治学进路中。与之相似，顾颉刚早年关于经学史册的知识积累，为其开辟“古史辨”派的研究路数提供了丰厚的基础，早年对于今古文《尚书》的造伪怀疑不失为“古史辨”前期“辨定真伪”治学方向的思想萌芽。当然，这不是要夸大顾颉刚早年的传统知识学习对“古史辨”学术进路的作用。事实上，胡适、章太炎、康有为等人的影响才是“追究流变”思路形成的关键，但早年知识积累的基础性作用依然是不可忽视的。也就是说，早年所吸收的旧学传统是柳亚子和顾颉刚治学路数重要的启蒙和发端。

其次，对于近代学人来说，与旧学新知所粘连的家宅生活记忆为他们离开家庭和故土，创造一种新的生活提供了情感上的准备和滋养。

在蒋梦麟那里，尽管存在着新旧选择的矛盾，但郡试的成功和家中庆贺仪式的举办无疑是对其旧学学习的肯定，这种自我确信沉淀为其日后求取新知的一个信心来源。更重要的是，科举以及支持这一制度的“旧道德体系”在蒋梦麟的心中埋下了“经世致用”“学而优则仕”的情感冲动，从而形塑了他的心理动力结构和心态。与他的许多同时代学人一样，蒋梦麟并没有被西学导向追求纯粹的科学知识，他放弃农学转学教育学，后又从教育界转入政界，最终回到农业治理领域。除了时势和个人际遇的客观推动外，每一次抉择还渗透着蒋氏想要更加有力和直接地参与社会改造、发展社会事业的心态。

与蒋梦麟在家宴庆贺仪式上感受到剧烈情感冲突不同，在柳亚子的居家读书生活中，早年找寻“历史正统”的道德史观书写赋予少年极大的精神满足和愉悦，这种情感似乎一直流淌在柳亚子“由维新入革命”的政治立场变迁和思想变化中。对萧瑜而言，对新旧过渡的情感准备同样平滑流畅。不管是传统的文人诗书，还是关于新世界的点滴知识，两者都以一种诗意悠悠、温情脉脉的方式展开于萧瑜的桃坞塘学习中，家宅学习生活不仅为其奠定了教育和文化事业的基础，也为其提供了迎接新世界的情感准备。此后，萧瑜留法期间选择文学作为研究方向，晚年又以在海外教授和传播中华文化为其笃定的志业，不得不说反映了其对早年文化学习生活的深情怀恋。

最后，不同于传统文人关于自然的道德价值审美，近代学人早年在大自然中获得的多重情感体验也为他们创造新的生活、求取新的知识提供了情感的滋养。纯粹的自然之美带给陈衡哲一种直接的视觉冲击，而在一个敬畏自然天神的山村里，农家少年冯雪峰体验到的是残酷、可怕而神秘的自然力量，关于自然之美和自然之残酷的审美与情感体验成为二人文学创作的灵感来源。自然也可以成为少年缓解学习生活压力的乐土，在大自然的嬉戏中得到恢复的生命力帮助程天固再次投入下一个阶段学习的挑战之中。不同于自然之美、自然之残酷、自然之乐的强烈情绪色彩，马君武、蒋梦麟、竺可桢则将自然界的草木果蔬虫鱼以及风雨阴晴作为客观的观察对象，热衷于探索现象变化中的因果关系。这种对于客观知识的好奇心成为这些学人或是关注或是毕生从事自然科学研究的情感触发力。

第二章

学堂：公共行动发生的社会空间

清末，特别是癸卯学制颁布后，随着各级新式教育的发展，越来越多的士子童生离开各类私塾以及熟悉的生活环境，汇集到城镇里的初等、中等或高等学堂上学。学堂是这一代学人求取新知、大开眼界的殿堂，同时由于它创造了相对异质的同辈群体共处的空间，引发了交往生活与交往方式上的转变。这种转变实际上折射了更为宏观的层面上，清末民初中国士绅阶层的分化与乡土社会的变迁。对于近代学人而言，书塾、学塾所根植的村落熟人社会是最初庇护他们的学习和生活环境，作为未来的士绅和广义上的“村民”，小小读书人的社会交往同样形成一个逐层向外展开的圆圈（费孝通，2015）[25-39]。其中血缘关系联结的家族亲人构成第一层，其次是远近的亲属和邻居，同乡、同学和同事则处于最外层，这一由内而外的秩序也与儒家五伦中“君臣、父子、兄弟、夫妇、朋友”的价值排序大致吻合。显然，遵循熟人社会的交往秩序，与亲人和亲属的关系以及与同乡的关系重于与同学、朋友的关系。不过，随着晚清乡村经济的破产解体，城市中新式产业和公共事业的兴起，以及中央政权的衰微，四民社会中的士绅阶层①开始出现分化。在迁入城镇、都市的学人群体中，有一部

---

① 士绅阶层原本深深植根于乡土社会，士大夫在乡村的公共和私人社会中扮演地方精英的角色。清末民初，这一阶层的分化大致有三个方向：一部分迁入城市，演变为商人和实业家，或是通过求学和教育转型为知识分子；一部分演变为管理地方的官吏，或是利用自己国家和乡土社会中的中介身份谋私利；还有一部分拒绝与时俱进，恪守士人传统，（转下页）

分人借助学校、传媒和社团的“制度性媒介”建构超越了乡土社会中血缘、地缘关系的公共网络，转型为现代知识分子，同时引发文化和社会的公共性转变。在这一过程中，大学、公共传媒以及社团是步入社会后的知识分子进行公共交往的领域和开展公共行动的资源，学者们对此关注较多。然而，不管是个体身份的蜕变，还是文化的转型，均不可能一蹴而就。就近代学人而言，相对于毕业后从商与从政的读书人，其早年新式学生生涯中形成的学缘关系和学堂社会生活对于新惯习的养成有着更为重要的作用。

一、公共交往与惯习

在从旧式文人向现代知识分子的身份转型过程中，有别于私人交往的“公共交往”方式无疑是近代学人在学堂的异质同辈群体中习得的一个重要的新“惯习”。这里，笔者首先阐明在何种意义上使用“惯习”与“公共交往”两个概念。

第一，对布迪厄而言，区别于习惯，惯习形成于“场域”之中，是“深刻地存在在性情倾向系统中的、作为一种技艺（art）存在的生成性（即使不说是创造性的）能力”（布迪厄　等，1998）[165]，比如立场、信仰、品味、行为偏好等存在于“实践操持”过程中的某些具有历史性的稳定倾向。惯习既是具有一定稳定性的偏好结构，也因为偏好与客观结构的复杂互动而具有一种生成和创造性。简言之，行动者的实践行为往往依赖于偏好的历史路径，但也有可能随着客观现实情境的改变而重塑行动逻辑。这一概念为本章根据关于日常交往细节的历史文本探讨学堂学生新的

（接上页）不从商也不从政，然而四民社会的根基已经走向瓦解，他们只能随着国家政权的渗透和乡村的衰退退出历史舞台。关于士绅阶层的分化，参见：廖申白. 私人交往与公共交往 [J]. 北京师范大学学报（社会科学版），2005（4）：74–79. 关于“士绅社会”特征以及“知识人社会”形成的制度性媒介，参见：许纪霖，等. 近代中国知识分子的公共交往：1895—1949 [M]. 上海：上海人民出版社，2008：5–8. 本书主要讨论学堂公共交往在文化变迁和革新上的意义，因此主要关注由学堂学生转变为近代知识分子的读书人群体。

交往惯习形成，以及其与外界环境、新旧惯习之间的纠葛关系提供了可能。第二，“公共交往”的概念在阿伦特和哈贝马斯的理论体系中均有重要的分量。阿伦特的公共领域哲学体系以古希腊城邦政治为原型，建构了基于“市民美德”的公共交往与公共领域理论模型。不过，阿伦特对公共领域过于严格的定义极大地限制了其对于历史和当代社会的解释力。吸收了阿伦特理论精华的哈贝马斯前期通过考察英、法、德三国 18—19 世纪的历史，对“资产阶级公共领域”做出一个类型学的分析，后期则在反思福利国家“公共性”衰落现实的基础上，拓展了狭义的“公共领域”定义，并通过对“交往理性”和社会行动模式的进一步完善重构了关于公共领域和公共交往的规范理论（夏昌奇，2008）。两者的理论模型为本章对学堂“公共交往”的分析提供了基本框架。第三，阿伦特与哈贝马斯的理论体系均是公共领域的“理想化模式”，对于“美德”和“理性”的强调实际上与布迪厄“惯习”概念及其对“唯智主义”和“理性行动理论”的批判存在冲突：“惯习”更为关注具体的行动者在实践中一些非反思性的、非逻辑性的偏好结构（布迪厄 等，1998）[167]，而交往行动理性意在论证每一个理性个体应该遵循的行动模式，尽管后者也无法脱离具体的历史和现实语境。不过，这种冲突并不意味着无法同时运用两种理论。根据笔者对本章所涉及人物的理解，个体行动者往往处于“惯习”的无意识依赖与“理性”反思的张力之中。对某些行动者而言，正是早期公共交往中对于惯习的实践使得五四时期对理念的反思和体认有了丰满生动的经验基础，而对另一些人来说，同辈群体惯习的难以违抗影响了他们对待舶来价值的心态。第四，将公共领域理论运用于学堂空间，以及中国历史情境时，需要做出调适。首先，阿伦特的公共行动和交往存在资质限定，她认为在道德和能力上具有“非自主性”的儿童应该在学校中得到保护，儿童应避免过早地参与“公共生活”，而应在“私人生活”中得到安全的庇护和成长（刘素玲 等，2018）。尽管阿伦特的这一思想有其关于美国学校中种族歧视和霸凌的特殊考虑，但是并不能因为儿童过一种公共生活存在风险而因噎废食，公共交往作为一项公民德行和能力，需要得到练习和锻炼，学堂无疑可以为学生提供一个“受保护”的“准公共生活”领域。其次，哈贝马斯基于欧洲经验的理论建构也需要得到调整。一方面，晚清中国社会以地方士绅为主体的公共领域并不对国家权力进行批判，而是从事地方公共事务的管理，这与儒家士大夫扮演国家和地方社会中介的角色有关，因而被称为“管理型公共领域”（黄宗智，2003）[176]；另一方面，清末民初的上海开始出现哈贝马斯意义上的批判性公共领域，但这些报纸、社团和沙龙并不以资产阶级为主体，而是以士大夫或知识分子为核心，并跳过文学评论和批判，直接以政治议论作为起点（许纪霖　等，2008）[总序 7–8]。基于中国历史语境的“公共领域”以及学校公共生活①的特殊性为清末学堂中更为广泛的交往生活细节赋予了敏感性。

本章将通过深描近代学人在清末这段时期内学堂生涯中的公共交往生活，还原其中的内在行动机制，阐述这一机制的文化意义，即学堂公共交往与近代学人实现从旧式文人到新式知识分子的身份转型之间的历史关联，并试图为近代社会文化的转型研究提供一个微观的视角。

二、公共交往的议题

公共交往的“公共性”首先意味着存在一个公共领域，在这个领域中“展现的任何东西都可为人所见、所闻，具有可能最广泛的公共性”（阿伦特，1999）[38]，这一所展现的东西即公共议题。阿伦特将这一公共议题限定为政治问题和重大而又没有定论的社会经济问题（李武装，2018），但随

---

① 杨淑萍、冯建军、刘铁芳等学者从个体间利益关系、交往主体特征、交往内容、学校教育性质等方面论述了学校教育中公共生活的“准公共性”，为本章分析清末学堂学生的公共交往提供了启示。参见：杨淑萍. 公共精神的生发逻辑及青少年公共精神的培育路径 [J]. 教育研究，2018（3）：27–34；刘铁芳，曹婧. 公共生活的开启与学校教育目标的提升 [J]. 教育研究与实验，2012（6）：1–7；冯建军. 论学校教育作为公共生活 [J]. 华东师范大学学报（教育科学版），2014（3）：38–48；冯建军，学校公共生活与公民教育 [J]. 苏州大学学报（教育科学版），2014（2）：28–38，127.

着福利国家的到来，社会领域的扩展和普遍利益的多元分化使得这种狭义的公共议题被淹没在消费社会里五花八门的利益诉求之中。有鉴于此，哈贝马斯将公共领域从政治领域扩展到社会和文化领域，并将其界定为一个“关于内容、观点、也就是意见的交往网络；在那里，交往之流被以一种特定方式加以过滤和综合，从而成为根据特定议题集束而成的公共意见或舆论”（哈贝马斯，2003）[446]。如此，则任何可以被公开讨论的政治、社会以及文化议题便都被纳入了公共议题的备选范畴。在清末大中小学堂形成的各种“准公共领域”中，把这群热情澎湃的年轻学子凝聚起来共同讨论商议和自由交谈的公共议题，也呈现出三个较为明显的类型，分别是关涉师生权益的学堂公共事务协商、政治与时事议论，以及知识和情感的交流。

（一）学堂公共事务协商

自洋务运动和维新运动以来，士绅阶层不断加快知识结构的更新，在1905 年以后，以学堂为主要传播渠道的新知识新文化在新旧文化资本的竞争[①]中胜出并从此牢牢占据支配性地位。尽管对广大读书人来说，新学新知已然获得了无上的权威，但就晚清各级各类学堂的教学水平而言，教员西学功底浅薄的情况并不少见，这就难免招致这一代读书人的不满和轻视，不过这也在一定程度上为学生们在人事与职员聘任、管理制度、课程与教学安排等公共事务上发声和行动提供了自信与底气。就学堂公共生活之“公共性”程度而言，牵涉全体或大部分学生以及教员之利益的公共事务，成为晚清学堂里首要的公共领域。

这群被外界视为“越来越不安分”的新式学生常常要将一些议题提上学堂监督和总理们的案头：一是关于学堂教职员人事与管理制度的异议，二是关于课程与教学安排的建议，三是关于学生日常生活和品行等庶务、斋务的自治主张。对于学堂管理层而言，事件处理的结果关系职位、地

---

① 关于清末民初新旧文化资本的博弈，详见：应星. 新教育场域的兴起：1895—1926 [M]. 北京：生活·读书·新知三联书店，2017：1–91.

位的稳固；而对学生来说，则常常是命运转折的关口。处理得当，双方经过协商达成一致，则学堂得以恢复正常的教学秩序继而持续运转；处理失当，事件极易酿成学生与教员、校方之间的冲突或敌对情绪，甚至演化为风潮或学潮，不论是学生还是学堂，不可避免均要付出一定的代价。

1. 关于学堂人事与管理制度的博弈

1905 年，一群留日归国学生商定在上海开办中国大地上第一所由学生牵头创办的大学“中国公学”。第二年暑假后，刚刚在澄衷学堂饱尝了一年学生自治甜头的胡适便一脚跨入了这个颇合其心意的新世界。创办初期的中国公学实行的是“民主共和制”，校内不设校长、监督之类职务，职员均由学生推选，分为“执行部”和“评议部”两部门。执行部三位干事分别负责校内的教务、庶务和斋务，成为学校的“行政机关”；而由评议员组成的评议部则相当于“立法机关”，具有决策授权、监督和弹劾干事的职能（胡适，1994）[63]（胡适，2003）[143–151, 279–282]（董鼐，1982）[152–157]。在评议部会议上讨论和通过的事项中就包括教员的聘任：

> 宋跃如老先生，曾经教过我们的英文。原先有几位英文教员，都不为同学欢迎而解聘，后来聘请宋老先生，始而同学对他的印象并不太好，但上了第一堂课之后，他读得好、讲得好、发音又好，大家方心悦诚服的接受他的教导。（胡适，2003）[281]

不过，到了 1906 年冬天，随着董事会与监督一职的设立，中国公学的分权管理制开始变质。1907 年 3 月，社会名流郑孝胥正式出任中国公学监督，三位干事主动修改学校章程，改学生自治为监督负责制，最大的动作就是取消作为“立法机关”的评议部（章玉政，2014）[13–14]。匮乏的资金支持和实际办学工作中的种种困难都是促使中国公学干事改革学校管理制度的因素。然而，对大部分中国公学学生而言，此项举动无疑是“非法”的，无疑是对中国公学创办宗旨的背叛，令人反感而痛恨。很快，反对的学生们组织起“校友会”代替被取消了的评议部，并通过与干事谈判争取了全体学生修改校章的权力。热衷自治的胡适自然在支持修改校章阵营之中，暑去寒来又经春，到了1908年，“校友会把许多修正案整理成一个草案，又开了几次会，才议定了一个校章”（胡适，1994）[81]。尽管新的校章最终没有得到监督和干事的承认，并带来中国公学的分裂和中国新公学的诞生，然而“校友会”的一班少年牺牲自己的学业，就新的学校管理制度反复磋商和谈判，着实显示了学堂学生高涨的公共行动热情。

实际上，在清政府颁布的《各学堂管理通则》中，几乎所有可能引发风潮、威胁学堂管理秩序的学生活动都被罗列在“学堂禁令”中，比如结党联盟、聚众挟制、立会演说、阅读禁书、刊布报章等，干预国家政治及学堂事务（璩鑫圭 等，2007）[482]更是位列其首。私立的中国公学尚且需要顾及外界对学堂“共和制”的猜忌和攻击，对于地方上的各类官办公办学堂里的学生来说，干涉学堂事务必然要承担受到处罚甚至是开除学籍的风险。然而，面对风雨中飘摇的政府，学堂的高压管理政策并不能阻挡学生参与学校政务的激情，与此同时，学生有时也能运用一些“战术”和策略规避、降低博弈行动的风险。1911年初，家住上虞县城的胡愈之考入绍兴府中学堂实科二年级。入学没几个月，这个瘦弱的少年便经历了一场不小的风潮。

风潮的起因，是学生不满意一位教动物学的教员。这位教员是诸暨人，理科的知识欠缺。当时校内学生分山阴会稽籍与诸暨新昌籍①两大派，余姚上虞籍学生则中立。山阴籍的学生想乘机排除诸暨新昌籍势力，所以竭力鼓动同学攻击那位诸暨教员。他们先是写了一封请愿书给校长，要求撤换动物学教员。请愿书写好后，要求全体同学共同签名。签名的方法很“巧妙”，是画一个圆圈，各人将名字写在圆圈周围，因此无从判断签名的先后。但山阴会稽籍学生很狡猾，他们故意把名字写得很大，占了很多位置。剩下来的空白处，让余姚上虞籍的学生签名。请愿书送去后，校长置

① 自南宋设绍兴府至清朝末年，绍兴府一直下辖八县，分别是山阴、会稽、诸暨、萧山、余姚、上虞、嵊县、新昌，大致对应绍兴府中学堂的生源地结构。

之不复。刚逢着小考，考到动物学时，全班同学约齐一律交了白卷。当时校长和学监的对付手段很严厉，一面是让动物学教员自动辞职，一面秘密查出几个为首反对教员的山阴会稽籍学生予以除名（胡愈之，1990）[85]。

绍兴府中学堂学生撤换动物学教员的心愿的确实现了，尽管手段并不很光明，动机亦不甚纯良，但在公共行动天然地缺乏合法性基础的晚清学堂，学生以某种扭曲变形的方式表达对于学堂公共事务的异议也不失为一种无奈的选择。

不过，在大多数时候，学生们有关修改学堂管理制度的要求并不能得到满足。晚清学堂在很多时候成为两代读书人力量博弈的场所：一面是管理和办事人的高压、威胁和惩罚，一面则是学生的联盟请愿、罢课、申诉等。两方均知道如何从对方的弱点下手，譬如学生联盟的弱点是松散和意志薄弱。1906 年初春，在四川嘉定府乐山县，15 岁的郭沫若[①]进入县里新创建的高等小学堂。小小年纪（学堂里三四十岁久试不第的老童生占了一半）颇具天资的郭沫若第一学期便夺了魁，学堂为此起了一次风潮，受了委屈的少年从此“决定了以反对教员为宗旨”。第二学期，学堂举行分班考试，郭沫若升入最高班，自信、叛逆、出头心也开始滋长。不久，学堂发生了学生之间的“抢饭”事件，少年因为与校长易曙辉顶嘴而在同学中树立起了威信。第二年开学初，学堂取消了星期六半日休假制度，学生们要求恢复，郭沫若顺理成章地代表班级向办事人要求，要求不遂便举行同盟罢课。然而，由于办事人无记名投票的“奸计”和同学们的出卖，郭沫若竟被当作风潮的“罪魁”受到斥退。（郭沫若，2010）[36-54]尽管由于郭父的斡旋和校外力量的干涉，事件有了戏剧性的转折，此次风潮并没有中断郭沫若的学业，然而晚清学堂里，因为在公共事件中扮演“喉舌”角色而被“牺牲掉”的少年不在少数。

2. 关于课程与教学安排的协商

如果说对于学堂人事与制度的干预因为牵动了管理层的切身利益而常

---

① 郭沫若，原名郭开贞，1919 年首次使用“沫若”笔名。

常使学生陷入与校方针锋相对的紧张关系之中，那么晚清学生就课程与教学安排发起的协商对话就温和得多了。1899 年，15 岁的马叙伦考入了杭州府新开办的养正书塾，被编在新四班。因为成绩出众，两年不到，他就从新四班升到了头班。1901 年上半年，马叙伦和汤尔和、杜士珍一起，被加了一个“特班生”的头衔，仍在头班听课。这一年的某一天①，马叙伦和几个同学结伴去学堂附近的蒲场巷求是书院②参观。求是书院他们不是第一次去了，杭府学堂的集中设置给少年们跨校结交同志好友提供了便利的条件。这一次拜访，大家有着特别的用意。

> 这时，我们书塾里还没有体操，我们到求是书院里去看了一番，“不胜欣慕之至”，就由高级同学发起向总理（就是校长）上书，请求增加体操科目。起初总理以为这是不需要的，后来终究被我们的“绝妙好词”感动了，增加了体操。（马叙伦，1983）[12–13]

作为杭城办学程度最高的学堂（浙江省政协文史资料委员会，1991）[1]，创办于 1897 年的求是书院的课程设置从一开始就比较完备，后又增开体操（张彬，2006）[388]，成为浙江省最早开设体操课的大学堂（曹守和，2014）[71]。马叙伦及其同学代表全体学生要求增设体育课程无疑是成功的，而此次协商行动的结果亦是“皆大欢喜”。同学们有了舒展筋骨、活动躯体的课程空间，养正书塾的整体面貌也随之一新。正如当年 8 月求是书院总教习宋恕在家书中的评价，“杭城少年风气甚开，而以养正书塾为最”（胡珠生，1993）[710]。

喜欢扮演领头羊角色的胡适也有与马叙伦相似的学堂经历。在进入中

① 马叙伦在自述中并没有明确说明究竟是何时去求是书院参观了体操课，然而根据上下文的叙述顺序和口吻推测，可能是在 1901 年成为“特班生”之后。另外，作为“特班生”的马叙伦和同学代表学生与学堂总理协商增设体操课程也比较符合情理。

② 求是书院在蒲场巷（现大学路），旧址保存至今。养正书塾旧址是直大方伯巷圆通寺，现已不存。根据地图估算，两地相距不过 1 里地。参见：钟毓龙. 说杭州：上 [M]. 杭州：浙江古籍出版社，2016.

国公学前，胡适曾在澄衷学堂读书。澄衷学堂的学生按照各科平均学习程度，从高到低分为 12 班，头班为东一斋，依次为西一斋、东二斋……。因为扎实的国文功底和拼命地补习算学，一年内，少年连升四班（胡适，1994）[51-52]。到了 1906 年，胡适已然是西一斋的老生，并发动同学组织起了本斋自治会。根据胡适的《澄衷日记》，西一斋自治会的功能类似于今天的班委会，集决策、执行、检查于一体。尽管进入中国公学后，目睹有组织架构和分工的自治制度后，少年感慨澄衷学堂的自治会“真是儿戏”，然而在 1906 年这一年，自治会确实为同学们做了不少事。3 月 4 日，自治会开第一次会，十多天后，阅书社成立。紧接着，自治会就在学堂教学事务协商中初尝甜头。胡适在 3 月 20 日的日记中用寥寥数笔记录了这件令人愉快的事：“本斋英文历史前读 Peter Parley's *Universal History*，此书为宗教家所言，上古史皆传会神鬼，如 God、Angel 之类充塞纸上，无裨学术，因发起请以 *Outlines of World's History* 易之，已得英文教习允诺矣。”（胡适，1993）[6] 教材的成功更换想必为胡适在班内赢得了威望，3 月 25 日，在自治会第三次常会中，少年提议数事也“皆得会员赞成”。

3. 关于日常生活与品行的自治

学堂人事与管理制度，以及课程教学方面的公共事务，因为事关学堂管理层和教员，学生能做的通常是在某些直接关乎学生利益的事情上尽量争取发言权。但针对日常饮食作息、操行规范等方面的斋务、庶务管理问题，晚清学堂学生往往积极发动同学，寻求与校方的对话，自发为群体寻求更大的自治空间。在各式报刊送来的新思想新道德之风吹拂下，晚清年青一代读书人的道德观念与关于良好行为操守的认识已经和上一代士绅产生了较大的裂隙①，学生们并不过分的要求或并没有越界的行为在学堂管理

① 应星所提出的辛亥一代学生和五四时期共产主义青年的“反体制惯习”（相对于士绅惯习）概念对本观点有启发作用。他认为，新式学堂是孕育反政府、政治改革激情以及为学问而求学的“反体制冲动”的温床，具体的作用因素则包括学生与家庭纽带的松动、同辈群体的碰撞、书刊的鼓动和社团的组织、学堂高压管理的反冲力。参见：应星. 新教育场域的兴起：1895—1926 [M]. 北京：生活 · 读书 · 新知三联书店，2017：73-89.

方看来，总像是对尊者的挑衅和威胁。因此，各种或明或暗的学生自治中的公共交往行动，有时也会使学生被动地陷入与学堂管理方的冲突之中。

这一年，已成为西一斋自治会会长（相当于班长）的胡适就在一次“出操”（胡适，1993）[29-32] 事件中差点栽了跟头。5 月，天气有时十分晴热，到太阳底下出操越来越成为学堂里身着长衫长裤的少年们的一件苦差。5 月 16 日这一天，因为夏操服尚未发放，同学们都想暂时免去这一功课。身为会长的胡适自然是“喉舌”了。得到的答复是允许学生穿往年的夏操服出操，然而经过点数，胡适发现还缺 10 件，他便果断做出决定不出操。出操时间到了，胡适率领同学入内温习功课，学堂总教习白振民闻讯而怒，诘责为首的胡适，且要求他承担两个班级不出操的责任。白本欲重罚少年，其他教员从中调解后才以补操的形式加以代替，同时亦欲撤去两班会长之职。胡适本就有意卸去会长一职，且也意识到“先未告白振民先生”之过，故接受了惩罚。本来事情应当就此了结，不过当晚，当时颇有些心高气傲的少年听闻同学传言，似是教习对自己的负面评价，便坐不住了，连夜写辩白信寄与白振民。此后接连两天，胡适都陷在与教习的指责辩白之笔战中，直到第三天下午，少年接到二哥来信，其中一语道破少年好名声的心理，力劝其向教习主动道歉。5 月 19 日，收到少年道歉信的白振民终于表态“姑许其自新，前情姑不追究”。

白振民并不是一个不通情理的教习。许多年后，胡适对他有过评价：“自己虽不教书，却认得个个学生，时时叫学生去问话。……每个学生的能力都容易知道。”（胡适，1994）[59] 可见白振民是一位关心学生、热心教育的先生。另外，白与胡适的二哥胡绍之同过学，少年即是因为这层关系选择了澄衷学堂。胡适才气横溢，平时白对他亦是青睐有加。在“出操”事件中，从胡适的日记来看，少年的确在态度上有些轻慢，双方“笔战”的焦点已然不是“出不出操”，而是白感觉到自己欣赏的学生对教员和自己不够尊重，愤然之中也夹杂着失落。两个月后，胡适因为替同学余成仁打抱不平而被白悬牌记大过，心中感到不平，这才转入中国公学。而余成仁具体因何事触怒了白振民，胡适日记中并无交代，只知白对余的评价是

“自命太高”（胡适，1993）[48]。和“出操”事件一样，白再一次感到了学生对师长尊严的冒犯。

学生在自治行动中的无意和被动“冒犯”显然不是个别现象，两代读书人之间道德与人生观念的裂隙正在扩大。即便遇到白振民这样的“好”教习，师生冲突也如此激烈，更不必说遇到“骄气横溢”、不甚通情达理的教员了。

1907年秋，刚刚从乐山县高等小学堂毕业的郭沫若升入嘉定府中学堂。由于教员水平低下，对于课程不满意的学生们又找不到能够填补的校外研究，一群焦躁的少年聚集在一起，这注定让学校和城市成为多事之地。第二年春，他们便因为在“辣子事件”（郭沫若，2010）[61–62]中被开除的学生而罢课数日。在郭沫若的回忆中，事情的起因是一位宿姓同学在吃午饭的时候，因为自己桌上的椒油辣子吃完了便很自然地取了监学桌上的一碟辣子。这一不经意的小小举动挑动了监学敏感的神经，“侮慢师长”的责骂之后紧接着便是斥退的公告。平心而论，宿姓同学的举动的确有失礼的地方，然而如此小过却被大惩，很难说不是长久以来紧张的师生关系造成的过激反应。这当然激起了全校学生的公愤，大家推举出两名同学与三位监学谈判。谈判中，监学丁平子根本无意和学生进行对话，自然也不会改变对学生的处理结果，前来交涉的两个学生一同遭了斥退。如此横暴无理自然增加了郭沫若及其同学对学校和监学的憎恶。或许是因为在小学遭同学“背叛”的经历尚在眼前，在这一次的风潮中，郭沫若并没有出头而是选择了隐忍。又过了一年多，1909年夏，一场更大的风潮终于引爆了郭沫若积蓄已久的怨愤。监学丁平子的文章不通，是整个学校甚至嘉定城老辈名士皆知的事实，其为人又骄气横溢。平日里受着丁监学管理压制的学生，在吸烟室和厕所找到了发泄空间。“丁平子不通”的文字（郭沫若，2010）[81–84]便出现在吸烟室的墙壁上了。按照郭沫若的理解，厕所和吸烟室里的事是“不能够认真的”，因为这些言论并非公共话语，是私人情绪的表达。然而，目睹题壁的监学偏偏又要以公开辱骂师长的性质理解之，不但做了公开演讲驳斥这一评价，还以辞职为筹码发动教职员寻找题写文字之人，找到以后当晚斥退了那位刘姓同学。因为“文字狱”失去了一个好朋友的郭沫若按捺不住悲愤，借着酒劲责骂监学。监学自然是要求斥退郭沫若，不过这一次，因为教员和学生的反对，斥退的主张竟受了挫。

“题壁”事件中，郭沫若因为有同县教员以及校长的保护而免于受罚，但在监督“只手遮天”的江西洪都中学堂，协商无效的学生们显得格外孤立无援。《民立报》在1911年5月26日、6月18—19日陆续报道了这一风潮经过（民立报记者，1911）（江西洪都中学生，1911a，1911b）。根据学生们的叙述，学堂监督梅子召“劣迹斑斑”，除扣押拖延发放学生应得的毕业文凭外，还“私卖学期、任用私人、弁髦成绩”，而学生因为地位卑微，只就修业文凭一事与监督协商，婉求其准予发放。奈何监督一再推诿。1911年4月16日，学生们再次提出发放文凭一事，监督恼羞成怒，置之不理。学生转而向南昌本地绅耆求援，4月17日，本地士绅开会推举14名代表与监督面商。然而监督以激烈的态度拒绝考虑学生们的要求，士绅代表嗒然而返，将此事推给教育总会及谘议局，但学生禀请学宪总理之后仍旧得不到受理意见。懊恼无助而又身心俱疲的学生们只得返回学堂度过暑假，学堂迎接以断粮断炊，学生只得隐忍。4月20—21日，监督开除并驱逐2名学生代表，全体学生感到不平，共同质问监督，监督对以“尔等再有妄求即全堂滚出”。无奈中，洪都中学堂学生遭到解散，“楚囚相对以涕洗面”，只得各自收拾行李返回故乡。

当然，并非所有的自治行动都会挑动管理方敏感的神经，进而引发激烈的师生冲突和学堂风潮。有时候，学生们关于日常生活与品行的公开协商和自我约束也有利于新道德规范的养成和学堂秩序的稳定。

1906年4月8日，胡适在西一斋自治会第四次常会中提议本班同学实行“记玷法”，即“每人各备一册，半以记己过，半以记人过”，得到同学们的响应。一个多月后，就在“出操”风波平息的当日，心情低落的胡适向极其信任他的同学们请辞会长一职，然未能如愿。这一天，自治会收集大家的“记玷法”小册子。似乎是为了检查自治的效果，本就受了委屈和打击的“小头儿”发现，各人的过失记录加起来竟有121条之多，超出了他的想象。他不禁感慨，“噫，直以玷为儿戏矣。资格不及，虽有良法，将何所用之也”（胡适，1993）[31-32]。日记没有详述“记玷法”令少年感到失望的原因，但是从其日记中关于友爱的片断论述中，大致可以推测胡适对同学们的批评态度从何而来。4月28日，西四斋讲书会正在开会（此时胡适已成为澄衷学堂的“大红人”，各斋自治会、社团开会时常有他的身影），低年级同学看到胡适和余成仁两人经过，邀其入内旁听。胡适“见会员各存（陈）意见，以小故而喋喋争论不少休，乃为之说‘友爱之真义’、‘读书之实行’二事而退”。第二日，少年又在本斋自治会上发表了三则演说，其中之一是“论同学宜于学问上德性上著力竞争”（胡适，1993）[21-22]。显然，几乎每日在日记本上抄录一则伦理道德格言的胡适对于那些为了区区小节或是蝇头小利而争论的行为一定是不齿的，而“记玷法”小册子中暴露的诸多琐屑的“小故”让这个有着宏大道德抱负的少年感到一阵心寒。尽管对胡适来说，自治会的效果似乎不令人满意，但自治所要求的公共道德的养成实际上并不可能随着组织机构的建立而即刻自动实现，“记玷法”的意义在于使参与者暴露了固有道德观的缺陷和不足，而问题的暴露恰恰是道德惯习转型的第一步。

后来与胡适成为大学校友的沈宗瀚在其早年也有作为学生“喉舌”的经历。1911年，17岁的沈宗瀚升入余姚诚意高等小学堂三年级。学校乃“旅沪富商捐款设立，故学生多富商子弟”。校长因宗瀚是寒额生，委以级长的重任。从此，宗瀚“一面须顺受师意，一面须代表同学（几均为富商子弟）向学校有所要求，处境维艰。回忆最难之事，为同学要求校长改良饭菜，余为寒额生，得免膳费，出言偶一不慎，即为校长与同学所讥笑”，所幸少年“连任三年级与四年级级长二年，处事颇为公平，师生均表好感”。（沈宗瀚，2011）[37-39] 诸如饭菜这样的庶务在晚清学堂中频频引发或大或小的风潮。沈宗瀚在师生之间的斡旋，很可能消除了许多潜在的冲突和不必要的风潮，从而稳定了学堂的教学秩序。实际上，在升入浙江省立甲种农业学校后，宗瀚依然是同学与教员之间饭菜及教员问题的沟通者。少年“主张公平，态度诚恳，与同学友善，常化大事为小事，化小事为无事”，“离校后，次年春（即民国四年）校内即发生学潮”。风潮中，并非所有的学堂办事人均如丁平子般骄纵诡辩，或如梅子召般蛮横无理，受到冲击的校长陈宗一从此“畏惧行政工作”（沈宗瀚，2011）[47]。

（二）政治与时事议论

围绕学堂公共事务展开的公共行动范围基本在一堂之内，而学生们关于政治和时事的议论则将其视野拓展到学堂之外的广阔世界。许纪霖认为，中国社会哈贝马斯意义上的“批判性公共领域”出现于19世纪末20世纪初的上海，以梁启超主持《时务报》为始，各种具有时论功能的报纸、杂志以及知识分子社团、沙龙涌现，其讨论的主要是“民族国家的建构、社会变革这些政治主题”（许纪霖 等，2008）[总序8]。尽管学生私带和阅读“禁书”是各学堂严令禁止的，但这些被清政府视作“洪水猛兽”的书报杂志，正是通过学堂里的各种渠道成为知识饥渴的少年们所珍爱的“精神食粮”。这些社会上的“批判性公共领域”有如源头活水一般，供养和滋润着清末学堂里的各种公共议论。

养正书塾订有三份上海报纸。在学堂的第二年（1900年），马叙伦和他的同学还不敢擅自进入教员室，读报是教员的特权。义和团事件后，历史教员陈介石（黻宸）把平时颇为器重的马叙伦叫进了教员室，向这个对历史和现实懵懂的少年徐徐解释了庚子之乱的始末以及清政府的无能。打那儿以后，少年的阅读书目里多了《天演论》（赫胥黎）、《法意》（孟德斯鸠）、《黄书》（王夫之）、《明夷待访录》（黄宗羲）、《明季稗史汇编》（留云居士）、《民约论》（卢梭）、《泰西新史揽要》（李提摩太）等，知识的扩展积累和革命立场的树立促使少年生发出强烈的交流和交往欲望，“想找同志”的冲动推动着他与汤尔和、杜士珍拜把子，还在校外与求是书院的青年才俊密切联络。很快，半年不到，马叙伦和他的拜把子兄弟成了“特班生”。这一年（1901年）下半年，三个特班生又和其他三位高年级同学（周继善、叶诚然、龚寿康）一起，接受了学堂安排的新任务——作为“师范生”给新录取的备班生上课。也许是因为受到历史教员陈介石“启发式教学”的感染，“小先生们”并没有沿袭当时学堂里常见的讲授式教学方式。

> 我们在备班里，一面是教师地位，一面还是同学地位。我们对于这班里的小兄弟，真是看得和自己的兄弟一样。而我们的教法，不但用了陈老先生教我们的方法：“不愤不启，不悱不发”，我们和他们真“德谟克拉西”。我们有时设了一个问题，反而自己退下讲台来坐在学生位子上，请他们里面自动要说话的上去互相质问辩难。所以他们也和我们亲热得要死。他们里面有一个杨崇英，是书塾总理的孙子，不过十二三岁，先和我在新四班里同学，他后来告退了，这时重复进来，他每次能够侃侃而谈。还有一个傅孟，也是了不得的。（马叙伦，1983）[12]

马叙伦并没有详述他们的“民主教学”课堂上“辩难”和对话的经过，不过联系少年们此前热衷阅读的书目和政治思想的发展，不难推测在作为公共议论空间的课堂上，“师生”间的对话和辩论很可能以政治思想和立场为核心。除了课堂上的讨论，马叙伦和他的“师范生”同学还将公共讨论的舞台拓展到学堂的生活空间中。通过发起“同学会”，几个高年级同学常常晚上到低年级同学宿舍里“集合他们，作演讲、辩论，很似现在的座谈会”（马叙伦，1983）[13]。

同一时期，杭府的求是书院亦有相似的校风和活动（两校学生联系密切、相互影响）。书院内，活跃于 1900—1902 年的励志社开展了各种类型的校内外活动，其中一项校内工作即“扶助低年级同学求学兴趣之发展，当时校内共分六班，头、二班学生对五、六班同学，每周有讲演会及文课竞作”（浙江省政协文史资料委员会，1991）[4]。因为组织讲演和作文竞赛，书院学生险些招致当局的“文字狱”，经过教员斡旋方才安全避祸①。可想而知，其演讲和文章的主题基本是以政治革命为中心了。

对清末学生而言，结社演讲和写作是议论时政的常见渠道。在1906年的澄衷学堂，学生们在集益会、各斋自治会上往往发表演讲和演说，主题涵盖时事、政治制度以及伦理道德等，比如“南昌教案”、“论选举时被选者及选人者之权利义务”、友爱、个人及交际修养（胡适，1993）[3-51]。从这些主题不难看到严复之译著、梁启超之《新民说》等的影响。又如在1910年的苏州公立第一中学堂（俗称“草桥中学”），几个志同道合的中学生组织起了诗社，取名“放社”。除了吟诗作对、填词嵌字之类的文学活动外，社员们“放言无惮，不遵矩度，言他人所不敢言，抒发自己的志向和政治见解”（商金林，2004）[34]。在此之前，社长叶绍钧（1909年取号叶圣陶）和同学们就喜读《民呼日报》《民吁日报》《国粹学报》《国学荟编》等书报（商金林，2004）[31]，反清革命的思想在无形中成为少年们交流和议论的资源。

关于新式报刊与学堂里公共议论的双向互动作用，在1910年的长沙选升学堂表现得再为明显不过了。这一年，13岁的田汉②考入这个学校。在他的记忆中，选升学堂的先生们主动收集《民报》文章给学生看。除此以外，学生们还能看到学堂订阅的《长沙日报》《时报》《新民丛报》《国风报》等。其中《时报》的附报《滑稽时报》“时常登载一些讽刺时政的文字和图画，如像讽刺庆亲王奕劻的昏庸误国，和废科举兴学校以后仍旧保留着科举的实质等”。比田汉高一级的几个同学便模仿这个报，“用做算术本子的四开洋纸编成一种学生报，照样有时论，有新闻，有文艺，有插画，在同学中传观。虽是半游戏的东西，但在当时也起了一些作用”。学生们还模仿梁启超的文体进行写作。这种学堂内的公共议论在时事的刺激

① 钱均夫对于求是书院这一段历史的叙事较为简洁，原文是“扶助低年级……文课竞作。所谓‘罪辫文’案，即由此而生，主其课者为史寿白同学，幸经劳乃宣、陈仲恕二师之斡旋，消弭于无形，不使康乾年间之文字狱重兴，而史君亦于事前由同学之资助赴日留学”。参见：浙江省政协文史资料委员会. 浙江近代著名学校和教育家：浙江文史资料第四十五辑 [M]. 杭州：浙江人民出版社，1991：4.

② 田汉，原名田寿昌，1911年改名为田汉。

下，也扩展到了社会上。在长沙学生反对铁路收归国有的风潮中，各校学生代表发起联席会议进行反对，选升学堂的学生“用纸扎了一个盛宣怀的头挂在墙壁上，同学们拿起石子朝着他头上打”。给田汉留下深刻印象的是同学吕恢猷的演说，这个 11 岁少年声泪俱下的演讲甚至得到了《长沙日报》的报道。（田汉，2002）[50–52]

事实上，清末学生界的好议论之风，即便在传统私塾中也有所蔓延。1904 年，12 岁的顾颉刚随父进入苏州北街的姚氏私塾。很快，父亲考入京师大学堂离开私塾。虽有代馆的先生，然而总没有一个留得长久的，因而两年间，私塾里的功课和管理都比较宽松。这样一来，少年便自己安排起功课来，“我要读书，便自己到书铺里选着买；买了来，便自己选着读。我看了报纸，便自己发挥议论。有什么地方开会，我便前去听讲。……塾师出了经义史论的题目，我往往借此发挥时论，受他们的申斥；但做时务策论时，他们便不由得不来赏赞我了”（顾潮，2010）[15–16]。少年所看的报纸，包括《时报》《新民丛报》等，阅后“佩服立宪派人谋国的公忠”。显然，受到感召的顾颉刚迫不及待地把私塾里的作文课当作议论时政、运用新知的领域。除了个人的议论，姚氏私塾中的年轻人也有针锋相对的辩论。这一年，保皇和革命两党的论战很激烈，尚醉心于立宪的顾颉刚自然是支持保皇派了。顾颉刚的女儿有这样的描述：“私塾中曾立了一个文会，分了革命和保皇两派来作争辩的文字，在革命派中的都是些近二十岁的人了，他们已经知道俄国有虚无党，而保皇派中都是父亲等十一二岁的小孩，所以保皇派永远给革命派所压服，父亲虽很不平，但也想不出胜过革命派的方法。”（顾潮，2010）[18] 少年们受到书报的直接影响展开公共议论由此可见一斑。

在演说、座谈、写作、办报、开会等言谈活动之外，学堂公共议论有时也以更为生动的戏剧形式进行。1909 年，家住嘉定的胡厥文[①]被保送升入太仓州属中学堂。入校后，成绩优异、身为班长的少年因“钱包事件”

① 胡厥文，又名胡保祥，著名爱国民主人士、政治活动家、杰出实业家。

顶撞学堂管理层而被记过，但胡厥文“敢于申辩的行为却得到一些青年教师和同学的赞许”（胡世华 等，1994）[11]，他们介绍少年加入进步知识分子的地下革命宣传活动。随着反清反帝秘密活动的开展，加入的同学逐渐增多，“除了传阅进步书报、宣传革命道理外，还把清政府的反动腐败、宫廷的奢侈荒淫，以及官吏的卑鄙无能等史实编成话剧，深夜里紧闭了大门，在厅内秘密演出”（胡世华 等，1994）[12]。这样的“批判性公共领域”对于精力充沛的年轻人而言是极有吸引力的。

（三）知识情感交流

相对于“你进我退”的学堂公共事务干预，以及“你来我往”的时事政治议论，清末学生另一种公共交往的议题则不带有什么“火药味”，相反具有较为浓厚的学术和文艺气息，即西学中学知识的交流和文学艺术的切磋。当然，在很多学堂里，对时事政治与知识文艺议题的讨论往往发生于同一时空，在同一次社团活动、会议上穿插交织在一起。

求是书院励志社除组织讲演和竞赛以外，另一项校内工作是举办读书会，“规定每周必读完一书，周六晚餐后，向同学讲述，藉以交换知识”。此外，为了向民众普及新知，开启民智，励志社也组织学生从事“协购杭州白话报分送，在菜馆一带讲解白话报，改革书塾”等校外活动。（浙江省政协文史资料委员会，1991）[4]

早期（1900—1902年）励志社奠定了学生知识性公共交往的两个方向：一是学堂内部的交换，二是面向学堂之外的社会启蒙。在1906年的澄衷学堂里，其知识性公共活动也大致可以这样区分，不过在名目和形式上得到了大大的丰富。胡适在日记中提到的学术性社团就有阅书社、算术研究会、理化研究会、英语研究会等。以算术研究会为例：社团“每星期开一次会，由会长（或教习）出题，交会员携归演算，限期缴卷，由会长择其最佳之法式宣告大众”，“每会期由会员演说心得或质疑问难”。（胡适，1993）[9]除了专门的学术性社团，各斋自治会上也常有知识传播和交流活动，学生们或是邀请教习发表演说，或是由社员演说，比如近似于国故考据的“泰否”、“治”字释义，光学知识讲解，抑或是胡适所热衷的伦理道德思想演绎，比如少年曾以水随重力和牵引作用向下或向上流动的现象譬喻人性的无善无恶。学堂之外，沪上各学堂还会联合举行各种理化竞赛和游艺会（胡适，1993）[3-51]。借助茶园这样的公共场所，各校学生切磋化学实验的技能，同时也能起到对观众普及科学知识的作用。

知识学习以外，感情丰富、充满激情的少年们需要借助文学和艺术的渠道进行情感的抒发和交流，动荡年代的少年尤其如此。在苏州“草桥中学”，叶圣陶、顾颉刚这对好友和他们的同学成立了文学性的“放社”。第二年（1911 年），已是高年级学生的他们从报刊上感觉到革命的脚步越来越近了，在这一段时间内他们心情格外兴奋和激动，总是有想要做点什么事的冲动。这年 5 月，学堂盛行各年级学生办小报，叶圣陶牵头创办了五年级小报《课余丽泽》，顾颉刚则主办四年级报《学艺日刊》。叶圣陶回忆这段经历：“自己作稿，自己写钢板，自己印发，每期二张或三张，犹如现在的壁报；我常常写一些短论或杂稿，这算是发表文章的开始。”《课余丽泽》除了谈论流行的科学以外，也有许多文学性的作品，比如苏曼殊的《断鸿零雁记》，南社诸人于《民立报》上发表的诗文，叶圣陶自己以古体诗形式翻译的《莎士乐府本事》，亦有人文学科方面的小论文，比如《论理学》《“哲学”短说二则》《心学与人类之关系》。《学艺日刊》的栏目与《课余丽泽》大致相同（商金林，2004）[55-58]。尽管《课余丽泽》办了不到一个月便停办，但从其每日发行的频率上颇能感受到少年人热情无私的付出。

三、公共交往中的主体和行动结构

上文展现了近代学人早年学堂生活中公共交往的议题，不过，并非所有与公共性议题相关的言论和行为都是公共交往。在阿伦特看来，行动是通过个人言语和行为向多个在场的他者展示或显现自身的过程。行动中除了个人真性和“独特性”的显现，还包括与他人的对话沟通。由此，她要求公共行动的规定性体现于“市民美德”与行动模式理论之中。在此基础上，哈贝马斯进一步提出了“交往理性”概念，并从行动主体之间的关系和结构（即交往主体间性）以及行动者与世界的关联程度和方式（即社会行动模式）这两个维度，界定“交往理性”的特点。阿伦特和哈贝马斯关于理想公共行动的理论为笔者深入分析历史上的具体行动过程提供了观察框架。这一行动过程首先涉及由交往主体所形成的网络，其次则是交往行动中的言语行动结构。实际上，对于清末学堂学生而言，不论是公共交往中形成的主体网络，还是实践中的行动结构，在不同程度上，均可以被视为理想“交往理性”的一种变形或变通。

（一）主体网络

就典型而理想的公共交往而言，人们只应以“普遍主义的公民”身份进入某一公共领域，而不应牢记自己的其他身份，譬如阶级、种族、地域、学派、财富等等（李武装，2018）。所谓“普遍主义”，是基于某一“普遍利益”的存在，其在一定时空情境下压倒了主体成员之间的其他各种差异。不过，这种公众之间的地位平等，并不意味着权威的彻底隐退。确切地说，只有入场时起点平等，“论证权威才能要求和最终做到压倒社会等级制度的权威”（哈贝马斯，1999）[41]。同时，由于行动主体其他私人和社会身份差异的暂时“悬置”，“典型的交往关系是一个人同陌生人的关系：他 / 她面对的是同他 / 她没有感情关系、不具有直接的、个别的相互回应性、因而对他 / 她而言没有差别的陌生人。所谓没有差别，是说他 / 她同这一个陌生人和那一个陌生人的关系没有差别”。正是因为差别被暂时遗忘，“普遍性于是成为私人隐匿自己的观念外表：人们谈论某种普遍的东西，他 / 她自身的独特性被安全地隐匿起来”。（廖申白，2005）[76-77] 不过，在清末学生的公共交往网络形成的粘连因素中，论证权威（平等）与等级权威、普遍（无差别）与特殊这两对矛盾内部，似乎存在着更为复杂的张力和纽结关系。

1. 论证权威与等级权威间的张力

20 世纪初，马叙伦和其他 5 个“师范生”同学的“民主教学”实践之所以给人留下深刻而新鲜的印象，原因之一就是一班少年在课堂公共交往中自发性地“悬置”了由年龄和年级差异带来的“等级权威”，进而在高低年级学生之间营造了一种平等而亲密的关系。据记载，“养正书塾初创时，全塾学生定额为 60 人，招收身体健康略通文字的 10 岁以上、15 岁以下的少年，籍贯不限”（杭州市教育委员会，1994）[101]。然而，细究起来，不少招来的学生并不符合书塾设置的年龄标准。除了马叙伦 15 岁入学外，汤尔和年龄较长，入学时已有 23 岁①。至于周继善，1900 年入学时为 18 岁②。到了 1901 年任教备班生之时，几个“师范生”与备班生的“小兄弟们”最大的年龄差距可达 10 岁。可以说，不论是体格，还是在知识和阅历方面，他们均有不小的差距。

事实上，在学生年龄极为参差不齐的晚清学堂，老生仗着年龄和年级优势自诩为尊，进而对低年级同学形成压制性的力量，这样的现象才是常态。1898 年，初进南京江南水师学堂念书的鲁迅（三班生）发现，“头二班学生……不但上讲堂时挟着一堆厚而且大的洋书，……便是空着手，也一定将肘弯撑开，像一只螃蟹，低一班的在后面总不能走出他之前”（鲁迅，2012）[45]。对于这样的螃蟹姿态，鲁迅厌恶了毕生。三年后，其胞弟周作人进入这个学堂，学生间的等级差异并没有明显改观。到了吃饭的时候，大众一顿奔窜，“头班却比平常更安详的，开张两只臂膊，像是螃蟹似的，在曲折的走廊中央大摇大摆的踱方步”（周作人，1999）[85]。同学之间建立在班次和年龄之上的等级地位通过体态形象地印刻在少年心中。为此，周作人暗下决心，“以后升了头班，决不再去对别班摆架子”。三年间，不平等被打破了，“可是并没有更进一步的做，去同他们亲近交际，

---

① 据知情人瞿兑之说，幼松为汤尔和的次子汤器。参见：幼松. 汤尔和先生 [M]. 金华：金华印书局，1942：18；瞿兑之. 读《汤尔和先生》[J]. 古今，1943（27–28）：11–12.

② 周继善，1883 年生，1900 年就读养正书塾。参见：宫温虹. 温州中医药文化志 [M]. 北京：中国中医药出版社，2016：304.

班次间……还存在着一种间隔，可以说是疏远”（周作人，1999）[102]。少年对不同班次间的隔阂似乎有所抱憾。如果说等级和隔阂是建立平等、亲密关系的障碍，那么霸道、欺凌则更是破坏平等关系的黑暗力量了。1906年初夏，在四川嘉定高等小学堂，郭沫若在第一学期期末测验中夺魁，平时就喜欢揶揄他的老生们感到不服，要求教员调整成绩。面对与自己年龄相当的学生代表，教员做出了退让，郭沫若被降到第三名。另一边，一名徐姓老生还抓住他的手腕以示威（郭沫若，2010）[41]。精神和身体上的双重委屈真真叫郭沫若领教了一回学堂中的“等级权威”。

但在养正书塾中，悬殊的年龄似乎并没有妨碍“师范生”们在课堂上“退下讲台”，交换“教与学”的身份，帮助备班的小同学们互相“质问辩难”，由此建立起一种亲密的、对话式的教学关系。这种对话关系也通过“同学会”的活动从课堂之上延伸到了课下的生活空间里。在高年级学生放下身段、主动“悬置”等级权威的前提下，辩难和对话方生成出“论证权威”，即建立在道德和逻辑合理性基础上的言语行动权威。说得直白一点，即“看谁说的最有道理”，而不是“看谁最有资格”。这种“论证权威”也曾在马叙伦和同学们要求学堂增设体操课程的谈判中发挥了作用。可以想象，马叙伦必是列举了体操对于少年、学堂以及社会的种种裨益。

在胡适和顾颉刚的学生经历中，“论证权威”也曾发挥相似的作用。1906年3月，胡适领导他的西一斋自治会就英文历史教材的更换与教习谈判，少年们的理由是原先的教材宗教意味过浓，无益于学术，而新的教材在历史中渗透了哲学家观点，“颇有至理”（胡适，1993）[6]，学生们的要求得到满足。显然，教习的等级权威并没有打压少年们的陈述行动。1904年，顾颉刚所在的私塾时常举行文会，保皇党和革命党两派做些争辩的文字。尽管顾颉刚所在保皇党的成员都是一些小孩子，争不过主张革命的青年，不过双方的较量结果更多地取决于知识多寡和论证的充分度，而非年龄和资格。

因为“悬置”了学生之间的年龄、年级差异，以及师生之间的等级差异，清末学堂的公共交往在某些时空情境下形成了平等的主体网络，从而使“论证权威”得以在对话和协商之中诞生。尽管如此，也必须看到，等级权威始终是学堂秩序的基调和底色。除了学生之间基于年龄、年级产生的等级权威以外，学堂办事人、教员相对于学生而言的等级权威和制度性权威则构成了学堂权力结构的骨架。学生公共行动中的“领头羊”，比如洪都中学堂“修业文凭”事件中的学生代表，嘉定府中学堂种种风潮中的谈判代表，为快要被开除同学说情的马叙伦、胡适们，均为领导公共行动付出了遭斥退或是记大过的代价。

不过，随着清政府体制和制度公信力的不断衰减，清末学堂中的等级权威在与论证权威的斗争中只能取得“虚假的胜利”。1902 年，包括马叙伦在内的高年级同学为快要被开除学籍的同学出头说情，结果一并受到了开除的处分。“可是监督写条子，不用朱笔而用墨笔，‘以示优异’”，并在写条子的同时流泪表示惋惜和无奈。与被开除学生一起离开的，还有颇负名望的历史教员陈介石（马叙伦，1983）[15–17]。可见，这次风潮中，尽管马叙伦和同学们的协商对话没有起作用，但养正书塾亦损失了一员学术大将和一批优秀的学生。1907 年初，郭沫若在代表学生向学堂要求恢复星期六半日休假制时被作为“罪魁”受到退学处分，然而就当灰心丧气的少年被父亲“押解”着来到邻县流华溪镇[①]上的公立小学时，全校的学生都因为知晓他的文名和出头谈判的英勇而向少年“表示着无上的敬慕”。不仅如此，该校教员因为赏识和同情郭沫若，希望招收其为特别研究生。这样一来，郭沫若原先就读的学堂感受到了舆论的压力，只得收回斥退的决定。第二年春，郭沫若所在的嘉定府中学堂就爆发了“辣子”事件，风潮中，事件中心人物宿姓小同学连同全校推举的两名学生代表被一并斥退。然而，郭沫若很快就发现，宿姓同学顺利转入了成都的四川高等学堂分设中学堂，而学生代表中的易姓同学则转入了成都存古学堂

① 郭沫若笔下的流华溪，疑应为流花溪，今为乐山市五通桥区牛华镇。晚清，流华溪隶属嘉定府犍为县，与乐山县毗邻。

读书（郭沫若，2010）[83-96]。而屡次想要斥退学生的丁监学则引起学生们日益憎恶的情绪，最终，“题壁”事件后，在与郭沫若的“口舌之战”中败下阵来，并失去了校长和教员的支持。再比如胡厥文，因与师长还嘴被学堂记了过，但因“敢于申辩”而得到青年进步教师的赏识。即便是孤立无助、全堂解散的洪都中学堂学生也通过向《民立报》记者有条理地解释风潮的经过，主动掌握了事件的话语权，争取到了舆论对学生的同情与支持。

显然，在等级权威依然是主要权力结构的清末学堂，锐意进取的学生们（学堂中亦有一部分附和守旧教习的学生）以及一些具有革命立场的教员通过“悬置”附着在年龄、年级、社会地位上的固有等级差异，而在小小的学堂世界中联结成一个相对平等的主体网络。尽管这一主体网络和交往惯习极容易遭到等级权威的干扰和摧毁（比如学生领袖被开除），但与此同时，学堂固有的等级权威也在学堂公共生活之新的交往惯习中逐渐式微。

2. 普遍（无差别）与特殊因素的纽结

在陌生人构成的典型公共交往网络中，个体的“独特性”被安全地隐匿在“普遍利益”或普遍性议题的背后。所谓安全，是指公共生活与私人生活应存在合理的界限，独特和具有差异性的私人生活不应进入公共生活的公开领域，同时，公共生活也不应受到私人生活的侵蚀。但在学堂“准公共生活”领域中，一方面，朝夕相处的师生总是会产生或浓或淡的友情，因而在很多时候被“悬置”的只是一些与公共性话题无直接关系的私人因素；另一方面，清末学堂里不太成熟的公共生活中也渗透着一些具有侵蚀性和特殊性的背景因素。

首先是地域因素。20 世纪上半叶，尽管新式交通正在发展，然而一张能够跨越各个省份的人力、物力和资讯网络还远远没有形成。新式学堂把原先留在故土上的年青一代吸引到了府城、省城之中，但一个学堂的生源往往还是由附近几个县的学生构成。尽管大家可以算是广义上的“同乡”，然而初次离开私塾，离开家祖宗亲的少年们依然能够感受到彼此因地域而产生的口音、习性、性情、生活习惯上的差异。因此，在清末学堂，以地域为界限的小群体并不少见，在同学的私人交往中，同县同乡总是给人一种亲切感。

这种源于私人生活背景的地缘性联结因素渗透到公共交往网络中，有时会造成公共交往正当性的扭曲与变质，或影响公共交往的有效性。在胡愈之的记忆中，1911 年革命前夕，绍兴府中学堂的学生要求撤换诸暨籍的动物学教员，这一方面是因为动物学教员理科知识贫乏，另一方面是因为山阴会稽籍学生想要趁机排斥诸暨新昌籍学生的势力。由于校长、监督对付手段的严厉，几个平时就不用功学习、为首反对教员的山阴会稽籍学生被除了名。然而，事情还没有结束，原本处于中立立场的余姚上虞籍学生被山阴会稽籍学生污蔑为风潮的始作俑者，证据则是在请愿书签名栏中，余姚上虞籍学生的名字写得紧密，而其他名字则疏阔。这实在是山阴会稽籍学生预先设计好的圈套，所幸与余姚上虞籍学生接近的教员替他们洗刷了冤屈（胡愈之，1990）[85]。经历了这一场风潮的胡愈之从此体会到人心的险恶与政治生活的凶险。学生之间的小群体主义有时也给学堂等级权威瓦解学生联盟、破坏学生公共交往网络提供了切入点。诚如《岭东日报》上的一则告诫师生的评论所言，“以我人各顾已私，强分畛域，而政府官吏乃得利用于其间”（岭东日报记者，1907）。

有时候，地域因素在学堂学生公共交往中的渗透，并不像在绍兴府中学堂事件中那般具有破坏性，但地缘网络的确在郭沫若的公共行动中发挥了某种重要而吊诡的作用。在乐山县高等小学堂的最后一个学期，郭沫若因带头向学堂要求恢复星期六半日休假制而遭斥退。把行李搬出学校的当晚，郭沫若的内心凄凉而失望，不过好在两个铁杆好友——张伯安与吴尚之都在帮助他筹措上成都的路资，少年并不完全是落单的“孤狼”。升入中学后，郭沫若感到功课还是一样的贫瘠，少年们多余的精力无处释放，便终日在城内游荡生事，“当时校内有八个最爱游耍的学生号称‘八大行星’”，除了郭沫若，“其余的乐山县人占了四个，犍为县人占了三个”。关于这一私人交往网络为何以乐山和犍为两县人为基础，郭沫若有这样的解释：

大约是因为地理相近而且同班的原故罢。

第一学期分了三班。乐山、犍为的学生是一班，威远、荣县的学生是一班，峨眉、洪雅、夹江的学生又是一班。

这三组，地方区域很相近，同时学生的性情也大概相同。乐山、犍为的人带些都会气质，不免有些轻薄；威远、荣县的人很粗暴；峨眉、洪雅、夹江简直是乡下佬了。

本来已有县界的地方观念，又加以不同班，在学堂中虽同住了许久，有的完全不知道姓名，有的就跟仇敌一样。能够接近而相得的人，不消说还是同县或同班的人了。（郭沫若，2010）[58]

郭沫若是乐山县沙湾人，张伯安和吴尚之都是乐山县城人，犍为县与乐山县毗邻，郭家尚有不少亲戚故旧聚集在犍为县流华溪镇。在后来的“题壁”事件中，深得郭沫若同情的刘祖尧是乐山县老乡，而在郭沫若舌战丁平子学监的过程中，赶来声援他的同学之一帅镇华，即小学教员帅平均的儿子，也是乐山县城人，甚至郭沫若有些鄙夷的总是带着“俗调”评论人事的易老同学，作为少年“一般的朋友”，还是乐山县人。可见，由相似的气质、性情凝聚而成的同县和邻县关系网络始终以或明或暗的方式支持着郭沫若的公共行动。

桑兵教授关于郭沫若人际交往网络的评论不失精道，“江湖结义也被袭用来装载新型人际关系，把许多股游龙拧到一起”（桑兵，1995）[196]。所谓“江湖结义”，指的就是郭沫若与吴、张两位同学的桃园结拜，他们沿着地缘相近的关系网络逐渐扩展到结义网络。中学时，这一以郭、张、吴为核心的“兄弟帮”达到了30人。从这些少年的习气和交往方式来看，则是喝酒打牌吃水烟，甚至打架滋事。张伯安出生于江湖码头老总家庭，可以想见，少年们对于四川“袍哥”之类的江湖习气可谓耳濡目染，并在行为上加以模仿。因此，吊诡的地方在于，就在郭沫若屡屡代表学生全体向学堂有所要求、企图突破固有的等级权威的同时，少年背后支持性的和依赖的地缘性江湖网络却又天然地带有等级性。事实上，在郭沫若的学堂经历中，一些令他引以为傲的瞬间恰恰是少年树立个人威望的巅峰时刻，比如顶撞“易老虎”后的威信树立，被高等小学堂斥退后在流华溪镇公立小学像“凯旋将军”般被簇拥。

除了这种有意识的地缘联结网络，有时候，学堂师生间的公共议论和交往也在无意识中借用了某种地域性亲缘关系。1911 年秋，桐乡县少年沈德鸿（1927 年后启用茅盾笔名）转入浙江省立第二中学三年级。处于革命前夕的学校空气亦颇为“民主”，不少教员和学生都剪了辫。教员还喜欢到学生自修室来闲谈，“教员大多是嘉兴府属的人，教员和大多数学生中间转弯抹角都可以攀上点儿世谊，戚谊，或者乡谊。我所在的那个自修室里，大概有二十位同学，在‘三谊’关系上，和两位算学教员最接近。于是这两位老师便常来闲谈了”（茅盾，1982）[86]。借助“三谊”，教员们不免在闲谈中夹杂一些革命的言论。令人感到讽刺的是，革命后，重新开学的学校反而不那么“民主”了，教员们很可能转入了政界，而新来的舍监禁止学生在自修时间往来或谈天，经过了革命和民主洗礼的部分学生随之掀起了“捣乱”风潮。

正是因为 19 世纪末 20 世纪前半叶的学堂普遍地具有地方主义观念和地缘关系网络，创建于清末的中国公学才具有打破省界的开创性意义。所谓“公学”，是因为留日归国学生的省籍达 13 省之多。在干事姚洪业因公学资金难筹而自杀的遗书中，列举了中国公学对于中国社会的意义，其中第二条即是“中国公学可消除省界。中国公学熔全国人材于一炉，故破畛域，可以消祸于无形”。在胡适看来，当年中国公学的精神最值得纪念的一点就是“中国公学真可算是全国人的公共学校，学校在上海，而校中的学生以四川、湖南、广东的人为最多，其余各省的人差不多全有。学生说的话是‘普通话’，讲堂上用的话也是‘普通话’”。（胡适，2003）[143-151]

其次是私人生活的差异因素。地域因素之外，尚有不少私人性的差异特征，以不同的方式渗透在学堂的公共交往网络中，大部分时候对公共行动形成了妨碍，有时则消除了公共交往中的“冷漠”。但是，公共行动过分挤压私人生活的空间也会引发悲剧性的后果。

在余姚诚意高等小学堂里，少年沈宗瀚作为级长就饭菜问题斡旋于师生之间，然而其寒额生的身份让身处于富商子弟中的少年时常感到尴尬，关于寒额生没有资格提饭菜要求的观念定势横亘在宗瀚面前。在理想的公共交往中，宗瀚理应代表同学与校长沟通，共同话题应该成为学生个体隐匿自身某种差异的安全庇护。不过，在宗瀚的经历中，“级长”的身份并没能让一众富裕子弟以及校长暂时“悬置”少年家境贫寒的个体差异，相反，在校期间，师生的讥笑表明寒额生这个来自私人生活背景的标签始终跟随着少年。尽管沈宗瀚自述在校期间，凭借端方正直的为人和名列第一的学问，为同学所心服，但是这两大与个人努力相关的特质并不能完全赋予少年在学校公共交往中的正当性。1912 年冬，宗瀚代表毕业年级同学发表演讲，“详述诚意做人，并以身许国之志。末言鞠躬尽瘁，死而后已。礼毕，来宾中多属富商子弟，讥为狂言”（沈宗瀚，2011）[42]。

私人生活背景的特殊性给沈宗瀚的公共生活带来更多的是需要化解的障碍，然而对风潮领袖郭沫若而言，同性同学间有些畸形的私人交往恰恰从情感上鼓励和支持了他的公共行动。就在郭沫若遭学堂斥退而又重新回归学堂之时，学堂已经招了一班新生，其中一位面容颇为俏丽的吴姓同学吸引着郭沫若的眼光。令少年感到激动的是，对其他同学疏远戒备的“吴弟儿”竟主动上前握着了他的左手，尚在为斥退风潮中同学的背叛感到气恼愤怒的郭沫若“得着了这样一个意外的报偿，把所受的一切的耻辱都抛流到那东洋大海去了”（郭沫若，2010）[52]。此后，“逞能”充当公共行动发言人几乎成了他的惯习。

应该被“悬置”而没有被“悬置”的差异渗透在公共交往活动中，不仅给个体的公共行动造成阻碍，对于个体的私人生活来说，亦是一种潜在的伤害。也就是说，公与私的越界，使公共和私人交往生活都会付出一定的代价。这在中国公学学生的自治生活中有着典型的表现。1906 年冬，中国公学才实行了 9 个月的共和制度被迫改变，学校在获得两江总督端方的经费支持的同时，也不得不修改新章程，增设董事会和监督，干事由选举改为学校聘任，评议部也被撤销。根据胡适的分析，其中有外部的原因——“社会和政府对于这种共和制度都很疑忌”；也有内部的原因——公学干事们“当家日子久了，总难免‘猫狗皆嫌’，何况同学之中有许多本是干事诸君的旧日同辈的朋友呢！在学校上课的同学自然在学业上日日有长进，而干事诸君办事久了，学问上没有进境，却当着教务长一类的学术任务，自然有时难免受旧同学的轻视”。（胡适，1994）[79-80] 对于从事行政事务的干事，同学们的评价理应“悬置”其学术表现，而从其行政效率的角度切入。然而学生与干事之间并没有就如何衡量行政事务达成一致，导致与行政无关的学术表现因素被错误地放置进评价中，受到轻视的干事自然感觉到“他们的地位有稳定的必要”。可以说，中国公学共和制度的改变，是由公共经费短缺和私人评价尺度的错用共同导致的。

事实上，中国公学执行部的干事们均不是有意为己谋私的人。如中国公学成立初，庶务姚洪业采购器具、聘任教员，到了开课的时候，已然形容枯槁、积劳成疾，最终于第二年4月蹈江而死（董鼐，1982）[52]。又如干事张邦杰“规划建筑新校……逐日往淞督工，早去晚归，身心过劳，渐近枯瘦。七月中旬，每饭气阻胸膈间”（董鼐，1982）[55]，如此一心为公、辛苦操劳，终至医治无效、英年早逝。显然，公与私的矛盾又一次凸显出来。这一次，则是私人生活空间遭遇公共行动的挤占而终至消亡，而私人生活全面后退坍缩的后果是个体行动能力的逐渐丧失，甚至于生命的陨落。

不过，发育稚弱的外部制度环境、匮乏的经济支持、艰难的办学环境和空白的办学经验，使得中国公学学生平衡好公共行动和私人生活成为一项难以完成的工作。

（二）言语行动结构

上文从相对静态的视角勾勒了交往主体网络形成中的影响因素，下面则将借用哈贝马斯“行为模式”的分析框架纵向地考察公共交往行动的完成过程。同时，还将从行为模式的角度探讨学堂公共交往行动低效、失败的原因。

1. 学堂公共交往中的语言功能

在哈氏看来，理想的和形式上的语言学意义上的公共交往即沟通取向的行为，也即交往行为。它是两个及以上具有言语和行为能力的主体之间的互动，通过口头或口头之外的手段把自己的行为计划毫无保留地协调起来，从而达成某种共识。在这一过程中，言语行为参与者中的一方提供言语行为，另一方则采取肯定或否定的立场。只有在交往行为模式中，语言才被看作一种达成全面沟通的媒介，而在相对独立的目的、规范、戏剧行为模式中，语言得到的是片面的理解，因而它们只能被视为交往行为的临界状态。而在进一步的阐述中，哈贝马斯又将沟通交往行动中语言的基本样态区分为会话、规范和戏剧行为三种类型，与之相对立的则是目的取向的策略行为（哈贝马斯，2004）[83-312]。

马叙伦和同学们在养正书塾里的“民主教学”实践及一系列相关的学生行动之所以具有典型意义，就是因为行动过程体现了这三种语言功能。

备班生的课堂上，几个“师范生”组织小同学们自动上讲台互相质问辩难。根据少年们深受陈介石师影响而阅读的历史、政治哲学书籍来看，这里的“质问辩难”大抵是围绕历史和政治话题的“会话行为”。“会话行为”是参与者关于客观世界中事实或非事实的陈述命题，是一种记述式言语行为，它以真实性为有效要求，起到让听众接受和分享言语者理论经验知识的功能。事实上，就在这一年中，马叙伦和同学们还将这种知识分享的“会话行为”拓展到课堂外的生活空间中——通过“同学会”组织宿舍里的演讲、辩论，以及利用考试的奖金筹办“皆大欢喜藏书楼”，高低年级同学得以共享当时杭州城内最新最前沿的知识。当然，在课堂、宿舍的演讲辩论中，亦少不了马叙伦和同学们表达主观思想、立场、情感和愿望的“戏剧行为”。正如其所言，自从阅读了各种带有革命色彩的书籍后，一班少年“已经对古典式的一切表示不满”，这种不满和期盼革命的愿望不可能不渗透在课堂内外的辩难讨论中。

除了语言的会话和戏剧行为功能以外，马叙伦和同学们还通过身体和口头语言发挥语言的规范功能。“我们有时设了一个问题，反而自己退下讲台来坐在学生位子上”，这一“退下讲台”的身体运动连同命题的语言指示，都在暗示和引领小同学们“反客为主”，与小先生们暂时交换“师生”角色，走上讲台畅所欲言。这种调节式的“规范行动”致力于提出一个得到承认的规范，从而建立或调整正当的人际关系。马叙伦与其同学的“民主教学”尝试显然改变了单向授受的传统教学秩序，这种新的平等互动模式令马叙伦和同学们与低年级同学建立了无比亲密的同学关系。

2. 公共交往行动的失败（失效）原因

在近代学人早年围绕学堂公共事务、政治与时事议题以及知识情感话题开展的公共交往行动中，大部分的交往行为事件并没有留下详细到足以分析整个行为过程的历史记录。但从这些各有侧重的文本段落中，依然可以辨别出若干导致交往行动低效和失败的行为结构因素。

一是规范行动的失效。对于一个交往行动来说，确立或建立的人际关系规范必须得到接受者的承认，从而成为实际存在或有效的规范，反之则可能带来交往行动的破裂。在清末师生关于学堂公共事务的协商和博弈中，很多时候，双方谈判的破裂并非因为难以就所谈判的事项达成一致，而是因为参与者一方不承认问题具有可谈判性。也就是说，两方参与者对对方在某些问题上是否具有发言权，有着不可弥合的认识鸿沟。对于处于低等级地位的学生而言，他们就公共事务发起对话的“正确性（正当性）”常常受到学堂管理方的质疑和否定。关于这一点，上文亦有所提及，即新式学生与上一代士绅在道德观念上的裂隙。

中国公学修改校章的风潮、洪都中学堂的“修业文凭”事件，以及澄衷学堂里的“出操”事件，可以说明这一观点。1908年春，当“校友会”拿着几经修改讨论的校章交与中国公学干事时，原本已做出让步的干事，此时因为有了董事会支持突然变得强硬起来，终于在当年9月取消了全校学生修改校章的权力。在这一风潮中，干事否定此前“评议部”的合法性固然有其希望将中国公学置入正常办学轨道的诸多现实考量，但不可否认，干事们在实际行政工作中，已然背弃了中国公学成立初所约定的全校学生拥有参与学校公共事务决策的基本规范（“民主共和制”）。再如江西洪都中学堂学生请求发放修业文凭的事件中，学生们先是面议学堂监督，受到推诿后，请求地方士绅代表代为协商。然而，在两次由学生发起的沟通邀请中，学堂监督梅子召均表现出拒绝对话的态度，并在最终辱骂驱逐学生的言语中，将学生们的行动唤作“妄求”。显然，对梅子召来说，学生对学堂的要求是一种僭越本分的“邪妄”。

在澄衷学堂的“出操”事件中，学堂管理方也感到被冒犯。此前，教习白振民并非不支持学生的自治行动，比如阅书社的成立就得到了白在地点和藏书方面的支持，另外，西一斋更换英文历史教材也不可能没有得到白的默许。然而，原本不是一件大事的“出操”引发了胡适与白教习两天的笔墨官司，这主要是由于双方的行动均不符合彼此的期待。从胡适的角度看，天热，夏操服不齐全，贸然出操极易导致同学生病，因此有充足的事实根据率领同学们入室内自修。而从白振民的角度看，天热固然是理由，但在未得到教习“著旧夏操服”之行动反馈的前提下，胡适擅自做出决定，是一种对学堂管理层知情权和决策权的轻视。“出操”事件之后，胡适尚且希望通过申辩进一步阐明不出操的理由，然而白振民关心的始终不是不出操的合理性，而是学生与师长沟通对话时所应有的态度。胡适的争辩反而令白振民感到自己没有得到应有的尊重。可以说，在胡适接到二哥来信前，少年都以陈述事实的“会话行为”应对白振民希望“摆正”师生人际关系的“规范行为”，直到久经世故的二哥一语点破，少年方才顺应白的“规范行为”。

二是非行动性语言的干扰。在关于公共性话题的对话和交往行动中，并非所有言语、行为都是公共行动。阿伦特指出，诸如私人谈话、社会闲聊、辱骂等言语就不属于行动。在清末学堂中，这些穿插于公共交往行动中的“杂音”，有时来自不情愿的交往参与者有意识的干扰，有时则出于参与者的无知和无意识。不论是哪一种情况，非行动性语言都会降低公共交往行动的有效性，增加交往的时间或社会成本。

譬如，嘉定府中学堂的“辣子”事件发生后，当天下午，学生一方面罢课，另一方面举出两位代表（易姓同学、周姓同学）和三位监学先生交涉。郭沫若对这一谈判过程有详细的描写：

> 他们两人在监学室里和三位监学先生讲话，差不多只听见丁平子一个人的尖锐的声音在咬文嚼字。
>
> 全校的学生都围在窗前，那当然是嘈杂不堪的。丁平子便借着弹压窗外的学生为名总不与代表们说到本题上来。
>
> 姓周的说："我们是全校学生的代表，先生，你且听我们说，不要顾左右而言他，只是听窗外的声音向窗外的人说话。"
>
> ——"然而监学有目，谁能令其不视？监学有耳，谁能令其不听？监学有舌，谁能令其不说？"
>
> 这就是雄辩家的一种尖声尖气的雄辩。
>
> 姓易的是一位老学生，他的年纪怕比那任谁那一位监学的年纪还要大些，他素来谈话是老气横秋的；他又横秋起他的老气来了。他向丁监学说：
>
> ——"丁先生，你的肝火太旺了。"
>
> "搭"的又是一下拍案的声音。
>
> ——"甚么？甚么叫肝火旺？你真胡闹！你真侮慢师长！斥退！斥退！"
>
> （郭沫若，2010）[62]

很明显，监学丁平子并没有准备好与学生"就事论事"，他所关心的是作为师长的尊严地位不能受到贬低。因此，学生随手拿取监学桌上的辣子这一行为到底应不应该导致被开除，对丁平子而言并不重要。相反，窗外学生"观众"议论自己，以及易同学僭越学生地位而"指责"自己，实在是不可忍受的行为。周姓同学企图将谈话拉回到中心话题上，但丁平子的强词夺理和易姓同学冲动的人身批评（两者均属于非行动性语言），都使这次公共交往行动不可避免地偏离方向。这次谈判行动从直接结果来看，无疑是无效的，学生代表与事件当事人一并被横暴地加以斥退。

如果说丁平子的非行动性语言是其希望尽早结束谈判过程的刻意干扰，那么在澄衷学堂和沈宗瀚的例子中，冗余的非行动性语言更多是道德实践知识的缺乏而导致的“失范行为”。1906 年 4 月 28 日，胡适旁听西四斋讲书会，发现会员们“各存（陈）意见，以小故而喋喋争论不少休”（胡适，1993）[21]，由此引发他接连两天做了关于“同学友爱”的演讲。胡适的演说有否“对症下药”不得而知，不过他的确敏锐地觉察到了公共交往行动中的“杂音”，并试图以自己掌握的道德伦理知识矫正这一行动偏离。而在沈宗瀚斡旋饭菜的行为中，富商子弟和校长因为宗瀚的贫寒出身而取笑他的公共言论，成为一种增加交往成本的非行动性语言。

“以言取效”行动的扭曲。作为对沟通交往行动的干扰，有意识的非行动性语言是一种“公开的策略（目的）行为”。目的行为是指通过在一定情况下使用有效的手段和恰当的方法，行为者达到了一定的目的，或进入了一个理想的状态。如果把其他至少一位同样具有目的行为倾向的行为者对决定的期待列入对自己行为效果的计算范围，那么目的行为模式也就发展为策略行为模式（哈贝马斯，2004）[83]。简单地说，目的策略行为并不追求达成共识，而是借用追求共识的行为实现对客观世界的干预，策略行为则是更为精密复杂的目的行为。哈贝马斯还借用奥斯汀的语言类型框架，将策略行为界定为“以言取效”行为，即言语者追求的是在听众身上发挥效果，“如果言语者想要取得成功，他就不能让人们看出他的以言促效的目的”（哈贝马斯，2004）[279]。也就是说，作为一种“潜藏的策略行为”，公共交往将因为至少一个参与者“以言取效”行动的存在而发生扭曲，形成“交往病理”。其中，“潜藏的策略行为”可以分为有意识的欺骗（操纵）和无意识的欺骗（系统扭曲）（哈贝马斯，2004）[316]。

上文提及的绍兴府中学堂动物学教员事件即是十分典型的“以言取效”行为潜藏在公共交往行动中的例子。为了达到排挤诸暨新昌籍学生的目的，山阴会稽籍学生以教员知识缺乏为发动风潮的正当理由，暗地却在签名上做好手脚，并通过赶走教员和事后污蔑同学，试图达到自己的目的。这种潜藏的“操纵”行为还能在很多公共交往领域内看到。例如，在1906年5月上海丹桂茶园举办的化学游艺会上，胡适所在的澄衷学堂并没能如愿夺得第一名，其原因有二，其中之一是竞赛裁判徇私，因其在除澄衷学堂以外的参赛学堂授课而对它们予以庇护。

“以言行事”行动的不充分性。交往行动的有效开展，有赖于互动中所有的参与者言语行动所追求的都是以言行事的目的，而且只有这一目的。所谓“以言行事”，是指言语者在言说过程中完成了一个行为，比如断言、命令、承诺、坦白等。所谓“完成一个行为”，是指“以言行事”行动的“自足性”，即言语者的交往意图以及他所追求的“以言行事”的目的，是从明确的表达中产生出来的（哈贝马斯，2004）[274–281]，而不是像“以言取效”行动那样隐瞒自身的真实意图。

“明确表达的交往意图”实际上暗含着交往沟通行动的充分性要求，即充分陈述相关的事实，以及充分表达命题和行动意图。但在清末学堂大部分的公共交往事件中，一个较为一致的倾向是公共行动的推进很大程度上依赖于少数几个学生代表和领袖型人物，“一呼百应”式的行动远远多于多种声音的碰撞和协调。比如山阴会稽籍学生代表之于绍兴府中学堂、郭沫若之于乐山县高等小学堂和嘉定府中学堂、胡适之于澄衷学堂、沈宗瀚之于余姚诚意高等小学堂。学生领袖们的意见似乎很少得到反对或搁置，而这一顺畅的共识达成过程，暗示着“以言行事”行动的简化和某种程度上的不充分性。这或许是学堂管理层采用分化瓦解的手段破坏学生联盟屡屡得手的原因。正是因为共识形成过程中学生参与者“以言行事”行动的未充分展开，对于共识才难以形成深入的认同情感，共识形成过程中会话与戏剧行为的不充分性带来的也必是共识的不稳定性，即交往规范行为的不稳定性①。

---

① 应星论述了1895—1913年，湖南新式学堂学生“反体制冲动”的不稳定性。他主要是就惯习的外部效用而言的，即这种冲动“不曾给以往的被统治者带来更多的上升机会，也无法实现上层的某些叛逆者与下层的广大被支配者的稳固结合”。参见：应星. 新教育场域的兴起：1895—1926 [M]. 北京：生活·读书·新知三联书店，2017：87. 本书中的“不稳定性”是就内部而言的，即在利益的诱惑和权力的威逼下，这种新的交往行动存在着向传统等级权威和道德惰性滑移的倾向。

四、学堂公共交往的文化革新意义

在描述了清末学堂学生公共交往的议题，并分析了交往主体网络的形成因素和交往行动结构之后，本节将要追问的是：这些学堂里的交往行动具有何种历史文化意义？也就是说，如果我们联系清末与五四运动这两个历史转折点，那么这一代学人早年的公共交往与五四时期的文化革新存在什么样的关联？

瞿骏在《“没有晚清，何来五四”之再思》中重申了辛亥革命、五四运动、五卅运动等历史关节点的重要性，他认为不能因为五四运动与晚清之间存在的连续性而轻易否定其带来的时代变动和历史转折性意义（瞿骏，2009）。本节对清末和五四运动联系的追寻，是从近代学人早年学堂生活中的公共交往这样一个微观的视角出发的，探讨对于年青一代读书人而言，时代的转折意味着什么，以及他们的公共交往行动又在何种意义上改变着时代。从晚清到五四运动的变革与年青一代读书人的成长一样，是一个异常错综复杂的历史过程。对于一些个体而言，比如鲁迅笔下的吕纬甫、子君、魏连殳等时代洪流中的新式知识分子，想要改变的突围行动最终“失败”了，但对于另一些个体而言，清末学堂里的公共行动经历成为他们进一步改变现实、创造理想生活以及完成向现代知识分子身份转型的精神积累。

（一）社会公共交往的练习

前文提及，传统士绅向现代知识分子的身份转型，是知识分子不断摆脱血缘、地缘，进入城市公共空间的过程。在这一过程中，近代学校（确切地说是大学）、公共传媒和社团成为这一转变所依托的“制度性媒介”。而从近代学人早年的学堂公共交往的议题来看，三大制度性媒介恰恰与三类交往议题存在着同构性。

在近代大学，知识分子拥有了一定的自主权，这一自主权的典型代表是蔡元培治下北大的教授自治。通过推行校评议会，蔡元培领导的改革给教授群体授予了校内立法和做出重大决策的权力，比如决定学科废立、提出学校预算、指定和审核学校条令、审核教师学衔和学生成绩。而系教授会制度也使一些更为具体的课程教学事务决策权下放到各个系的教员手中。制度架设以外，蔡元培还发起成立"进德会"，试图以校内外舆论的柔性力量规范、重塑北大教授们的私德与公德。如此一来，则北大校内所有的公共事务的决策基本离不开教授代表的集体参与，"大学的运转不因校长的人选和去留产生重大影响"（应星，2017）[142]。前文所提到的马叙伦、胡适，都曾多次被推举为北大校评议会成员。而仅以马、胡二人为例，两人在学堂学生时代所参与领导的学堂公共行动，不正是围绕学校制度、课程教学以及道德品行三个方面而展开的吗？可以想见，这些在学堂里积极行动的学生代表对于日后工作环境下的公共协商场面所能产生的熟悉感。

对于胡适而言，少年时代的质朴经验固然是他宝贵的财富，不过更令人感到叹服的是，在胡适身上，学堂里作为自治领袖的经验并没有随着出国留学而发生断裂，反而在异国他乡的文化熏染下得到了理性的升华。1913 年 10 月 8 日，胡适第一次在康奈尔大学的"世界学生会"议事会上主持会议，他在日记中写道，"此为生平第一次主议事席，始觉议院法之不易"（胡适，2001）[240]。严格说来，这并非胡适第一次主持会议，联系到其澄衷学堂时期发起的西一斋自治会就可以知道。之所以如此表述这次经历，胡适在他的口述自传中有过解释：

> 在一九一〇至一九二〇年这段时期里，几乎所有的美国学生会的章程都明文规定，各种会议的议事程序要以"罗氏议事规程"（Robert's Rules of Order）为准则。……我也是康乃尔大学"世界学生会"的组织干事，……由于参加乃至主持这些会议，以及学习使用"罗氏议事规程"，使我逐渐了解民主议会议事程序的精义；……那一

小时做主席的经验，实远胜于对“罗氏议事规程”作几个小时的研读。（胡适，2005）[59-60]

罗伯特议事规则是美国人认真严肃对待会议的实践结晶，它兼顾效率和民主，即在一定时间、人力、物力成本内，最大限度地让不同声音得到表达。很显然，驾驭把控严肃规范的大会主席已经远非当年澄衷学堂时期振臂一呼式的话语领袖了。因此可以说，清末学堂学生关于学堂公共事务的公共行动实际上为五四运动前后中国大学短暂的学术独立局面提供了心态、能力上的准备。

而在学校之外，致力于营造现代舆论的公共传媒则与学堂内好议论时政的风气有着更为直接的联系。正如上文所提，报纸所形成的“批判性公共领域”直接为学堂的公共议论提供了话题、立场和思想资源。通过阅读、交流和模仿，年轻的学子们也习得了报刊文章的文体、笔法，办起了学生群体中相互传看的报刊。对于叶圣陶和顾颉刚而言，他们并不满足于在日记中发表关于时事的见解，以及草桥中学范围内的政治议论和级报编辑。1911 年，民国军政府聘请张昭汉到苏州办《大汉报》，馆址就设在他们平日常去游玩的沧浪亭。两个少年听闻后心潮澎湃，想去报馆帮忙做事。无人引荐的少年写信自荐，但收到的效果似乎只是刊登了叶圣陶为《大汉报》创刊所作的祝词（商金林，2004）[73-74]。尽管初次直接参与舆论建设的努力“失败”了，然而通过办报办刊发出公共声音的冲动一直潜伏于叶圣陶的心中。由于个人努力与因缘际会，在叶圣陶众多的知识分子身份中，报刊主编占有重要的位置①。

另一个更为典型的例子出现在长沙选升学校。上文提到，比田汉高一级的同学编辑的学生报在同学中传观。田汉后来感慨道，“小时喜欢干什么的，大了也必定干什么，那位曹典琦便是今日的黄伯韩先生，黄芝冈就是今日中央社的黄衍仁先生，黄世琨就是黄醒先生了”（田汉，2002）[51]。

① 1925 年五卅运动时期，叶圣陶与胡愈之等人创办《公理日报》，进行反帝爱国宣传。

事实上，议论政治依然是五四一代知识人的群体性偏好和集体性责任感。不论是胡适的“不感兴趣之兴趣”，还是鲁迅的战斗檄文，尽管与辛亥一代知识人相比，其对社会政治体制变革的热情降低不少（许纪霖，2003）[85]，但由于舆论仍然是影响社会政治的重要渠道，不少知识分子积极撰文发言，甚至以之为业。而这种对公共传媒的深度介入与这一代知识人在早年学堂中所经历的公共议论不无关联。

五四运动前后成立的文学性社团，比如语丝社、新月社、创造社、朴社、文学研究会等等，基本以同人刊物为中心，而这也是知识人在学堂时期开展文学和知识交流的渠道，比如顾颉刚的《学艺日刊》与叶圣陶的《课余丽泽》。所谓同人，一部分是指具有共同的价值观、人生观、文学观，更大一部分则是指具有相同或相似的教育背景，即学缘。当然，大多数时候，学缘指的是高等教育阶段的同学校友关系，比如创造社的早期成员以东京第一高等学校预科和东京帝国大学两所学校毕业生为主（许纪霖 等，2008）[192]。有时候，中等学堂时期建立的联结也会造就社团的核心网络。1923 年成立于上海闸北商务印书馆的朴社，其成员中的顾颉刚、王伯祥、叶圣陶即是当年草桥中学热爱文艺的好友。

不论是学堂里的公共事务协商、受到报刊滋养的政治与时事议论，还是借助学生自编刊物展开的知识与情感交流，这些学堂公共交往的经历都与这一代学人的社会公共生活存在某种同构性。正是从这个意义上讲，学堂空间里的“准公共生活”犹如[①]年青一代学子踏上社会、开展更大范围内公共交往行动前的一种“练习”。

（二）公共交往理性与非理性因素的镶嵌

五四运动前后，第一批转型为现代知识分子的学人通过大学、传媒以及社团建构了一张公共交往的文化权力网络，与此同时，也为中国社会的

---

① 之所以用“犹如”而不说“成为”，是因为这种“练习”并非读书人刻意为未来生活做准备而开展的行动，而是从旁观者的角度来看，这种公共生活议题的一致性表明，学堂公共交往生活从客观上为社会公共生活做了准备。

交往文化带去了一些新的凝聚因素。这些新鲜的公共交往因素包括教育独立以及学术自治对“等级权威”的消解，公共传媒所具有的一定的言论自由，社团和同人刊物中以个性志趣、思想立场、精神追求为纽带形成的联结。与此同时，根据学者的观察，脱胎于乡土熟人社会的一些交往惯习，比如地缘，以及阶层、学派、学术出身、留学背景等私人因素①（许纪霖 等，2008）[131]，在某些情境中会成为干扰公共交往的“非理性因素”。这种交往理性与传统惯习、非理性因素在交往行动中的镶嵌局面，与学堂公共交往网络以及行动结构的特征，同样存在着一种共振的关系。

1. 难以摆脱的等级权威

与学堂公共交往中“论证权威”时常遭遇“等级权威”的打压而难以为继相类似，跨出学堂、进入社会的读书人，在谋求象牙塔内相对独立于政治势力的地位的同时，于经济上却很难摆脱对政治甚至军事暴力中心的依赖。1919 年后，北京学界屡屡爆发各校教员联合发动的讨薪风潮，鲁迅写于 1922 年的小说《端午节》即基于这一现实背景。主人公方玄绰是在北京高校做着教员，同时扭扭捏捏地兼着小官，看着《尝试集》却又对现实姑且放任，半新不新的知识分子（鲁迅在小说中带有自我剖析的成分②）。通过对方玄绰在屡次讨薪风潮中心理的描写，小说讽刺了主人公的种种丑态，比如其放不下官员的架子和教员不谈钱的“高尚”心理，旁观同事们的公共商议和头破血流的讨薪行动，事后默默坐享其成。在先，方玄绰是有批判精神的，譬如看见老辈威压青年，是要愤愤的。后来却成了“差不多”先生，对于一切不合理的现存秩序均用一套“差不多”理论加以合理化。对上级领导这一索薪对象，对这一强大的等级权威，方玄绰无疑夹杂着认同和惧怕。他一会儿站在官员的角度鄙薄讨薪的教员，一会

① 这些私人因素并不一定会对公共行动形成干扰，只有当这些因素影响行动者对事实做出准确客观的判断，或是妨碍其表达真实的意图，以及正当地处理与其他行动者的关系时，才会成为“非理性因素”，但在大多数时候，这些因素安全地隐匿在公共性议题背后。

② 1912—1926 年，鲁迅一直在教育部任职，其间也兼着教员。五四运动以后，他在同辈“启蒙知识分子”中间，时常感到身份的尴尬，用自嘲的口吻说自己“是一个官”。

儿站在同情教员的立场上却又怯懦地面对有权势的人物。

不同于方玄绰的虚伪怯弱、左支右绌，《端午节》暗暗点染了讨薪风潮中的另外两种知识分子：一派以讨薪“骁将”马叙伦为代表，另一派则是以陈独秀、胡适为代表的“高蹈派”。马叙伦同情普通教职员工的生活困境，身先士卒，勇于发声，尽管他本人绝不是利欲熏心之徒，但在更具有精英意识的陈独秀、胡适看来，马叙伦就沦为“饭碗派”了。马叙伦一生为了与不合理的社会秩序抗争，保持自我的生活意见，付出了很大的代价：贫穷、被孤立（与挚友汤尔和绝交），甚至受到生命安全的威胁。

由此可见，不论是犬儒的方玄绰，还是勇猛的马叙伦、疏离的“高蹈派”，五四运动前后谋求学术自治的近代学人始终无法完全摆脱对政治等级权威的经济依赖。这种依赖关系实际上直到20世纪30年代才有所突破，即学人转而依靠较为发达的民族资本力量，通过文化产品商业化获得经济独立，如开明书店派知识分子。

等级权威还存在于近代学人的内部。前文提及，支持少年郭沫若学堂公共行动的江湖网络天然地带有等级性，并且这一江湖网络建立在一种地缘性的秩序优越感之上（即乐山、犍为县学生胜于威远、荣县学生，峨眉、洪雅、夹江县学生最次）。五四运动之后，一个以现代学统为中心的等级性精英知识分子网络开始形成（许纪霖 等，2008）[11–12]，这一等级网络不以地缘为依据，而是以金字塔式的学校出身等第（第一层次为留洋学生，第二层次为名牌学府毕业生，第三层次是一般的公立和私立大学毕业生，最后一个层次则是师范院校和专科学校毕业生）为依据，其内在逻辑与郭沫若所面对的地缘等级别无二致。

等级意味着权力的存在，而这种权力往往并不有利于“论证权威”的生长和扩散。这或许能从一定程度上解释近代知识分子为何在获得相对独立性的同时，失去了对国家政治和地方社会的影响力。

2. 因人而异的“非交往理性”因素

在学堂公共交往中，地缘、阶层、私人感情等因素以不同的方式渗透其中，对公共交往产生的影响不可一以概之。而观察五四运动前后学人的公共交往行动可发现，地缘、阶层、学术出身、留学背景等私人性因素也同样镶嵌在公共网络中。不过，这些因素是否起作用，以及起到何种作用，很大程度上又和行动主体本身的修养、偏好、价值观有关。

比如，对于胡愈之而言，少年时期所经历的绍兴府中学堂风潮，让他见识和领教了地方观念和学堂政治生活的丑陋一面，因而他对地缘因素和民主制度抱有一种批评和疏离的态度。很多年后，胡愈之依然对小圈子主义愤愤然，“一想到我的故乡，就觉得好比是一个小的铁圈子，把人紧紧缚住了”（胡愈之，1996）[273]；对西方式民主亦保持怀疑和清醒的眼光，“亚洲的民主和欧洲的民主，标准是不相同的。西方玩的一套宪法，议会，政党竞选等花样，以为这样就算民主。亚洲人不爱这一套，以为只要是一个好政府，就是民主，是一个坏政府，就不是民主。合法不合法，与选票的多或少，亚洲人就不大注意”（胡愈之，1996）[279]。

不过，对这一代学人而言，地缘因素是公共和私人交往的重要参考。以胡适为例，“唐德刚注意到热闹场中的胡适对其三重身份背景（安徽人、哥大出身和北大成名）十分偏爱，对此存有极深厚的温情主义”（许纪霖 等，2008）[129]。所谓“热闹场”，当然包括胡适住宅中的宾朋聚会场面。其在北大期间，南池子缎库胡同和钟鼓寺住处先后成为英美留学归国知识分子的聚会之地，他们共同讨论思想、学术和政治。与之相似，同在北京，鲁迅周作人兄弟居住的八道湾则成为太炎门生，以及浙江籍知识分子的聚合点。这些交往场合实际上游走在私人和公共交往界限之间，地缘、学缘的联结成为这些知识分子日常交往的润滑剂，无可厚非。重要的是，“具有同乡观念的胡适并未利用蔡元培的信任，在引介新人时，为壮大自身势力，滥入同乡人士，相反颇能把握公私的分际，秉持学术的公心，为北大延揽才学俱佳的留学人员，这些人大多为各省籍的欧美留学生”（许纪霖 等，2008）[130]。再如，胡适的得意弟子傅斯年在《新潮》上发表的新潮社成立宣言指出，“我们同人结合之先，多没有什么交情，若颉刚、子俊和我的关系，原是例外。我们当时集合同志的时候，只凭知识上的一致……感情基于知识，同道由于觉悟，既不以私交为第一层……”

（傅斯年，1919）。从新潮社成员来看，尽管山东、江浙籍成员较多，不过社员间的亲密关系更多地来自对于新文化的共同志趣。

当然，同乡情谊也经常渗透在前辈知识分子对晚辈的提携中，鲁迅即是这方面的典型，他与许钦文、柔石、冯雪峰等浙江同乡的情谊通常表现为实实在在的帮助，比如职位和作品的推荐。当然，也不可据此认为鲁迅任人为私，地方观念浓重。比同乡温情更重要的，还是鲁迅对年轻文人才华的赏识，以及一种略有些身不由己的“伦理责任”感。比如有研究通过查考鲁迅营救被冤入狱的许钦文后写给母亲的书信认为，“鲁迅对于同乡的帮助一方面出于革命文学的整体考虑”，另一方面“对同乡后辈的扶持和帮助，则更是关涉到自己乃至整个家族在家乡的声誉问题”（许纪霖　等，2008）[229]。

但在有些时候，基于学缘、意识形态的因素建立的知识分子小团体，难免在公共交往中产生“非理性”的倾向。比如，成立于20世纪20年代初期的创造社，是因为相似的留学背景和共同的文学爱好而形成的一个团体。创设之初，其成员就在创刊号上挑起对上海文化名人的攻击和批评（许纪霖　等，2008）[225]，这种言辞激烈、情感色彩过于强烈的人物批评远非严谨理性的文学批评，“党同伐异”的行为只能说是一种希望为自己赢得社会声望的策略行动。“党同伐异”行为也体现于创造社内部，郁达夫作为“青年颓废派”与郭沫若等“反抗进取派”的分裂，不能不说是文学风格的差异演化为“阶级斗争”的结果，表明创造社包容性的降低与核心人物（郭沫若）主观意志的强势控制。类似这样“以言取效”的策略行为也暗藏于北大评议会的背后。比如马裕藻在评议会上常居首席，这一地位的保持与他个人善于在北大新旧派别以及学生之间联络协调有关。可以想见，其中不可能没有私人感情上的联络和利弊轻重的权衡。再如有着“鬼谷子”雅号的沈尹默，据罗家伦的回忆，北大许多纵横捭阖的事都是他经手的（罗家伦　等，1990）。当然，据此不能得出结论认为，马裕藻、沈尹默这样的行动是一种恶意的“操纵”，尽管这些行动本身并不能完全摆到桌面上，但判断策略行动性质是否为恶意尚且需要联系行动的出发点和意图。

五、作为文化行动的公共交往

概括而言，在近代学人早年的学堂公共交往行动与这一群体五四时期的社会公共生活之间，存在着一种同构性。从公共交往的议题来看，学堂内的公共事务协商、时政议论以及知识情感交流客观上成了更大范围内公共行动的“练习”和“模拟”，而在行动主体网络以及行动过程中的言语行动结构上，学堂内的公共交往行动与都市社会中的公共交往同样发生着某种程度的共振。第一代现代知识分子正是通过公共交往行动不断地融入都市公共空间，从而完成由传统士绅向现代知识分子的身份转变，与此同时也为中国社会的交往文化增添和升华了公共性的理性内涵。因此，笔者认为，清末学堂里的公共交往生活对于五四时期的文化革新高潮起到的是“前奏”和酝酿的作用，也正是从这个意义上讲，近代学人早年在学堂中开展的公共交往行动成为一种具有革新意义的文化努力。

当然，这一文化行动不仅存在内在缺陷，还受到更为宏大的历史政治和经济结构的限制。不论是学堂内的公共事务协商，还是大学象牙塔内的学术自治，政治等级权威的控制和难以摆脱的经济依赖始终存在。与此同时，就公共交往行动本身而言，交往理性与传统惯习，以及学缘、意识形态、阶层这样的私人因素镶嵌在一起，尽管这些因素并不一定形成对公共交往行动的破坏，但可以肯定的是，知识分子之间所形成的等级性精英网络，以及“党同伐异”或“纵横捭阖”的公开/非公开策略行为无助于“论证权威”的生长和扩散。而“论证权威”才是公共性文化革新的精义所在，对罗伯特议事规则有实践操作经验的胡适对此有着深刻的体认。在某种程度上，近代学人的精英等级意识及其团体内部的分裂，这些不利于公共理性生长的交往因素导致了五四文化革新高潮的短暂性和阶段性，也是这一代学人没能成为社会主心骨的原因之一。

尽管如此，五四时期近代学人所形成的公共交往文化依然闪耀在历史长河之中，而本章试图论证的是，这一文化高峰实际上与这一群体在清末学堂中混乱与秩序并存的公共交往生活存在着因果联系。

当然，结构性的社会文化和经济力量不是轻易可以改变的，但清末学堂活跃的学生公共生活表明，学堂作为一个相对封闭和独立的场所，依然可以为公共行动提供一个“乌托邦”式的庇护所。因此，我们从近代学人早年的学堂社会生活中发现一些能够给当前学校公共生活带来启发的事实。首先，就公共性强度而言，学堂公共事务的协商无疑是最具有公共性，同时也是行动难度最大的议题类型，它既有可能牵涉所有行动主体的切身利益，也要求行动主体在行动中全面发挥语言的各种沟通功能，包括会话、戏剧和规范行动。相对而言，时政议论与知识情感交流则显得较为温和，不失为学校公共生活的突破之处。其次，提议增加一个事项，比如增加一门课程或成立一个新的社团，要比修改否定既定的事情和固有的判断容易得多，后者往往容易引发行动主体之间的冲突，因而需要几方行动者进行更为严密的论证和真诚的沟通。再次，师生共同参与公共生活的一个前提在于闲暇时间的保证，功课学业如若占据师生的全部生活，那么学校教育只会生产出关心个人利益得失的“精致的利己主义者”。最后，学生和同辈群体并不会自动形成某种“交往理性”，相反，完全放任的学生群体文化很有可能产生带有江湖义气的等级网络[①]。在马叙伦、胡适、茅盾、田汉的学堂经历中，一些能够放下教员权威身份、主动走近学生的开明教员或是经验丰富的高年级学生，往往成为学生正确开展公共交往行动的领路人。

---

① 阿伦特对此有深刻的论述，她认为儿童具有的“非自主性”将会置儿童于比成人权威更为可怕、专横的多数权威之中，参见：刘素玲，程亮. 教育的本质即诞生性：阿伦特的教育观及其反思 [J]. 南京社会科学，2018（4）：151–156. 这在清末学堂中就有体现，比如绍兴府中学堂的撤换动物学教员事件，郭沫若个人威势的树立。一项关于当代农民工子弟学校群体文化的研究也能证明这一现象，参见：熊春文，史晓晰，王毅. “义”的双重体验：农民工子弟的群体文化及其社会意义 [J]. 北京大学教育评论，2013（1）：43–62，190–191.

第三章

物境：文化模式习得的日常生活

悠悠儿时岁月里，过渡时代中的近代学人所能接触到的物件物品，比如生机盎然的动植物、农业与工业文明下的人工制品，或是由不同物质构成的时空情境，诸如由器物-身体构成的家庭礼仪空间、道具-身体一体的戏曲舞台，都是使年轻人受到影响、得到熏陶的文化学习环境因素。早年的学人或是有所领悟，或是有难以磨灭的印象。在这过程中，俚俗生活濡化而成的文化心理、审美心理图像以及精神气质就在不知不觉中影响着近代学人的文化思考和实践。

在进入“物境生活”之前，本章首先尝试简要勾勒物质文化理论的发展脉络，以期明晰物境作为文化习得之环境的理论支点。

一、物质文化理论的视角：翻滚在凡尘俗境中

事实上，物质文化理论的发展几乎与20世纪重要的社会理论都存在关联。从马克思主义到结构主义，再到海德格尔启蒙的现象学传统以及布迪厄的“趣味”理论，物质文化理论越来越贴近普通人芜杂纷繁而又不失精彩的日常生活，理论也因所暗含的反身性支点逐步下移而增加了人间“烟火气”。

马克思主义的物质文化批判理论持续关心的问题是资本主义生产和消

费环节中，商品如何成为“异化”于工人阶层以及消费社会大众的他物。在马克思看来，商品本身就是资本主义劳动剥削关系的产物，同时，商品又在工人阶级内部制造着误以为自身占有着劳动成果的虚假意识。齐美尔则深入揭示了这种虚假意识通过物化被剥削阶级的生活方式阻碍着革命斗争的发生。“二战”后，新技术的迅猛发展使得文化工业中的虚假意识变得更为强大有力，其作用机制也更为隐蔽。对此，法兰克福学派不遗余力地阐述新技术征服大众、统治社会的方式。比如计算机对用户行事风格的规训，广播对听众的控制和掌管，新技术在带来生活生产便利的同时，也使人们在精神上受到了奴役。最显著的精神奴役莫过于马克思所描述的“虚假需求”。弗洛姆认为，消费社会的大众对于物质的占有欲望实质性地取代了对于爱之关联性、创造性、个性、理性等真实的需求。马尔库塞则指出，消费者自以为拥有的选择自由不过是由广告商营造和诱导的虚假自由罢了。在加尔布雷思那里，“依存效应”使得需求的生产和满足成为资本主义商业帝国一个永不休止的游戏。

显然，在马克思主义看来，现代社会中人与客观世界、人与人以及人与自我之间无法建立一种真实关系，这使得基于人之本真生存意义的社会模式遭到扭曲，其中商品是主要的罪魁祸首之一。商品所凝聚和代表的生产消费关系、社会力量作为一种强大的结构性存在，是个体甚至群体所难以抗拒的。

继承了马克思主义对商品和消费文化的批判基调，以巴特和鲍德里亚为代表的结构主义进一步在揭示资本主义神话和物品的社会符号价值的精微文化运作机制上用力。正如早期的结构主义者列维–斯特劳斯认为的那样，物品应当被视为承载系统性的文化密码的媒介，因此图腾并非神话本身，而是原始社会的人们理解宇宙分类体系和运行秩序的仪式与媒介。巴特将这一思路运用于思考发达消费社会的物质文化，他认为商品并非意识形态本身，但诸如玩具、埃菲尔铁塔、摔跤比赛、食品广告、肥皂粉等商品均是资本主义神话（比如功成名就、阳刚之气、个体主义等）的客观载体，商品因为与其所象征的符号意义发生了被视作理所当然的符号联系而成就了意识形态的“神话”性质。鲍德里亚则指出，物所象征、联结的社会意指对于再现社会权力关系有重要作用。对于结构主义而言，物体和商品成为一个由差异所定义的封闭意义系统中的能指，由层层所指交织而成的意义系统（资本主义神话、社会意指）在消费社会中无处不在而又秘而不宣，正如生产关系决定的社会结构一般，个体仿佛落入蜘蛛网的飞虫，被裹挟其中而无法脱身。因此，在结构主义看来，即便是青年朋克文化的反抗，也不过是朋克风格对商品意义的“挪用”，而这种挪用实际上建筑于新的意义与商品固有象征意义之间严格的二元对立之上，因而这种对立很难说不是一种对固有意义差异系统的格式化改造。

在人与物究竟应该建立何种更具终极关怀的关系方面，中国的禅宗一次性给出了解决方案。禅宗对人的认识过程抱有浓厚的分析兴趣，提出“根－（尘）境－识”理论。“六根”对应眼、耳、鼻、舌、身、意六种感官，六根（感官）能够对色、声、香、味、触、法这六境（感觉对象）产生见、闻、嗅、味、触、知等了别作用的“六识”（感觉），即眼识、耳识、鼻识、舌识、身识、意识等，其中“六尘”又称为“六境”，是谓“尘境”（物质世界）。慧能认为，心外无物，但“六尘”虽处于心外，却能够遍染“六根”，因此“根、境、识”三者必然同时存在。而要超越基于“尘境”的了别知见（六识），则必须疏离物境，越过“六根”，向更深处的“性”上起念，将世俗的知见转变为“佛之知见”，即一种了无分别的“大圆镜智”（般若）。这一过程，即所谓“明心见性”，“于自念上，常离诸境，不于境上生心”，“真如自性起念，六根虽有见闻觉知，不染万境，而真性常自在”。（陈秋平　等，2007）[198] 简单地说，禅宗在人与物关系的处理上采取的是疏离感官认识，取消一切物质现象差异，通达真智慧的途径。

看起来物质文化理论在此处似乎走到了尽头，所幸海德格尔的现象学又将理论拉回到了无边物境的滚滚红尘之中。当胡塞尔执着地想要找到人类理解中的超越性“原型”结构之时，他的学生海德格尔却转向了一条相反的路。与胡塞尔将日常生活悬置起来不同，海德格尔并不将事物仅仅视为可以被认识所把握的对象，而是承认事物只有在嵌入人与物之间复杂的关系网络中才能被理解，人与事物的不同关系影响了情绪，而这种情绪对理解过程的参与表明了物质和社会现象在向人类显现的过程中相对于人类和情境的某种“存在方式”。这一谦卑（指对超越性上帝视角的放弃）的理论立场使得物质文化理论得以真正打开追问日常生活的可能性的空间。如此一来，身体的每一个感官并非受到尘境的污染而生发出妄念执念，相反，“根”与“境”的相遇为人与物的关系建立贡献了特殊的渠道和方式。

基于这样的信念，以布迪厄为代表，第三条路径的物质文化研究（伍德沃德，2018）[142–148]将视野从抽象的结构上移开，转而关注消费者、受众等普通的个体在“习用”物质中体现的文化模式，以及这种“习用”是否表现在群体和社会层面之上，这也是结构主义所忽视的芸芸众生的文化。与物质“习用”紧密相关的核心概念是“物化”（objectification），对涂尔干、布迪厄以及许多富有理论想象力的物质文化研究者而言，物化过程与“主体化”是同一枚硬币的两面，物质和客体世界并非与人类相对立的另一元，而是与个体认识自己、成为自己，以及与社会文化的形成辩证地缠绕在一起。用现象学的术语描述“物化”过程就是：我们触摸（认识、运用、改变……）事物的同时，事物也触摸（改变、塑造、影响……）我们。

物化过程可以从两个层面加以理解：社会层面和个体层面。鉴于物与商品在定义社会身份和阶层中的重要作用，布迪厄的“趣味”理论揭示了物化过程在社会层面的运作。布迪厄认为，作为一种生活方式，人们对物和商品的选择很大程度上取决于生存条件，而当这一联系彻底地融入人们的生活方式之后，一种关于有些阶层天生具有高雅趣味的文化假象被视为不可置疑的自然秩序。而中产阶层为了获得和维护社会地位模仿上层阶级的趣味成为消费社会的游戏，由此产生一种相对固化的阶层秩序和社会区隔。当然，布迪厄的趣味理论也有遭受批评的地方，比如将人们对于事物的趣味完全归因于经济条件而简单化了其中创造性的思考过程，以及忽视了趣味整合社会情感的积极力量。

相对于社会层面的物化运作机制，总体而言，研究者们对个体层面物化过程的认识和评价要乐观得多。从精神分析的角度看，个体的物化过程依赖于人物交际互动中的双向关系：一是人将自我的情感、信念或自我的一部分投射在事物之上（主体化），二是人将物的元素特征自我内在化（狭义的物化）（伍德沃德，2018）[169]。这一移情辩证法发生于物化的不同情境中。（1）物品作为延伸的自我。个体通过赋予物以意义、价值、情感建构自我身份，这与布迪厄所“嘲讽”的趣味有关，但是这一解释方向强调在具体的人类互动和个性化叙事中维持事物作为自我象征的能力。另外，物体，特别是人工制品，尽管作为一种身份的隐喻媒介能够代替言语说话，但物的存在永远有非言语物质性的一面，其所传达的意义也有可能是相互矛盾、独立于自我、不受控制的。物品作为延伸的自我还与商品的“去商品化”有关，比如骑摩托车的青年创造性地转换商品用途从而借以表达野性的青年身份。不过，通过商品建构自我的过程也可能是“病态”的。在物质主义的消费行为中，消费者如果将过于虚幻的需求投射在商品上，那么商品的获得将伴随以现实的庸常之感，如此购买带来的是进一步的失落，而对物的渴望将周而复始。（2）物质作为儿童社会化的媒介。儿童以物质为媒介理解客观世界，赋予物质以价值，认识自我与世界的关系，学习社会交往。正如涂尔干学派通过对原始社会的人类学考察发现，不同地域的人们利用事物的差异进行分类，形成等级系统，从而对价值进行分配，事物所具有的道德力量使社会化得以发生。（3）物质作为文化模式和实践逻辑的媒介。作为惯习或是即兴创作的社会文化实践无不以物质为媒介，儿童通过模仿加以内化并运用身体加以演述。

物质文化理论从“物化”理论过渡到“传记物体”理论只有一步之遥。首先，如果说人能够投射自我人格的一部分给物体，那么随着人的生命的展开，这种投射必然随着时空情境的变化而改变。也就是说，物体具有无限的可塑性，一件物品完全可能以前后不同的身份和面目出现。其次，如果说物的某些特征能够被自我吸收，那么就意味着物具有影响人、与人互动的效力。比如在银版摄影以及胶片摄影的时代，人作为拍摄对象必须长时间坐着曝光时，“他们必须专注于当下的生活，而不是匆匆过去。因此，当主体在画面里成长时，他们获得一种参与过程的感觉”（Tilley et al.，2006）[77]，玻璃底片、胶片相机所带来的体验和影响是数码时代的抓拍所无法赋予的。从这两层意义来说，物体获得了像人一样的社会生命，因而能够成为传记的主角。

至此，物质文化理论已然在“物我一体”的道路上渐行渐远，这种理论解释方向无形中暗合了儒道“天人合一”的哲学思想。物质文化理论不是要拯救深陷“凡尘俗境”的大众，也不预先将理论者放置于洞悉一切的优越地位，而是致力于为俗世日常生活提供更为充分、更加细腻的理论解释。近几年，与“新人文主义”同时兴起的“新物质主义”理论无疑代表了这样的理论努力。如果说马克思主义、结构主义关注的是物质的社会性，“物化”理论也主要以“人”作为关注重心，“传记物体”理论则将注意力转向物体。不过，在“新物质主义”看来，这一转向依然不够彻底。也就是说，“新物质主义”希望彻底扭转将“人”作为学术起点的传统（Kraftl，2018），以“异质性集合”取代作为分析中心的人或物质。“异质性集合”是指非人类的生命体、人工制品、技术、身体、环境、文本、话语等物质的无中心式的集合，通过“行动元”与“行动者”之间的微观联系和影响，以一种不确定的、未知的方式触发着改变和行动，实现相互影响（Tesar et al.，2016）。正是在不同物质的聚合而非简单的叠加中，力量的纠缠和相互塑造释放出了某种“物质力”（thingpower）或权力，改变着学习者和这个世界。其中的“行动元”作为运动和改变的触发者，用德勒兹和瓜塔里的术语来说，就是“准因果操纵者”（quasicausal operators），操纵者引发的改变方向通常是明显的，但并不一定是线性的，意义和意图都是在过程中涌现的，因而是流动的（Powell，2016）。

事实上，近代学人童年的日常生活无时无刻不浸润在丰富的“异质性集合”中。物质性的生活场景不时地涌现出“准因果操纵者”，譬如家庭礼仪的时空场景、地方戏曲中的文化意象、身边的动物玩伴、生活中的新奇物件，由器物、建筑、生命体、食物、工具、道具、身体等因素聚合而成的“异质性集合”成为儿童随时有可能受到触动和激发的丰富学习环境。通过浸润在这一物质性的学习环境中，这一代学人习得了丰富的文化模式，包括关于“礼俗”的文化心理和情感结构，关于戏曲和小动物的心理图像和审美心理图式，以及西方新奇物件所召唤的心理动力。这些文化心理和模式或是激发了文化思想的形成，或是构成近代学人文艺创作的艺术灵感，或是触发了他们了解工业文明的认知和情感冲动。

二、家庭礼仪：礼俗共生的教育隐喻

就近代学人而言，出身“书香门第”或是耕读行商的“士绅家庭”①，意味着逢年过节、入学拜师、生辰忌日、婚丧嫁娶等重要时刻，均是整个家族礼仪实践的舞台。礼仪实践的到位与否不仅关系文化精英在地方社会上的颜面，且其本身就是维系士绅家庭之文化生命也即士绅文化再生产之不可或缺的生活实践。然而，近代以来，在西方力量的冲击和维新、革命、新文化等的攻击下，“礼”和礼教逐步走向了秩序瓦解（张昭军，2017）。其背后更为深刻的社会文化转型，则是中国人意义框架中“家－

① 根据张仲礼先生的研究，在19世纪中华帝国后期，绅士是指通过取得功名、学名、学衔和官职而获得的特权集团身份。绅士集团内部大致可以分为上层绅士和下层绅士。下层绅士地位的入门考试即为科举考试中的“童试”，通过考试就是生员，俗称“秀才”。绅士集团在地方社会的公共建设、福利慈善、军事防御、教化办学等方面均发挥了重要的领导作用，是官府和平民百姓之间的中介，因而成为落实、推行儒教“文治”制度的关键群体。张仲礼对“绅士”的讨论限定在帝国时代废除科举考试之前，而费孝通在对20世纪中国农村的观察中放宽了这一定义，将受过教育的民国地主阶层（不一定具有功名）也纳入“士绅”范畴，这一群体尽管没有功名，在乡土社会中发挥的作用与清朝的绅士集团多有相似。参见：张仲礼. 中国绅士研究 [M]. 上海：上海人民出版社，2019；费孝通. 中国士绅 [M]. 北京：生活・读书・新知三联书店，2009. 为了与西方和现代意义上的“gentleman”（绅士）相区别，笔者使用学界更为通行的“士绅”一词，但其内涵与经费孝通扩展的士绅概念不同。笔者所运用的“士绅家庭”概念，指的是定义较为严格的“绅士家庭”。其中不少人的（外）祖辈或父辈有官职，属于官绅集团（上层士绅）。其他人可能出生于商人或农民家庭，但至少有一位家庭成员拥有较低的功名，是一名“生员”（下层士绅）。

国－天下连续体”的断裂。国与天下、家与国、自我与家国网络的“大脱嵌”（许纪霖，2015），使得以“家国天下”为文化灵魂的“礼”，成为各方口诛笔伐、急欲摆脱的历史重负。而以士绅家庭为发生场域或以其成员为集体行动群体的礼仪实践，作为“礼”在日常生活中的“制度肉身”，更是成为转型时代的学人与传统决裂的首要阵地。然而，饶有趣味的地方在于，在激烈的新文化大风平息下来之后，那些曾信誓旦旦地要和家庭、礼教决裂的近代学人中，有不少人开始以同情、留恋的目光回望儿时所经历的家庭礼仪生活。

那么，面对“大脱嵌”时代下的精神危机和社会失序，对于经历了新文化运动的学人而言，早年生活中的家庭礼仪到底具有何种文化意义？换言之，富有人伦价值和生活趣味的家庭礼仪，记忆中那些温情脉脉的礼仪实践场景，如何成为这一代学人思考社会文化重建难题时的一种思想资源？

（一）从仪式到礼仪

与家庭礼仪相关的讨论，主要来自对教育场景下的仪式的观察，以及人类学、民俗学对民间社会礼仪实践的调查。虽然家庭礼仪与学校教育情境中的仪式一样，都具有重要的文化传递和认同整合的教育功能，但后者几乎不涉及私人生活领域中的仪式活动。同时，教育仪式研究在理论框架和概念运用上过于依赖西方理论，难以在中国文化的精神脉络中理解不同场合下的礼仪所具有的文化意义。关于这一点，人类学、民俗学的礼仪研究积累了大量的成果①，这些研究多在田野描述的基础上诠释了运行于乡

---

① 这方面的研究成果不胜枚举，其中华南、江南和华北区域史的研究积累较为丰富。华南学派中，科大卫提出的“礼仪标签”概念被广泛运用，这一地区的宗教信仰、礼仪系统常常被置于地方宗族开发边陲、社会结构形成与国家－地方文化整合的历史脉络中得到理解，比较有代表性的著作如科大卫的《明清社会和礼仪》、郑振满的《明清福建家族组织与社会变迁》、萧凤霞等的《植根乡土：华南社会的地域联系》（*Down to Earth: The Territorial Bond in South China*）、贺喜的《亦神亦祖：粤西南信仰构建的社会史》、刘永华的《礼仪下乡：明代以降闽西四保的礼仪变革与社会转型》等。江南地区的信仰、礼仪则有着不同于华南、西南、华北的地域特征，水网村落布局的破碎和隔离、佛教在下层民间社会的深度渗透、商业化带来的社会流动与竞争等地理、（转下页）

村、寺庙、祠堂、书院等不同空间中的“礼仪”所具有的礼俗结构，为笔者聚焦家庭礼仪提供了一张文化地图。不过，这些研究往往更为关注礼仪“文化文本”的历史演化、礼仪变迁背后的社会结构、国家－地方权力关系的变迁、礼仪的社会功能等比较宏大的社会文化主题，对于家庭礼仪对仪式参与者产生的教育影响及其文化意义往往无意涉及[①]。

为了阐明使用“家庭礼仪”而非“家庭仪式”的原因，在我们进入清末士绅家庭的礼仪时空之前，有必要在此指出“仪式”和“礼仪”背后的理论视野差异。

1. 教育仪式研究的文献回顾

仪式研究源于人类学、社会学对原始初民社会的观察。作为一种文化的象征性表意形式，仪式隐喻着这种文化的价值规范、社会秩序、审美心理、社会情感、认知框架等不易被察觉的文化要素，在很多（并非所有）情形中，仪式通过有程式的、有规律的、可见的行动模式来表达、指涉这些内隐的文化因素。正是由于仪式所涉及的概念之多、领域之广，仪式理论的运用语境很快从原始初民社会拓展到了现代社会。这种拓展使得仪式概念的内涵越来越宽泛，要给仪式一个没有争议的定义变得十分困难。

（接上页）文化、经济因素使得这一地区的礼仪系统呈现出村村不同、市镇与乡村疏离等特征，相关的研究比如赵世瑜关于江南史的论文，谢湜的《高乡与低乡：11—16 世纪江南区域历史地理研究》、卜正民的《为权力祈祷：佛教与晚明中国士绅社会的形成》、佐藤仁史等的《垂虹问俗——田野中的近现代江南社会与文化》、李天纲的《金泽：江南民间祭祀探源》等。华北地区由于开发历史久远，接近政治统治中心，因而相比于其他地区，其礼仪与社会演变有着更为复杂的叠加、清洗、“拉伸”进程，参见赵世瑜的《大河上下：10 世纪以来的北方城乡与民众生活》、杜赞奇的《文化、权力与国家：1900—1942 年的华北农村》。

① 本节所涉及的人物绝大部分出自江南市镇上的士绅家庭。中国城市社会中的礼仪研究要比乡村地区的礼仪研究薄弱得多。赵世瑜在他的论文《民国初年一个京城旗人家庭的礼仪生活》中列举了若干项城市礼仪研究。他发现，在一个既定社会秩序相对严格的社会中，对普通家庭而言，礼仪主要是满足了私人的精神需求；不同于华南地区，京城家庭礼仪对于公共生活领域的秩序建构基本没有作用。参见：赵世瑜. 民国初年一个京城旗人家庭的礼仪生活：一本佚名日记的读后感 [J]. 华中师范大学学报（人文社会科学版），2009（5）：66-75.

（1）仪式的社会文化功能。

尽管由于仪式理论运用情境复杂多元而定义模糊，但这种复杂性为观察和提取仪式与社会文化的关系提供了丰富的样本。概括地讲，仪式通常承担着保存和传递社会（传统）文化的功能，但也可以发挥转化和变革社会文化的作用，前者以涂尔干（Émile Durkheim）的社会团结论为鼻祖，后者则以范热内普（Arnold van Gennep）、特纳（Victor Turner）的过渡仪式理论为典型。近年来海内外有关教育情境中的仪式的研究，基本可以归结为对这两种仪式功能的研究。就仪式所保存和传递的文化而言，可以是宏观层面的国家认同和政治意识形态（Giorgetti，2020；胡国勇，2010），或是一个社会对于合格公民的身份规范（王北生 等，2010）。在中观层面上，仪式以物品、语言等社会互动的形式，帮助儿童逐渐领会某一宗教社群理解时空、区分善恶的认知模式（Neville，1984），或是在带有某种神秘性的经历中习得部落的规范和生活经验（郭法奇，2007）。在更小的尺度上，比如在大学校园里，通过校园参访（Magolda，2000）、“新生戏弄”（Dias et al.，2014）、集会活动（倪辉，2012）等种种形式，仪式传递着某一学术共同体的学术理念、精神或是习俗文化（孙华，2017）；或是某一社会阶层和专业团体的“准成员”，通过一系列仪式化、象征性的行动和实践，实现从儿童到成人（Merten，2005）、从教师到管理者（Hobley，2019）的身份转换，同时也继承和再生产了这一团体关于某种角色规范的期待。有时，某一专业或职业群体的文化［学科思维方式（Solomon，1998）、社会互动的逻辑（凡勇昆，2017）］，也被以仪式化行动的方式用于邀请或分享给群体内的其他成员，从而实现学科教育或是社会化的过程。当然，仪式在传递某一社区或群体所创造的文化的过程中，也可能因为这一文化与主流文化或主导性意识形态之间存在抵抗、冲突或异变的关系，而具有了变革社会文化的潜能。比如，在新自由主义“绩效优先”主导的教育问责机制下，边缘性社群通过社区演讲集会上的故事叙述仪式，重塑了改革执行官的角色认同，使原本作为行政官僚的执行官树立起关心小学校发展的公平正义之感和责任意识（Yang，2010）。

有时，以培育国家认同为旨归的学校公共仪式，也有可能在作为仪式参与主体的学校师生手中发生异变，这种异变或许来自族群的亚文化（Bjork，2002），而优势社会阶层自发的仪式异变则更有潜力推动僵化的政治意识形态发生转化（Lomsky-Feder，2004），后者也就成为仪式所生发和建构的某种超越性秩序（王晋，2010）。

通过情感的唤醒，仪式参与者之间很容易形成某种身份、信仰、价值认同（缪学超，2020）。因此，不论是保存、传递文化，还是转化、变革更为广泛的社会文化，仪式均能使某一群体内部生成社群感、归属感，充满差异的个体通过仪式得以黏合在一起。这就引出了仪式的第三大文化功能：文化整合。仪式的文化整合功能被认为在加速分化以及社群分裂的现代社会具有未被重视的广阔运用前景。比如有文章指出，仪式文化有助于消除美国社区分裂、学校文化空心化所引发的“校园枪击”（Warnick，2010）。

（2）仪式功能实现的文化学习机制。

对于教育研究者而言，仪式研究的魅力在于揭示仪式文化功能得以实现的文化学习机制。大部分研究注意到了学习过程中行为模仿的重要作用，比如提出了“榜样”和“权威人物”在社会环境中的特质凸显以及行为的表演和被模仿（Warnick，2010），模仿时形成“实践知识”和“内心图像”（乌尔夫，2009）、对行动意义的领会（Neville，1984）等不同的理论表述。不同的研究强调了这种文化学习中的两种路径。一是对仪式意义的认知和领会。这种路径将仪式学习类比于语言学习，儿童通过参与仪式事件，在试错、观察、行动中辨识出行动内在的次序和模式，理解符号所传达的文化意义，而那些对立的、有序的概念，构成了某种认知模式，为儿童世界观的形成提供了逻辑框架。这一路径强调仪式文化学习在意识和认知层面上的作用机制：儿童通过识别仪式中的“次序、模式、强度、频率、节奏、语调、结构”等领会“言明和未言明”（Neville，1984）的意义。事实上，这一学习路径只描绘了文化学习过程的冰山一角。不少学者观察到，仪式的影响常常不易被察觉，它往往以暗示的方式，在人类意识雷达的下层发挥作用。这就是第二种学习路径：无意识的文化习得。仪式通过塑造一定的学习氛围，凸显特定话题、人物的重要性，从而对仪式参与者形成一种实践召唤。参与者在接受邀请并开展实践的始末，未必清楚地了解实践的意义，但能感受到某种团结友爱的氛围以及一种对价值感和重要感的肯定与认同，也就在不知不觉中生产了仪式的“表意性秩序”（Warnick，2010）。

吸收了各方仪式理论所长的教育人类学学者武尔夫（Christoph Wulf），意识到了文化学习的这种复杂性，故而区分了“仪式”与“仪式化”行为。他认为，仪式参与者通常是无意识地执行“仪式化”行为（孙丽丽，2015）。实际上，无意识的模仿习得和有意识的意义领会不仅区分了“仪式化”行为和仪式，而且这两种不同的学习方式之间往往存在一个时间间隔。对于笔者所关注的许多近代学人而言，随着生命经历的丰富和知识的增广，他们逐渐体悟到礼仪中的深意，儿时的礼仪实践才经由岁月的沉淀散发出理性智慧的芬芳。

2. 仪式在教育情境中的三种定义

仪式运用情境和发生机制的复杂性都给为仪式下定义带来了困难。笔者观察到至少存在三种不同的界定方式，使得仪式的定义外延由窄到宽。例如，在伯恩斯坦（Basil Bernstein）的“表意性秩序”概念丛中，教育中的仪式传递的是学校所认可的、具有合法性的行为规范、价值观念，体现为关于学生品行、性格和态度的表达，从而倡导一种社会的共同理想和发展目标。（谢维和，2014）显然，伯恩斯坦强调的主要是由制度、组织机构所主导的仪式。但在更早的《教育中的仪式》中，伯恩斯坦与合著者彼得斯（Richard S. Peters）等人，还没有聚焦于仪式的合法性秩序的表达。他们提出，仪式通过“相对严格的行动模式以及特定的情境，建构起一个超越具体情境的意义框架”（Warnick，2010）。也就是说，仪式的意义并不是仪式行动的直接目的（有直接、明确目的的行为属于“工具性秩序”），而是超越了行为[①]，是内隐的、需要被解释和体悟的。这一定义只强调了仪式意义的

① 以向神献祭为例：献祭这一行为并不是要实现它的工具性目的。参与仪式的每个人都知道，献祭的食物不会凭空消失，但在人们的观念中，仪式完成就意味着神得到了食物上的满足，同时献祭物品的选择、献祭的程序等所有的细节都蕴含了大量的象征和隐喻信息。

隐喻性，并没有规定意义的来源，因此，处于制度之外的价值、认同和意义同样被视为一种仪式，比如学生自发形成的仪式文化。武尔夫一定对此深有共鸣，他的“仪式化”活动主要是指在学生群体中生长起来的“伙伴文化”。

第三种定义则更为宽泛。有人借用仪式学家格兰姆斯（Ronald Grimes）的理论，将仪式视为一种“仪式标签”，即以一系列特质（包括制定的、形式化的、风格化的、重复的、有节奏的、集体性的、制度化的、模式化的、不变的、传统的、价值重要的、多层次的、符号的、偏好的、戏剧性的、神秘的、适应性的、功能性的以及有意识的）作为仪式发生的标志。当某一个活动具备了多个特质，则可以被称为“仪式化”活动（Maloney，2000）。如果将这一定义运用到教育教学情境中，容易因为仪式化行为的泛化而削弱概念的解释力，因为仪式标签的含糊性而没有办法区分带有明确工具性目的的教学活动和目的含蓄内隐的仪式化活动。

三种定义实际上各有适用的语境。第一种定义比较适用于分析学校等社会机构的制度性文化，第三种灵活的定义则适用于民间和社会生活的文化分析。而第二种定义为思考仪式文化的多重意义留下了空间，同时也锚定了仪式的一个关键特征——意义的隐喻性，这就为笔者分析家庭礼仪的文化结构和教育意涵提供了一个起点。

3. 教育仪式研究的限度与突破

受到西方人类学仪式理论和研究范式的影响，当前国内人类学、教育学研究关于“ritual”的讨论基本被“仪式”话语所笼罩，诸如“过渡仪式”理论中的仪式分类、“阈限”、“仪式标签”、“文化文本”、“文化记忆”、“内心图像”、“模仿”等概念，确实有助于我们打开礼仪对个体和社会发挥作用的过程黑箱，但也要看到，运用“过渡仪式”“模仿学习”这样的理论框架来理解我国浩瀚精深的“礼仪”文化存在很大的限制。究其原因，“过渡仪式”理论植根于人类学关于原始初民社会的田野经验，在此基础上抽象出可以推广至其他文化甚至现代世俗社会的普遍原理，但中国文化很早就实现了理性化成熟，“过渡仪式”这样的概念无法呈现“礼仪”文化的丰富性和历史层次。因此，从“过渡仪式”的视角观察中国历史田野，往往会过滤和消耗诸多文化内涵：首先，仪式范畴无法体现中国礼仪中“礼”和“俗”两个传统动态博弈互动的转化过程；其次，仪式强调行为、事件，但中国人的“礼”还包含大量的文本性因素，包括先秦“三礼”和不同朝代的礼书；最后，仪式也无法体现中国人“行为气质中体现出来的情感和自我约束”以及对理想秩序的无尽追求。

实际上，不少立足于中国本土历史文化语境的民俗学、历史学、人类学研究，都有意识地对“仪式”与中国人讲的“礼仪”加以辨析和区分。相比之下，原生性的“礼仪”概念对于讨论中国传统社会中的“ritual”更为适切。

4. 礼仪概念的历史回溯

关于中国文化中的礼仪传统，学界基本形成了一个共识：礼仪是“礼”和“俗”在长期的历史过程中为了生存而彼此斗争、互动融合（彭牧，2014）、共生共长的产物。

（1）“礼”的历史演化与文化内涵。

谈到“礼”，不得不追溯到西周时期，礼乐文化的形成为中国文化奠定了稳定的精神气质。而礼乐文化同样经历了漫长的历史演化过程（见表 3-1）。根据陈来先生的考述，早在上古三代之前（夏朝前），中国存在一个家家作巫的巫觋时代，人神合一的神秘交感法则充斥在先民的生活中。这种具有原始宗教性质的巫术文化在上古三代被一种具有自然宗教性质的祭祀文化所包容和逐渐取代[①]。人们不再寻求直接支配神灵，而是以“超乎巫术的献媚态度，恭请（与祭祀配合）神灵的降临或满足神灵的要求”（陈来，2017）[41]。殷商时，哄诱安抚神灵需要一套上下有序、进退有度的祈祷、献祭的制度和规范，礼由此产生。殷周之际，中国文化发生了重要的变革。通过对祀典进行带有人本主义倾向的调整，抬升祖先祭祀的地位，以及为“天”赋予“敬德”“保民”道德内涵的“天民合一”论，

① “包容”是指原生性巫术并没有完全消失，只是从王朝的上层文化退缩到下层民间文化。“被取代”则是指巫术文化已无法代表精英文化，大小传统渐渐分离，巫术文化在以后几千年的发展中通过方技逐渐凝结为小传统的一套体系。

周代的礼乐文化再一次将以往的祭祀纳为自己的一部分，并在保留神圣性的同时，极大地强化了祭祀礼仪的伦理道德内涵和社会性。更为重要的是，从《礼记》和《仪礼》等能够反映西周社会生活的文献记载来看，礼在周代不仅指宗教祭祀规范，而且成为一个“无所不包的体系”。周代文化中大量增加了人际礼仪的内容，使得周礼成为一套“象征意义的行为及程序结构来规范、调整个人与他人、宗族、群体的关系，并由此使得交往关系‘文’化，和社会生活高度仪式化”（陈来，2017）[238]。由此，“礼”的社会功能得到了前所未有的开发，比如成德成义、决疑息争的道德功能，“因人之情而为之节文”（陈澔，2016）[586]的节制情感欲望的功能，上下尊卑有序的等级分配功能。这种礼乐文化的精神原则用一句话概括就是“亲亲尊尊长长，男女之有别”（陈澔，2016）[375]。与此同时，礼乐文化通过“统同”的“乐”，即用民合爱无怨的德音来缓解“辨异”和区分等级秩序的“礼”所造成的内在紧张。“仁学”就是“礼乐互补合一的文化结构”（陈来，2017）[267]。作为儒家思想产生的文化土壤，礼乐结构为后世定下了文化基调——崇德贵民、孝悌和亲、文质彬彬、天民合一以及远神近人。进入春秋时代以后，随着宗法秩序的解体，注重名誉、雅致和风度的形式化仪典文明逐渐失效，如何积累个人德性、重建社会秩序成为迫切需要解决的文化难题。一方面，“仁”作为内心的伦理道德情感在孔子手中上升为普遍性的原理，与“礼”互相配合；另一方面，解决安民、宽民、利民等问题的务实的实践理性促使“礼乐”完成向“礼政”的转变。春秋以降，对于文人士大夫等文化精英阶层来说，祭祀鬼神的目的越来越不是谄媚讨好，而是纪念祖先、昭显孝悌（陈来，2009）[160]。

表 3-1 “礼”在中国早期文化中的演化

历史时期	夏以前	殷商	西周	春秋战国
文化属性	巫觋文化（原始宗教）	祭祀文化（自然宗教）	礼乐文化（伦理宗教）	礼政文化（世俗人文主义）
核心法则	人神交感	献媚神灵	仪典规范	德性德治

汉代以后，儒家经典被尊崇为经，儒家思想上升为国家意识形态，儒家礼仪也因此成为中国传统礼仪的核心①（萧放 等，2019）。“礼”的“文化文本”经由历史的层层累积，成为一个无所不包的体系，大至天道运行，小如日用器物，深到修身养性（刘志琴，2008），涵盖观念、价值、行为、器物、制度等多个层面，贯穿自然人情与天地之道（萧放 等，2019），这一体系不是宗教礼仪体系、道德规范体系、政治制度体系等任何一个分离性概念所能把握的（陈来，2017）[257]。

（2）“礼仪”是“礼俗互动”的产物。

追溯源头，“礼”从“俗”中而来，因此“俗”的传统比“礼”更为久远，并且同样经历了历史的层层积淀。所谓“俗”，简单地说，就是指民众从实际生活中自发形成的经验习惯（刘志琴，2008）。通过不断的抽象和理性化过程，“俗”上升为“礼”，而作为制度、价值、观念、意识形态的“礼”只有落实到经验习惯的层面上，才有可能成为活生生的“礼”。就像彭牧所言，文本中的礼永远是理想化的，实际存在的其实只有地方层次的礼，也即那些体现为俗的礼（彭牧，2014）。因此，严格来说，并不存在“礼”和“俗”截然分立、各自发展的文化传统，两者始终处于转化融通、共生共长的互动过程中（当然有时也会发生冲突和对立）。这种互动存在好多个历史节点，包括殷周鼎革之际国士群体的“宗法崇祀”与殷遗民群体的“神秘崇祀”之间的互相借重（耿波，2014），宋代官府和私人通过修订礼书（如司马光的《书仪》、朱熹的《家礼》）、朝廷收编民间“淫祀”（赵世瑜，2017）[70]开启“礼下庶人”“士庶通礼”的进程，明末更进一步恩准推广祭祀始祖（常建华，2021），以及明清时期大量刊行更为通俗简易的礼书。明清以来，在日常的礼仪实践中，礼与俗之间的界限实际上是越来越难以把握了（彭牧，2014）。

---

① 尽管“礼”以儒家文化为核心，但儒学并不能垄断中国历史上的“礼制”，比如“在元朝时期，全真教曾力压儒、佛而以‘国家之礼’自居，一度在众多地区担当起社会教化与组织的职责，成为沟通王朝政治与地方社会的重要方式”。参见：赵世瑜，张士闪. 礼俗互动：中国社会与文化的整合 [M]. 济南：齐鲁书社，2019：在田野中理解中国（总序）9.

“礼”和“俗”，尽管不是外延清晰的实体概念，但它们耦合为“礼俗”这样一套厚重丰满的话语体系，实际上就成为中国社会文化重要的延续和生长机制。对于国家统治阶层来说，“礼俗”是治国驭民之策，比如“据俗成礼”意义上的收编，“崇化导民”意义上的推广教化；对于文人士绅群体而言，“礼俗”是安身立命之本，既是其修身养性、谋求晋升的文化资本，也是其在地方社会充当“礼俗互动”中介的前提；而对于民众来说，在“化礼为俗”“化公为私”的过程中，既展开并诠释了自己的生活，同时也建构着文化身份归属与生命意义。（张士闪，2016）

正因为如此，“礼俗”话语也成为一个有力的分析工具。当我们横切入某一历史时期时，通过“礼仪”这一窗口，通常可以观察到两种具有差异的文化。“礼”的力量以儒家修齐治平的人文主义理想为方向，“俗”的力量则致力于满足现实生活的需要和欲望。当西周的“礼乐文化”奠定了中国文化威严温和、适度抑制、远神近人的“日神”型文化主色调时，前代文化中的巫觋文化、献媚神灵、请求赐福等“酒神”型文化因素也从精英文化沉淀到作为“俗”的小传统中。这些文化因素从未消失，只不过随着社会生活的变迁呈现出丰富多样的形态和样貌，比如儒佛道“三教通体”的民间宗教所具有的人鬼沟通、血祭和娱神特征（李天纲，2017）[417-490]，乡民们参与祭祖过程中的“精神走私”（追求福报和功名利禄、趋利避害），民间社会庙会活动中的群体狂欢（戏剧歌舞、对性别与等级秩序的嘲弄）和世俗实用需要的满足（赵世瑜，2017）[98-134]，等等。

这种以“礼”为主导、以“俗”为基础的礼仪文化，形塑了中国传统社会的基本面貌，而清末民初士绅家庭的家庭礼仪则成为这种文化行将消逝前最后的实践场域。同时，在过渡时代学人的早年生活记忆中，为人儿女的他们，也因为身份的未完成性[①]而多了几分穿梭于礼俗实践之各个环

① 未完成性，是指尚未成为士绅或尚未成为待字闺中的姑娘。孩童，特别是男孩，具有较大的观礼自由。因为对一个典型的儒家士大夫来说，家庭礼仪中某些请神拜佛、作法打醮的“俗”的环节，他是不会直接参与的，而他的儿子有时就成为他的代表和分身。

节的行动自由，从而使得关于礼仪的记忆和叙述包含了诸多生活细节。这些宝贵的自述性文字，也就成为笔者考察清末民初家庭礼仪的史料来源。

（二）家庭礼仪的类型学

近代学人早年记忆中涉及的家庭礼仪名目甚为繁多。为了把握礼仪之间某些相似的文化功能和逻辑，从中国古人到西方仪式研究学者都曾在礼仪分类的问题上花费心力。就中国传统的礼仪分类学来说，先秦典籍《仪礼》记载了周代的冠、婚、丧、祭、乡、射、朝、聘等各种礼仪，这种按照具体的礼仪实践场合来分门别类叙述的框架，实际上也就成为后世礼书编纂的典范和成规，不论是司马光的《书仪》，还是朱熹的《家礼》，都包含"冠婚丧祭"的礼仪门类。礼书，首先需要满足士大夫或庶人学习并运用礼仪的需要。作为实践指南，这种书中按照礼仪场合归类的方式具有很强的实用性。只不过对于后世研究者来说，这一分类方式难免让人眼花缭乱，看不清不同仪节表象背后的文化逻辑及其相互关系。上文提到，"过渡仪式"理论难以揭示中国传统礼仪的丰富内涵，但是将其简洁有力的分类框架与中国固有的礼仪类型学相互结合，倒是可以发现一些意味深长的契合之处。

1. 过渡礼仪的类别

按照范热内普的说法，大部分仪式都带有明显的过渡功能。他认为，个体生活存在许多状态或阶段之间的过渡，"从一年龄到另一年龄、从一种职业到另一种职业"，"从一群体到另一群体、从一社会地位到另一地位"，甚至于出生和死亡，"其中每一事件都伴有仪式，其根本目标相同：使个体能够从一确定的境地过渡到另一同样确定的境地"。（范热内普，2012）[5] 同时，这种周期性的人生阶段更迭映照着宇宙和大自然的周期性过渡，因此人们还会举行天象过渡的仪式，如月令过渡（如望日仪式）、季令过渡（如冬至、夏至、春分和秋分）以及年令过渡（新年或元旦）等。

这样来看，古代流传下来的"冠婚丧祭"之礼都具有人生阶段过渡的意味，一系列与自然时令节气过渡有关的节日也是如此。因此，近代学人早年在士绅家庭所经历的过渡礼仪可分为三个子类。

第一类属于人生状态，比如年龄、身份、地位等的过渡礼仪。这包括由以玩耍为主业的幼童过渡为小小读书郎的“破蒙礼”，宣示年龄、身份、地位变化的生辰寿宴、父辈的中举、兄弟娶亲、姊妹出嫁等礼仪。

第二类属于季候时令的过渡礼仪。比如万象更新的新年（高丙中，2007），以及与阴阳五行密不可分的节气性过渡礼仪（如过渡性较强的清明节①、端午节②）。

第三类是中国传统礼仪中特有的祭祖。尽管这一类仪式也属于人生状态的过渡礼仪，但从文化内涵上看，由三大“鬼节”（清明、中元、寒衣）、丧礼、忌日以及其他时节的祭祀上香、上坟所组成的庞大“祭祖”文化传统不仅体现了生死之间的过渡，也体现了亡者之灵在葬礼和持续的祭祀中由躁动不安的“亡灵”向稳定而有神力之“祖灵”的一种过渡（“祖灵化”过程③），是“祖灵”荫庇子孙后代的一种互惠，也是生者与亡者交流、遗属亲友共同体认血缘亲情的互动场域。

之所以需要“过渡”，对于中国人而言，是因为这意味着一种对有条理、有节制的生活方式的追求，一种对秩序、规律之循环往复的孜孜践行。而人生阶段与自然时令在礼仪中的匹配与统合，也恰恰与中国文化关于“天人合一、天民同构”的人文主义理想不谋而合。当然，中国人的过渡礼仪有浓厚的家族主义宗法情感和儒家伦理道德作为文化底色，这些

① 关于清明节演变历史与阴阳五行思想的联系，参见：高洪兴. 中国鬼节与阴阳五行：从清明节和中元节说起 [J]. 复旦学报（社会科学版），2005（4）：132–140. 关于寒食、清明由节气到节日的演变，参见：朱志平. 从节气到节日：“清明”节日化的时间及其历史逻辑 [J]. 南京农业大学学报（社会科学版），2018（5）：146–153，160.

② 关于端午节与阴阳五行思想以及夏至节气民俗的联系，参见：蔡靖泉. 端午为屈原的节俗演变与文化意义 [J]. 湖北社会科学，2016（1）：115–124.

③ 亡灵的“祖灵化”过程是从葬礼就开始的，然后便是“七七”“百日”“头周年”“三周年”以及每年除夕、寒食–清明、七月半、十月初一、冬至等时节的定例祭祀，甚至还可以细密到每月初一、十五的上香，可以说它们形成了一个互补的系统，参见：周星. 从“亡灵”到“祖灵”或“英灵”：清明墓祭的文化逻辑 [J]. 云南师范大学学报（哲学社会科学版），2017（2）：106–119.

“礼”的成分与诸如阴阳五行方术、人神沟通等“俗”的因素被糅合在家庭礼仪的时空中。

2. 其他礼仪类型

当然并不是所有礼仪都能被纳入过渡礼仪的类别，武尔夫曾总结了另外几种礼仪类型：机构化仪式、季节性仪式、强化仪式、反抗仪式、互动仪式、日常仪式（武尔夫，2018）[206–207]。排除与过渡礼仪功能相似的季节性礼仪，以及现代社会语境下的机构化礼仪，在近代学人的早年生活记忆里，互动礼仪、强化礼仪、日常礼仪也非常重要。

互动礼仪基本来自神佛满天的民间宗教信仰（三教合一是我国民间祭祀的特征之一）。互动性指的是人神互动，即人通过恭敬的祭拜、供奉与献媚，与各路神仙达成互惠的心理默契。强化礼仪则是一种隆重的愿望表达，或是对某些事件和行为的纪念与认同。比如唐宋以来形成的中秋节就经历了从表达道教意味的长生不老和对现世幸福的追求逐渐演化为渴盼家庭团圆的历史过程（王兰兰，2012）。

当然，过渡礼仪、互动礼仪、强化礼仪并不是严格的互斥类别，人与超自然力量互动的功能常常渗透在过渡礼仪之中。比如，在生死过渡的祭祖礼仪系统里，绝大部分士绅家庭的家长以儒生自居，对鬼神持有敬而远之（远神近人）的态度，但家庭中的女眷们大多是神佛的信徒（比如幼年胡适家中的女眷），即便作为一家之长的士大夫也很难持续地强硬干涉，有时也在儒家礼仪主导的场合对佛道两家的渗透报以默许的态度（比如绍兴周氏族人的长辈、湘乡萧瑜的父亲）。此外，在江南“好鬼”的文化氛围里，亲自主持这种祭神仪式的儒家士大夫也为数不少。

日常礼仪则更具私密性，它与部分家庭成员达成的共识有关，几乎就是家庭日常生活的一部分，比如例行的祭拜孔子像、礼拜基督等。

表 3–2 对以上四类家庭礼仪进行了总结。

（三）家庭礼仪中的礼俗结构

以上分析表明，绝大部分的互动礼仪和强化礼仪来自佛道对民俗的渗

表 3-2　近代学人早年生活中的家庭礼仪①

类别	过渡礼仪			互动礼仪	强化礼仪	日常礼仪
	人生阶段的过渡	季候时令的过渡	生死之间的过渡（祭祖仪式系统）			
史例	[马叙伦][骆憬甫]“破蒙”礼，[郭沫若]发蒙礼，[陈鹤琴]上学礼节，[曾宝荪]正月十八开学礼 [周作人]生忌，[曾宝荪]祖父母和父亲生日，[梁实秋]祖父生日 [丰子恺]父亲中举开贺，[柳亚子][顾颉刚][吴宓]女眷婚礼	[周氏兄弟][赵元任][丰子恺][苏雪林][梁实秋][聂绀弩]过新年习俗，[张恨水]元宵看灯 [周氏兄弟]清明风雅，[丰子恺]清明乐事，[顾颉刚]清明故事，[赵元任][曾宝荪]清明食物，[丰子恺]端阳习俗，[曾宝荪][赵元任]端午食物	[周作人]新年祭祖，上坟岁，送寒衣，清明墓祭，丧礼中的“炼度”法事；[鲁迅]丧礼中的和尚“解结”仪式；[赵元任]七月半鬼节；[萧瑜]祭祖，宗祠春秋两祭，祖父丧礼中的“点主”和道场；[吴宓]祭祖，祖母丧礼	[周氏兄弟]祭书神“长恩”，新年“祝福”（腊祭百神），上坟时祭祀后土山神，五猖会，迎神赛会；[任鸿隽]拜利市（祭拜南宋众仙尊神）；[许德珩]文昌会；[赵元任][丰子恺]送灶神；[丰子恺]七月半“放焰口”（佛事）；[吴宓]祭祖时的祭神，朔望祭神；[茅盾]赛会上“扮犯人”	[鲁迅]种痘仪式；[赵元任]中秋拜月；[曾宝荪]中秋女界拜月，七夕女界乞巧，观音斋	[胡适]拜孔子像，[林语堂]礼拜基督
礼俗内涵	条理、节制、秩序、规律 天人合一 宗族、家族主义与儒家伦理 阴阳五行，人与超自然力量的沟通			人神沟通与互惠	愿望的隆重表达	私密的家庭文化

① 根据近代学人的自传自述和回忆性散文整理，此表收录了那些留给近代学人较为深刻印象、叙述较为丰满的家庭礼仪。

透或是民间自发形成的生活习惯和历史经验，儒家之“礼”的传统几乎没有发挥什么作用。但在过渡礼仪中，“礼”与“俗”之间的张力和共生性要显著得多。更重要的是，过渡礼仪是这一批学人叙述最为丰满、印象比较深刻，以及反思最为集中的文化记忆。因此，此处选择以破蒙礼、过新年、清明墓祭、丧礼这四种出现频率颇高的过渡礼仪为案例，进行较为细致的呈现。

1. 破蒙礼：希圣希贤与功名福报

破（开）蒙礼或说开学礼，是大部分近代学人儿时所经历的最重要的礼仪之一。比较不同个体的回忆，可发现其礼仪实践的仪轨虽然在具体环节数量和顺序上有许多差异，但都包含两个必不可少的仪节：拜孔夫子和拜先生。至于给先生送礼、跟从先生朗诵文本、祭祖、祭文昌帝、设宴庆贺等环节，则因时因地各不相同。

1889 年春，家住杭州府城的 5 岁的马叙伦迎来了自己的破蒙礼，礼仪由父亲马琛书（生员）主持，请的先生则是浙江乡试第一名王会澧。仪节过程并不复杂。第一阶段，父亲布置好四仙桌，挂好孔子像，先生、父亲以及马叙伦分别拜祭好大成先师之后，父亲向先生行托付礼，而后则是小男孩拜先生。仪式的第二阶段是先生教马叙伦念诵《小学韵语》的开首四句。跟读不到三遍，全神贯注的马叙伦便学会自己念了，这让父亲和先生感到欣喜，因为这预示着这个孩子是个不错的“读书种子”。至此，破蒙仪式圆满结束。经过转述，这场仪式显得平淡无奇，然而在马老自己的叙述中，礼仪中的某些图像似乎给他留下了难以磨灭的印象：只见那王先生身着“簇新的礼服，映出他那样风神映丽的仪貌。更从他的谈笑里，显着他的得意”；在仪式的第二阶段，桌上摆好了朱笔砚台，“一本罗泽南的《小学韵语》，是浙江官书局刻的大板，官堆纸印得雪白”。马叙伦不惜笔墨细细描摹的新书包，是用绸子做的。用黑色绸子挖了一个“如意”，镶在上面，又安上一条红布带子。书包里面放着一块木板，大小和书包差不多，板的一面，四边刻着古式花样，无非“双鱼吉庆”“笔锭如意”一类，中间直刻四个大字，如“福缘善庆”一类。（马

叙伦，1983）[1-3]

王先生衣冠翩翩、谈笑潇洒的形象，雪白的书本，色彩鲜艳的书包，这一切都给幼年的马叙伦带来了极具冲击力的视觉印象，以至于60多年后，礼仪场景依然历历在目。从幼童转变为私塾弟子的过渡礼仪，“往往是对一种能力，或将要达到的某种可能性（Können）的‘宣召’”，“人们被邀请进入还未曾达到，但期待达到的某种能力或‘可能性’，并与此同时认同他将要成为的样子”。（武尔夫，2018）[223-224]对幼年的马叙伦来说，身体-器物所构成的仪式场景就仿佛是在他面前徐徐展开的一幅动人图景，“召唤”着他置身其中，先生和父亲的欣喜则更加确认了马叙伦对读书人所产生的身份认同。破蒙仪式在实现同一化功能的同时，使得礼仪主角在心理上顺利完成过渡，迎接以读书为主要内容的学习生活。

1899年正月十六，8岁的浙江上虞少年陈鹤琴终于有了上私塾的机会。这一天，在家祭拜过文昌帝君后，他便由已然熟门熟路的二哥陈鹤闻（童生）带领着上书馆行礼。二哥将预先准备好的果盒糕、棒香、红蜡烛三样物品安置好后，陈鹤琴完成了跪拜孔子和星泉先生的郑重仪式。紧接着便是拜见同学和师母，而最令陈鹤琴感到有趣和高兴的环节，则是分糕。

> 先生先把蜡烛吹熄，再把果盒糕三分之一留给师母及师弟兄。其余的糕分给同学，每人一块。同学都吃得很高兴。那天初次来上学的，不止我一个，所以我也有糕吃呢！（陈鹤琴，2014）[78]

这一份上学的趣味被陈鹤琴视为旧时代上学的馈赠之一，永远留存在他的童年记忆中。实际上，就在7岁丧父以后，他那本来就不太富裕的小商人之家更是挣扎在温饱边缘，日常的饮食和衣着已经俭省到不能再俭省的地步，零食是他不敢想的奢侈品。单单这一点，就足以让人想到，入学礼上所分到的一小块果盒糕能给这个孩子带来多么大的味觉享受和满足。当然，除了味觉满足以外，果盒糕在这场仪式中的功能还在于它的分享性，书馆这一空间中的不同角色——先生、师母、师弟兄经由食物这一媒介，被象征性地联系在了一起。食物犹如丝线，将陈鹤琴编织进书馆师生这一微型社会网络中，象征着书馆对新学生的接纳。同时果盒糕所触发的美好的味觉体验，也让他对书馆这个陌生的环境产生了温情。

作为读书人生涯的开端，破蒙礼上祭拜孔夫子和拜先生的象征意义是不言而喻的：思齐圣人，接续往圣所创立的儒家道统，立志通过读书修身成为家人、乡亲可以信赖和倚重的一名“君子”“圣贤之人”。可以说，希圣希贤成为所有破蒙礼最根本、最合法的文化意义。不过，对于民众来说，成为读书人最吸引人的地方就在于能够通过科举考试获得功名利禄以及功名所允诺的幸福美好生活。在杭州府钱塘县骆憬甫的记忆里，孔夫子“学问虽好，而求功名是不利的”，只有“穿朱红袍子的文昌帝君点头赞许”，才能高中。（骆憬甫，2004）[7] 于是，作为民俗的破蒙礼发展出了一整套隐喻功名利禄的符号系统，包括亲属送的“状元糕”、“粽子”（高中），镶有“如意头”红绸的书包（背书顺溜、必定如意），供桌脚边的“大雄鸡”（高官），以及“文昌帝君”的纸神马儿。作为“礼”的破蒙礼有着相对固定的仪节程序——拜孔子、拜先生，而以追求荣华富贵为目的的民俗符号则随着各地的风俗和各家的生活条件而有所变化。

2. 过新年：敬祖尊上与感官酬谢

过年实际上由一系列前后相隔几天的礼仪连缀而成，包括送灶、过小年、悬像迎神祭祖、送神落像、接财神、闹元宵等。作为祭祖礼仪系统中的盛大活动，新年祭祀指向敬祖尊上。所谓“本固枝荣”，就含有报答祖宗恩荫功德、励志繁荣家族的“宗法崇祀”内涵。不过，在漫长的“礼下庶人”的过程中，民间社会的祭祖早已在此基础上增添了种种与追求现世福报有关的风俗意义。如周氏兄弟所言，“于报谢之外又重在将来的祈求了”（周作人 等，2000）[82]，祈求“来年一年中的好运气”（鲁迅，1924），而祈求的对象，除了自家历代祖宗之外，还囊括了名目繁多的大小福神。同时，在献媚、“娱神”、求福之余，祖宗神灵所享用的各色“福礼”也转而成为人们犒赏自己的佳肴，人们就在对食物、娱乐等感官欲望的满足中达到了某种情绪的高潮。

在绍兴府周家台门，这一六房合住的官绅宅邸对于过年这件事情的重视程度，可透过鲁迅的写实性小说《祝福》显示一二。根据周作人的解释，狭义的“祝福”是乡下对岁暮谢年祭神的俗称，又名“作福”，其功能是接神送神、祈求福报，时间在除夕夜。“祝福”仪式由六房轮流主持，轮到祭祀值年的那一房，要在除夕夜联合其他五房同时举行祭祖和“祝福”。如此一来，流程更多，耗时更长，整个仪式也格外隆重盛大。在周作人的记忆中，除夕这天的行事分为三个部分：拜像、辞岁、分岁。其中，拜像筹备时间最长。

> 从下午起就要着手，依照世代尊卑，把先人的神像挂在墙上，前面放好桌子，杯筷香炉蜡烛台，系上桌帏，这是第一段落。其次是于点上蜡烛之后，先上供菜九碗，外加年糕粽子，斟酒盛饭，末后火锅吱吱叫着端了上来，放在中间，这是最后的信号，家主就拿起香来点着，开始上香，继以行礼了。这行礼只有一次，也不奠酒，因为祖先要留在家里，供奉十八天，所以不举行奉送的仪式。神像是依世代分别供奉的；所以桌数相当的多，假如值年祭祀也都在本台门内，那么一总算起来共有五桌，在伯宜公去世后又多添了一桌了。（周作人 等，2000）[83]

除祭祖之外，还要举行“祝福”，则“桌子看木纹横摆，与祭祖相反，叫做横神直祖，拜时也与祭祖不同，却在神马后面向着外边行礼，只拜一遍，焚化元宝……，燃放爆仗，这祀典就算完成了”（周作人 等，2000）[82-83]。

大概是仪式耗时过长，所谓“仆仆亟拜”，连一开始“相当重视”“感觉高兴”的儿童在整个流程完成后也感到疲惫不堪。不过从周作人上述不厌其烦的叙述中，依然可以感觉到作为儿童的他视点紧紧跟随着桌椅、陈设等一系列变化而产生的兴奋之感。

这种空间布局的变化，在苏雪林和丰子恺的新年回忆中，呈现为整体色调和氛围的焕然一新。1913 年，17 岁的少女苏小梅（1925 年后启用苏雪林之名）跟随失去了官职的祖父回到祖籍安徽太平县岭下村。按照岭下村的礼俗，腊月二十四是迎接“祖宗”归家的日子，这一天，“各家先数日收拾正厅，洒扫至洁，从全家最高处的阁楼，将祖宗遗容请出，一幅幅挂起。祖宗服装，从明朝的纱帽玉带直到清代的翎顶朝珠……。那个正厅，上挂红纱宫灯，下铺红毯，供桌和座椅一律系上红呢帷幕，案上红烛高烧，朱盘高供，满眼只觉红光晃漾，喜气洋洋”（苏雪林，2013）[6]。

新年火红的色调在除夕夜达到了一个高峰：

> 吃年饭的时候，照例要在中堂置一大火盆炽满兽炭，火光熊熊，愈旺愈好，象征一年的好运。
>
> ……除夕前春联喜帖早已贴就，红纸条由正房、正厅直贴到猪栏、鸡栅，甚至扫帚上也贴，粪勺把儿上也贴。纸条上所写的无非是吉利话。（苏雪林，2013）[7]

利用装饰和光线改变厅堂色调，也出现在丰子恺的新年记忆中。腊月二十七夜的祭神仪式上，有着七八岁的子恺最喜爱的事物：

> 记得那时我所欣赏的，是“六神牌”和祭品盘上的红纸盖。这六神牌画得非常精美，一共六版，每版上画好几个菩萨，佛、观音、玉皇大帝、孔子、文昌帝君、魁星……都包括在内。平时折好了供在堂前，不许打开来看，这时候才展览了。祭品盘上的红纸盖，都是我的姑母剪的，“福禄寿喜”、“一品当朝”、“平升三级”等字，都剪出来，巧妙地嵌在里头。（苑兴华，1996）[29]

造型和色彩的美感让丰子恺觉得自己从小就与美术结了缘。到了年底这一天，浙江崇德丰家的染房——丰同裕因“摆出风灯，插上岁烛”而变得格外明亮。

如果说年终祭祖是这场大典中恭敬严肃的行礼时刻，那么在举行新年礼仪的其他时空弥漫着人神互惠的祈福、娱神娱己的感官酬谢以及由空间布局改变带来的视觉兴奋。乔迅对于节日场合的厅堂景观有一个形象的类比，通常没有覆盖纺织物的家具现在用丝绸覆盖着，家具上数量繁多的物品堆陈则“让人联想到女性用首饰装扮的身体”（乔迅，2017）[364]。被改变位置关系的桌椅，被神像、桌帏、朱盘、地毯、红纸条、红纸盖等装饰物装点的厅堂，以及由火盆、宫灯、风灯、岁烛灯等平常不用的照明工具所提升的空间亮度，所有这一切视觉呈现都将“新年”转变成了一个悬置了日常生活的独特时空，大人和儿童都获得了大肆进行感官享受的“合法性”。与此同时，时光也仿佛放慢了脚步，给予辛苦了一年的人们消磨时间的机会。这一“合法性”主要体现为麻将纸牌等各式娱乐的开禁，对于特殊食物的享用。丰子恺还记得一种颇具美感的除夕食物——泼留。“糯米谷放进热镬子里，……糯谷受到热度，爆裂开来，……拿出来堆在桌子上，叫大家拣泼留”，“一粒糯米放成蚕豆来大，像朵梅花，又香又热，滋味实在好极了”。（苑兴华，1996）[31]“泼留”以及苏雪林记忆里的“糖”，在旧日中国的家庭里制作起来颇费一番功夫，这种加工费时又填不饱肚子的食品也可以算是新年的奢侈品了。

3. 清明墓祭：慎终追远与乐游野趣

清明是三大鬼节之一，是促使亡灵“祖灵化”之祭祖系统中的一个重要环节，然而不论是对于士绅家庭还是对于一般民众来说，墓祭所伴随的郊游大有压倒庄严肃穆的“慎终追远”主题之势。事实上，作为一个节气，清明意味着物候的转换带来了季节性的嬉戏娱乐时机，草木葱茏、山花盛开，这令人赏心悦目的时节是祭祖系统中的其他时节所无可比拟的。事实上，郊祭的欢乐压倒祭祖的肃穆，这一情形自唐代寒食节祭祀时即是如此，此般不合于礼的民俗也曾让上层统治者无比苦恼，他们也曾出台禁令实施矫正。但是很显然，清明节的最终确立本身就是“礼”向“俗”妥协的产物。

对于绍兴周家来说，在拜坟岁、送寒衣、清明上坟三场墓祭仪式中，清明上坟是规模最大的一次，不但妇女同去，还因为要举行“三献礼”，而供奉的食品需要在船上准备齐当，所以排场很大。在异常丰富的食物清单中，三牲之一的熏鹅之香甜让周作人念念不忘。不过，最令儿童感到快乐的，还是山头的花木。

小孩们本来就喜欢玩耍，住在城市里的觉得乡下特别有趣，书房里关了两个月，盼望清明节的到来，其迫切之情是可以想象得来的。“女人不如花”，至少在上坟船里的小孩们是可以如此说的。（周作人　等，2000）[79–80] 1899年和1900年，周作人均在关于清明上坟的日记中提到各色草木，如“己亥三月往调马场，拔得刺柏四株，杜鹃花三株，折牛郎花数枝而回”，又如庚子年“正月中旬往调马场拜坟岁，杜鹃花不多见，……而今又复蓓蕾盈枝，亦一奇也”。周作人的儿童生活诗中有云：“最是儿童知采择，船头满载映山红。”（周作人　等，2000）[80]

不仅山头田地有野果山花可以尽情采摘，就是在去上坟的船里，也别有风雅。在历年清明上坟的过程中，同去的周氏族人，有时提议吟诵唐诗中带有“花”字的诗句，有时口占绝句，有时作竹枝词，有时则捣鼓篆刻。

同样对清明郊祭中遇到的草木果蔬和食物感兴趣的还有丰子恺。子恺的父亲丰镄是一个珍视生活趣味的人。清明前一天的寒食节下午，浙江崇德县城里的丰家一家老小步行前往“杨庄坟”，七八岁的子恺也在其中。“一路上采桃花，偷新蚕豆，不亦乐乎。……拜过之后，自由玩耍。有的吃甜麦塌饼，有的吃粽子，有的拔蚕豆梗来作笛子。……杨庄坟上只有一株大松树，临着一个池塘。父亲说这叫做‘美人照镜’。”清明那天，大家又坐船去丰氏宗族的祖坟祭拜，“小孩子尤其高兴，因为可以整天在乡下游玩，在草地上吃饭。船里烧出来的饭菜，滋味特别好”。还有一件乐事，是抢鸡蛋吃。“每到一个坟上，除对祖宗的一桌祭品以外，必定还有一只小匾，内设小鱼、小肉、鸡蛋、酒和香烛，是请地主吃的，叫做拜坟墓土地。孩子们中，谁先向坟墓地叩头，谁先抢得鸡蛋。”第三天上私坟同样还有“保留节目”，祭扫期间，附近“三竺庵里的和尚来问讯，送我们些春笋。我们也到这庵里去玩，看见竹林很大，身入其中，不见天日。我们终年住在那市井尘嚣中的低小狭窄的百年老屋里，一朝来到乡村田野，感觉异常新鲜，心情特别快适，好似遨游五湖四海”。（苑兴华，1996）[35–36]连续三天的墓祭郊游，大大抚慰了这个终日在县城染房和私塾里打转的少年那颗想要亲近自然的心。

在野果山花、田园菜蔬、茂林修竹的自然乐趣之外，对于苏州城内的顾颉刚来说，清明扫墓是一次游览城内外古建遗址、领略苏州历史文化景观之旅。而这一切得益于祖父顾廉军对历史掌故的熟稔和极富表现力的故事叙述。

> 我家的坟墓不在一处，在石湖和虎丘的一天来回，在唯亭的两天来回，在望亭的却要三天才能来回。我们坐到船里，这时祖父简直变成了智慧的化身。过山塘时他就讲唐伯虎的故事，过越来桥时他就讲勾践灭吴的故事，在运河里他就讲乾隆皇帝下江南的故事。……祖父的声音虽是平静低哑，但他极会表情。……他却能在澄澈的眼波里浮荡着笑意。他的故事深印在我的心上，都是一张一张有声有色的画页。（顾颉刚，2012）[32–33]

当小船慢悠悠地穿行在苏州的古桥下时，古人的生活仿佛就在此时此地重现了。在祖父绘声绘色的叙事中，那些桥梁、河道、匾额、牌楼，成为小颉刚进入另一个时空的入口。祭祖本身就是中国人生活在家族历史中的一种实践，而顾颉刚的清明游历使他得以浸润于一条更为广阔的历史长河中。

当然，对于重礼节的士绅家庭来说，清明祭祀依然保留着庄严肃穆的礼仪内核，集中体现在墓祭时的“三献礼”以及由礼生赞相朗读祭文。在1900年三月初九的日记中，周作人记录下清明时分的扫墓经过：“往梅里尖拜扫，余与三十叔作赞，祭文甚短，每首只十数句耳。”（周作人，

1996）[122] 关于自己与族叔赞礼[①] 的这篇祭文，周作人当时没有抄录，不过其后来读到邻县山阴平步青所著的《平氏值年祭簿》，发现其中记载的祭祖祝文与自家（会稽周家）的颇为相似，便多加留意。祭文同样很短，除去常规的格式语句之外，只用了五个短句表达后人的情感："呜呼，岁序流易，节届清明，瞻拜封茔，不胜永慕。" 这篇简短的祭文令周作人发出这样的感慨：

> 祭祖先的一篇尤其朴质可取，而且通用于各地的祖坟，尤有意思。大抵祭祀原是仪式，需要庄重，因此仪文言动也有一定规律，乃得见其整肃，这祝文或祭文程式的一致，我想即其一端。（周作人 等，2000）[79]

在山东栖霞牟家疃村，墓祭的庄严肃穆化为一种无形的氛围，与明媚的春光结合在一起，使得置身其间的少年牟宗三产生了一种神秘恬静的生命体验：

> 纸灰化作蝴蝶。奠一杯酒在坟前，坟中人的子孙们前后有序地排着在膜拜。那生命是不隔的，通着祖宗，通着神明，也通着天地。……生离死别那种突然来的情感上的激动，因着年月的悠久，而进入永恒，化作一种超越的顺适与亲和。……严明肃穆之中，也有眼前的春光愉悦。那春光是配合着白杨松柏的肃穆之春光，是通着祖宗神明的春光，是一种圣洁的春光，而不是那郁闷懊恼的春光。那愉悦是通着思古幽情的愉悦，想着祖宗如何如何，道古说今，也有一番闲

① "赞礼"，是指在婚冠丧祭等礼仪场合通过唱读行礼项目和祝文主持仪式，此处由周氏自家子弟充任"礼生"。我国南方地区，在比较重大的场合上，可能会请当地专门的"礼生"来主持仪式，"礼生"也可以由下层士绅临时充任，参见：刘永华. 礼仪下乡：明代以降闽西四保的礼仪变革与社会转型 [M]. 北京：生活 · 读书 · 新知三联书店，2019：50–71.

适恬静。在儿时我总是兴会地跟着大人去扫墓，也总是这样愉悦地扫毕而归来。（牟宗三，2003）[1-2]

4. 三教丧礼：昭孝合族与超度亡灵

相对于更专注于人世间社会秩序维持的儒家来说，道教和佛教更擅长处理人死后的魂魄问题，这就为后两者在丧礼上开辟了极大的活动舞台。由此，丧礼也成为民间社会三教合一的礼仪时空①。对儒家来说，丧礼是孝子贤孙们公开昭显敬意、不舍、悲痛之亲情的场面，也是家属和亲友之间通过聚集再次确认家族内部亲疏远近的场合，热闹的白事在很大程度上发挥了昭孝合族的社会功能。这种社会功能导向也意味着儒教不能完全满足民众的心理需求，尽管儒教也通过一次次的祭祖实现对死者亡灵的“祖灵化”，但这毕竟是一个太过漫长的过程，远远没有佛道的道场法事来得透彻直接。正如刘永华在闽地村落中观察到的那样，基于儒礼的礼生在礼仪场合往往处理的是死者与生者（家属）或者生者（家属）与生者（吊客）之间的关系，尽管他们也向超自然对象献祭，但“献祭的主体并非礼生自身，而是因其社会身份适合进行献祭的人物……。换句话说，礼生本身并未担任人间与超自然世界之间的中介”。“道士的科仪意在引导死者的灵魂顺利穿越阴间，确保其灵魂重生，顺利抵达西方极乐世界，从而将之从死者转化为祖先”，因而道士扮演着“社区和超自然之间的中介”。（刘永华，2019）[100] 与道教类似，佛教在丧礼的法事中也发挥着超度亡灵的功能。三教对丧礼的充分渗透，使得许多士绅家庭的丧礼成为典型的礼俗复合体，也给早年的近代学人带去了截然不同的礼仪经验。

1906 年，湖南湘乡萧家冲的萧瑜在这一年失去了疼爱自己的祖父，作为长孙，小萧瑜被推到了丧礼的前台。湘乡乃楚南重镇、湘军故里，同

① 李天纲先生在关于江南民间祭祀的研究中指出，儒佛道的共同基础在于民众的基层信仰，这种信仰实现了儒佛道的三教合一。而江南地区的士大夫，由于对宗教秉持开明的态度，往往过着三教通体的“跨宗教生活”。参见：李天纲. 金泽：江南民间祭祀探源 [M]. 北京：生活・读书・新知三联书店，2017：327-370.

时受到中原文化和楚文化的影响，儒家文化在此地占据绝对的主导地位。就在祖父弥留之际，萧瑜的父亲萧岳英在祖父床前寸步不离，这个 13 岁的少年便负起了客人总招待的职责。

> 那时我已学会了不少应对进退的礼节，又有母亲在后为我暗中指点，我很觉胜任愉快。……而问病的人来来去去如潮水一般，我的送往迎来，周旋答对，也够繁重了。有许多，白昼没空，赶夜班来的，我同母亲又要举行招待夜班，我不觉累，但担心母亲已太累了，我请母亲先去休息睡觉，母亲说他不劳累，并且告诉我，家里如出了这类大事，大家都应熬夜，通宵不眠的。（萧瑜，1970）[102-103]

就这样接连两天，到了第三天，全家开始正式治丧。细心而又极具责任感的少年还在吊客来往的流水席上发现了游手好闲之徒反复蹭吃宴席的漏洞，然而经验丰富的母亲劝住了想要干涉的少年。

父亲参照治丧的仪轨，决定整个仪式流程包括“开吊做道场、含敛、点主、出殡”。在这场儒道参杂的丧礼仪式中，源于民间儒教实践的“点主”（周波　等，2014）无疑是最重要的环节。祖父生前虽然没有做过显赫的高官，然而乡绅的地位以及裁断公正、调解有方的本事使其成为当地的“道德镇守使”。因而，“点主”仪式主祭者的选择就颇为慎重，只有“富有清贵声望者”方与祖父的身份和地位相匹配，最终的人选是萧瑜的一位有举人头衔的近房叔叔，也是祖父的学生辈。少年跟随父亲，毕恭毕敬地谢礼答礼，“点主”礼的分寸讲究给予萧瑜很深的印象。

实际上，儒家的“点主”仪式主要“负责处理死者和后人之间的关系”，“和专管超度亡灵、让死者顺利通过十王殿而得道成仙的道士不同”。（周波　等，2014）[24] 尽管丧礼是一个生死之间的过渡仪式，但对萧瑜而言，参与祖父的丧礼并在其中承担重要的职责，以及茶酒、宴席、牌位、家宅等物质媒介，很大程度上将少年的注意力导向人世间社会关系的维持。不论是作为问病客总招待，还是作为流水席监督、“点主”仪式中的谢礼家属，小萧瑜通过一系列的仪式环节对家族和地方上的人际关系有了深刻的体察，在社会交往的礼节分寸方面也有了实际历练。

丧礼中的重要角色固然能对人情世故有深切的体悟，不过有时即便是超度亡灵的法事的小小旁观者也能在无意中窥探到人性的秘密角落。因为拜了和尚为“师父”，儿时的鲁迅大概时常跟随佛门子弟前往丧礼现场观礼。其中有一种“解结”仪式令少年感到格外好奇。所谓“解结”，即是由和尚将亡者亲属所准备的麻线或白头绳结解开，“一群和尚便环坐桌旁，且唱且解，解开之后，钱归和尚，而死人的一切冤结也从此完全消失了”。大概因为常和师兄们在一起，鲁迅知道，那些打得精致或打得过于结实的结，便“暗暗的整个落到僧袍的大袖里去”。更令人感到离奇的是，师兄们将宝结带回寺里，便“时时鉴赏”，暗自揣测这结的主人——“打结子的是谁呢，男人不会，奴婢不会，有这种本领的，不消说是小姐或少奶奶了”，如此这般“睹物思人”“时涉遐想”起来。这样看来，则鲁迅的三师兄娶妻生子也就顺理成章了。这还不是“秘密”的全部，和尚这厢既然存着这样的心理，那么在结的主人的那一边，又是受什么心理驱动，要将结打得那样精奇，以至于“打好之后，浸过水，还用剪刀柄之类砸实，使和尚无法解散”？少年一时想不明白，直到成年后才感觉到这“深闺的怨恨”是“颇有一点虐待异性的病态的”。（鲁迅，2012）[7-8] 一个小小的结，编织了少奶奶小姐们的怨恨，承载了和尚对异性的向往。“结”作为一个物质媒介，则为少年鲁迅理解礼教压制下扭曲的国民性提供了一个入口。

（四）割裂与重组：礼仪在“文明再造”中的尴尬处境

上述生动详细而又温情脉脉的礼仪记忆，直到这一代学人步入中晚年后才被诉诸笔端。对当时沐浴在新文化运动之中的学人来说，中国传统节庆和祭祀礼仪具有何种意义和价值，根本不构成一个问题。

1. 净化“古礼”：割除礼仪中的“陋俗”

在“打倒孔家店，救出孔夫子”的旗帜下，祭祖礼作为儒家文教体系（政治、教育、礼俗）[①]中牢固地残留在下层民间社会“制度肉身”中的一个构件，成为众矢之的。几乎所有的“五四论调”均以否定祭祖祭神的神圣性为标志，倡导“无神论”，摒弃祖先崇拜。比如周作人对祭祖祭神仪式的批判就带有极为浓重的“五四口吻”。他发表于20世纪20年代左右的一系列文章（署名为“岂明”“仲密”“开明”“遐寿”等）指出，“祖先崇拜”应该被摒弃的原因是仪式的“铺张浪费”，以及民间求神拜佛中的“迷信、利己、麻木”（岂明，1926）、“升官发财”（岂明，1928）思想，更重要的是崇拜祖先和报应命运的祭祀逻辑与追求“前进”、进取向上的时代精神南辕北辙。他认为与其崇拜祖先，不如崇拜自己和自己的子孙（仲密，1919）。周作人对民间祭祀民俗的观察和批评，其实也不无道理，但这种“祭祖＝祖先崇拜＝回到过去＝不求上进”的逻辑背后回荡着梁启超早年的“少年救国论”和五四时期的“少年崇拜论”的声音。

事实上，对鬼神存在的怀疑和否定一直是儒家的思想因素之一，比如胡适儿时读到《资治通鉴》上关于形神相互依存以及关于人生偶然性的无神论的譬喻（胡适，1994）[40-42]。只不过在“礼下庶人”和“礼俗”融合的过程中，出于对利用敬畏鬼神的社会功能[②]的考虑，历代儒者对民俗中的鬼仙神佛因素采取了默许包容的态度，从而使得以宗法家族伦理为内核的“礼”传统与人–神（鬼）互动互惠的“俗”传统变得骨肉相连、难以分割。但周作人在一系列文章中所要表达的，是一种将“礼”的原始宗教精神与民间陋“俗”重新割裂开来的主张。他认为，当时中国人的生

---

① 姚中秋认为，“孔家店”指的是孔子的祭祀礼乐之教所赖以实现的一系列制度和活动，包括政治制度、教育学术和礼俗信仰，这一系统即“文教体系”。其中政治、教育体系在清末民初已然崩溃瓦解，而作为礼俗的语言文字、家庭制度、礼教仪式就成为新文化运动致力于冲破的“罗网”。参见：许纪霖，刘擎. 中国启蒙的自觉与焦虑 [M]. 上海：上海人民出版社，2016：61–62.

② 神秘化和社会化是鬼神信仰的一体两面。对很多以“尊尊、亲亲”为信仰的儒家士大夫来说，鬼神是否存在不是一个很重要的问题，但对民间社会而言，对人鬼（比如祖先、英雄、功臣、节妇等）天神的敬畏能够“使民成敬”，从而极大地巩固了礼教文治所推行的社会秩序。

活方式（“俗”）存在两个极端，不是礼教的“压迫”“禁欲”，就是“放恣”“纵欲”（铺张浪费、利己主义），“所谓礼者早已消灭无存”。这个“礼”，其源头被追溯到宋儒之前的“中庸之道”。所谓“中庸之道”，在周作人看来，就是一种“生活之艺术”，精髓在于“禁欲与纵欲的调和”（开明，1924），而复古的目的是净化被宋儒所“污染”了的“礼”（江绍原 等，1924）。由于旧日的仪式已经难以提供这种新的自由和节制，因此周作人设想要为中国创造“一种新的自由与新的节制，去建造中国的新文明，也就是复兴千年前的旧文明”（开明，1924）。

2.“礼”的再造：古今文化要素的重组

至于如何再造这“新的自由与新的节制”，如何复兴“古礼”，周作人写于20世纪20年代的一系列文章，以及1924—1926年与他的学生江绍原一唱一和地在《语丝》上发表的九份“礼部文件”，都予以了探讨。尽管周作人希望能够恢复宋之前的“古礼”，不过从他只言片语的论述来看，其提出的再造文明的文化要素出自极具现代感的挑选眼光。在他看来，宗教的根本精神被浪漫地理解为自由的艺术，于是，古代的“雕刻、写画、扮演”等“仪式的变相”都可拿来重建“率性之谓道”的中庸之“礼”（岂明，1921）。这种率性和自由最淋漓尽致的发挥之所就是“游戏”，譬如爆竹：

> 空中丝丝的火花，点点的赤光，或是砰訇的声音，是很可以享乐的，……喜欢花炮是一种好脾气，小孩子还没有麻木透顶，真心地赏鉴那“很美丽的东西”。这种游戏的分子才应充分保存，使生活充实而且愉快，至于什么接财神用的“凤尾鞭一万头”，——去你的罢！（岂明，1926）

如此，“艺术”“游戏”这些社会领域分化带来的新名词成为周作人“烹制”、合成新礼的文化要素。与他的老师思路颇为相似，江绍原也提到应该从不同的专业领域来审视传统的“礼”：

> 野蛮人的礼，的确是文化的复体：若用我们的眼光去分析，其中至少有我们所谓“法术”的分子，宗教的分子，道德的分子，卫生的分子，还有艺术的（狭义的）分子。我信中国真正“本来的礼”，也是如此。只怕无论怎样古的礼，若不用我们的科学智慧，道德标准，和艺术兴趣，好好的提炼一番改造一番，绝不能合我们今人的用。……我们将聚科学家，哲学家，社会学家，美术学家于一堂，商量怎样美化，发展，调剂我们的个人生活与社会生活；这种时常要修改的生活艺术，便是我们的“宗教”……（江绍原 等，1924）

以科学、道德、艺术、卫生等专业的眼光进行分析，也就意味着对“礼”进行肢解，剔除那些不合于现代社会的内容，补充以新的文化要素。

如果说“艺术”“游戏”带来了“新的自由”，那么“新的节制”同样也来自这种具有现代感的领域分化眼光。在周作人看来，“礼之为物本来不是什么神秘的东西，只是人与人相处的一种条理，人们各自的节制罢了”（钟叔河，1998）[19]。这种节制并非要求人人放弃愚昧的、自私的求神拜佛，因为“宗教是个人的事情，信仰只是个人自由的行动之一。……一切的行动在不妨害别人的时候可以自由，出了这个范围便要受相当的干涉。……譬如一个人信仰耶和华，在自己的教堂里祈祷，当然应该让他自由，但他如在道旁说教，恐吓诱惑，强劝人入教等，警察就应当加以禁止；一个人在家吃三官素，拜财神菩萨，也可以不问，但他如画符念咒，替人家治病，或者在半夜三更祭神大放爆竹，那就应带去究办了”（周作人，1927）。所谓“在家”和“在道旁”的范围区别，隐含着周作人关于现代社会私人和公共生活分界的预设。

其实关于去除陋俗、再造新礼，周作人早年日记中记载的一则关于鲁迅的逸事颇值得玩味。1901 年 2 月 18 日（旧历庚子年除夕）的日记中写道：“晴，下午接神，夜拜像，又向诸尊长辞岁，及毕疲惫不堪。饭后同豫才兄又祭书神长恩，作文侑之，稿存后，又以鲫鱼作凤仙花文同大哥闲谈十一点钟睡。”（周作人，1996）[187] 这篇祝文，就是鲁迅的《祭书神文》。文中写道：“今之夕兮除夕，香焰细缊兮烛焰赤。钱神醉兮钱奴忙，君独何为兮守残籍。……俗丁伧父兮为君仇，勿使履阈兮增君羞。……宁召书癖兮来诗囚。君为我守兮乐未休，他年芹茂而樨香兮，购异籍以相酬。”（周作人 等，2000）[84] 鲁迅在这篇楚辞体的祭文中嘲讽了刚刚族人们煞有介事礼拜过的一众“钱神”（赐福送财诸神），他很不屑与这些“俗丁伧父”为伍，表示自己愿意购买各种书籍来酬谢护佑书本的书神。联系周作人在 20 年代对祭祀民俗“自私、利己”的批评，这对兄弟对于鬼神崇拜民俗的态度是一致的。不过，如果把鲁迅所主持的这场书神祭祀理解为一种对“古礼”的再发明，那么这个“礼”的传统更像是来自文人群体悦己交友的“雅”传统。

当然，五四这一代学人其实并没能就如何再造新文明给出清晰明确的设想，但从他们散见于报刊上的言论和有意无意的记忆叙述中，我们依然可以体会到前辈学人为制造“新的自由与新的节制”努力寻找传统和现代文化要素的良苦用心。然而，问题在于，仅仅依靠文化要素的拼凑，果真能够“制出活泼泼鸢飞鱼跃的气象之礼”（江绍原 等，1925）吗？失去了神圣性基础的崭新的“礼”，在抛弃割除了“俗”传统的情况下，又如何成为全社会都能从中找到生命慰藉的精神家园呢？果真按照周作人的思路一直走下去，瘸腿走路的“礼”是否最终也会变成他自己所鄙薄的“死礼”呢？

3.“礼俗”难分：对于民俗的暧昧态度

有趣的是，进入 30 年代后，周作人对于节庆仪式的态度发生了微妙的转变。儿时对礼仪中民俗部分的美好体验，比如在品尝美食、郊游、观赏装饰陈设、游戏、表演中获得的味觉、视觉、听觉、触觉等感官体验，蓄积了许多怀恋和温情。这种怀恋和温情在此时涌现出来，成为他思想发生转变的支持性资源。

1932 年，他在为娄子匡《新年风俗志》所作的序中说道：“若是从学问上说，这些岁时节气却也不是那么微末无价值的。”“季节有些像是一座浮桥，从这边走到彼岸去，冬尽春来，旧年死了，新年才生。”“中国有句老话，叫做驱邪降福，……包括了宗教仪式的内容，也说明了岁时行事的意义了。”不过，同时他也自谦地表示自己在这上面不用功，因此“空虚的很”。（娄子匡，1935）[周作人序 2–3] 隔了一年，在一篇关于扫墓的文章中，周作人再次说道：“上坟的风俗固然含有伦理的意义，有人很是赞成，就是当作诗画的材料也是颇好的，不过这似乎有点不能长保，是很可惜的事。”（周作人，2009）[474] 实际上 30 年代对传统祭祀民俗重新报之以同情和怀念的论调不独于此，比如叶圣陶在 1935 年所写的《过节》中叙述，祭祖对于他的孩子来说，顶有趣的是焚化纸锭，吃饭时有较好较多的菜，以及作为家庭里的“特种游戏，一年内总得表演几回”，“从这一点想，虽然逢时过节，对于孩子大概不至于有害吧”。（叶圣陶，1935）这话说得比较含蓄，结合时代语境可知，中年的叶圣陶此时已然对反祭祖的潮流有所反思，祖先鬼魂、封建人伦这一类老话是被清洗掉了，然而他也意识到，祭祖礼仪所带来的感官性时空秩序的改变，对于生活的美感和延续依然不可或缺。

如果说 30 年代的这些观点尚显隐晦，那么 40 年代周作人关于祭祖礼俗的态度，与 20 年代相比，几乎判若两人。在《凡人的信仰》这篇写于 1945 年的文章中，他引用范缜在《神灭论》中回答既然形已谢神已灭，为何还需要宗庙祭祀的话——“圣人之教然也，所以弭孝子之心，而厉偷薄之意，神而明之，此之谓矣”，来为祭祀民俗“翻案”。实际上，这就是历代儒生包容默许鬼神祭祀的原因所在，即利用民众对鬼神的敬畏和贿赂来维持伦理礼法神圣不可违背的社会秩序。因此他紧接着表明，“据物理是神灭，顺人情又可以祭如在，这种明朗的不彻底态度很有意思，是我所觉得最可佩服的中国思想之一节”。在他看来“人情”就是个体“最初觉得单独不能达到目的，须与别个联络，互相扶助，才能好好的生存，随后又感到别人也与自己同样的有好恶，设法圆满的相处”，也就是“仁”。（周作人，2013）[53–54] 由此，祭祀人鬼的礼俗，因为能够滋养人与人之间“圆满的相处”的“仁”之情感而具有了存在的合法性。

1950 年，周作人在《亦报》上发表《祭祖的商榷》，进一步明确了他对祭祖的看法：

> 我以为祭祖不是宗教仪式，不是迷信，这只是对于父母的敬意的延长，所用的方式虽与祀神相似而意义实不一样。平常人家对于父母怎么的敬礼全是随便，……在父母死后，有些子女遇到生忌讳忌，或岁时变换的时候，感慕存殁，情不自已，继续的表示敬礼，道理原是一样，虽然情形稍有不同，即是一死一生也。……这尽可以保留得，至于形式也是随意，无论香花灯烛，或茶饭酒肴，都无不可，我的意见以为宁实毋虚，明知死者无知，而羹饭罗列，虽是矛盾，却尚本于人情，比较闭目俯首，作默祷状，犹为无宗教气，似更为可取也。
>
> ……祖先该有一点界限，大抵应该限于父祖两代，若是不及看见的先代，无从直接感到恩情，只凭名分来说，殊嫌空虚，也即是虚伪，不如老实的从略为是了。（周作人，1988）[151]

祭祖礼尽管与祭神仪式采用的是相似的习俗形式，但由于习俗的背后有着孝子贤孙对祖先恩情的回馈和敬意，而这是“仁”心最基本的感情，因而“祭如在”的祭祖就有了被保存的价值和必要。总的来说，四五十年代以后的周作人对家族意义、年节风俗、祭祀礼仪的看法都趋向于平和中正，并且也流露出种种对幼时家族生活习俗的留恋。这种同情、留恋的感情浓度，在他写作回忆录和回忆故乡民俗时达到了顶峰。

当然，不论是周作人，还是顾颉刚等人，五四一代学人未能从学理上给“民俗”一个恰当的地位，有时贬斥在地，有时过分抬高，也未能清楚地阐明礼与俗互相作用的关系。其实当年与周作人讨论“制礼”的江绍原颇有学术眼光，他在 20 年代已经觉察到“礼俗不可分为两事；制而用之谓之礼，习而安之谓之俗；若礼自礼，俗自俗，不可谓之‘礼俗’”（江绍原，1926）。只不过江氏后来的学术重心完全放在对民间信仰和习俗的人类学调查上，未能（来不及）从理论上回答自己于 20 年代提出的问题，即如何改造出“合今人所用的礼”。正如叶圣陶的评价那样，“他告诉我们许多习俗的原始意义以及流传下来的遗迹，他只是叙述，只是说明，并无其他”（叶圣陶，2007）[149]。

礼治文教体系瓦解之后，如何重新建构起新的社会文化秩序，如何为脱离了大家族的现代个体提供一个心灵可以栖息的家园，如何将分裂的文化与生活方式真正整合起来？这些文化难题实际上即便在今天，依然没有人能够给出令社会上下都满意的答案。然而问题的症结在于，尽管“礼治”已经瓦解了，但这并不意味着今天我们只能在传统之外建构一个全新的文化系统，这既不现实也没有必要。事实上，那些被五四一代学人深切留恋的家庭礼仪，尽管在“一切从简”的经济效率原则下，逐渐退出人们的日常生活，但作为其文化内核的“礼俗共生”的结构，依然以某种变化了的形式存在于城市与乡村人们的家庭与社会生活之中，并发挥着提供生命归属与生活意义的文化功能。

（五）转化与贯通：“礼俗共生”结构的教育隐喻

那么，家庭礼仪的“礼俗共生”的文化结构到底蕴含着何种教育隐喻？这种教育隐喻何以能够在传统礼仪文化曲折坎坷的历史发展过程中历久弥新，持续给予近代学人以及今天的中国人以生命意义的滋养呢？

1.“礼俗共生”召唤纵深的时空转化

如果说“礼”的文化内涵为礼仪提供了应然逻辑与意义认同，那么“俗”的部分则往往借助于物质－感官的媒介，通过与“礼”构成一种结构性互补的转化关系，对“礼”起到正向强化的作用。

无论是破蒙礼上的敬拜圣人先生，还是新年、清明和丧礼上的祭拜祖先亡灵，家庭礼仪都需遵循一定的行动次序和长幼尊卑的秩序，这些仪轨隐喻着希圣希贤、修齐治平、追养继孝、知本教睦、尊祖合族的儒家宗法伦理，莫不带有庄严整肃、动静有序、恭敬肃穆的情感和气氛。但与此同时，礼仪实践过程中种种平日难以接触到的物质符号、珍馐美馔、空间变换、景观风物、娱乐表演等民俗民风，都在为家庭礼仪带来另一种与追求世俗幸福生活直接有关的气氛。诸如破蒙礼上特制的文具、果品所承诺的功名利禄，新年祭祀时被盛装打扮和提升亮度的厅堂、丰盛和特殊的新年食物，清明墓祭所附带的郊游乐趣，甚至是丧礼上极具戏剧和视觉效果的佛道活动，相对于这些环节的华丽、欢乐、放纵和无序，行“礼”的仪节是质朴、单调、节制、有规律的。

实际上，礼治文教体系能够在中国延续上千年，奥秘就在于“礼”在百姓日常生活中“无孔不入”，而这种全面渗透并不仅仅来自，甚至可以说主要不是来自对伦理道德内涵的意义把握。正如“屏风象征性发展的意义却在于其摆脱了通过屏风绘画而呈现的过于直观的说教意味，更强调使用者和观看者在精神气质上的契合，使教化作用于心领神会而潜移默化之中，这恰恰是教化功能得以弥漫于无形之中的奥妙所在”（丁钢，2017），礼仪的教化功能也正在于礼仪实践与所有参与者的心理需要的无形契合，而这种契合就来自“礼”与“俗”的转化。

一方面，家庭礼仪借助物品的禁忌、身体的跪拜和秩序创造出庄严隆重的氛围，赋予礼拜和献祭的对象一种神秘的力量。这种力量神圣不可侵犯，具有濡泽后人、赐福百姓的功能，于是人们毕恭毕敬地奉上祭品，作为对这种神秘力量的酬谢。这种神秘化祭祀对象的过程，也与中国人所讲的“不朽”观念有关。所谓“不朽”，主要是指一个人生前在道德、事功、言论中的任何一个维度上做出了某种贡献，那么此人的亡灵就会具有更强大的护佑子孙后人的能量。这也是在士绅家庭的新年祭祖礼上，悬挂的神像里祖先往往身穿官服，比较隆重的墓祭祝文需要提及祖先生前的功绩，丧礼上需要为亡者寻找到功名地位匹配的仪式主持人，以及对华南地区很多家族来说，只有做出功绩的族人死后才能进入宗祠享受祭祀的原因。礼仪正是通过运用儒家价值话语（“礼”）对祭祀对象进行过滤或合法化，并在此基础上进行神秘化（“俗”），来实现“使民成敬”的教化功能。另一方面，祭祀对象的神秘力量主要在于能使世人的现实生活更加幸福美好的“世俗激励”，民众在酬谢祖先和百神的同时，也能享用到丰盛的祭品，欣赏娱乐表演。这亦是对日常生活中的礼教束缚、欲望压抑的良性反叛，是一种以人的自然本能来对人文性规范进行调节的互补结构。

正是在世俗激励和礼俗调节的“礼俗转化”中，礼仪深深地契合了中国人热衷于世俗幸福的文化心理积淀，从而形成了一种自足的循环，它在给人提供可以妥帖地安放心灵的精神家园的同时，也生生不息地再生产着稳定的社会结构。

有学者指出，古代的中国传统，“‘极高明而道中庸’的精神并不要求世俗的消解”，“不是对‘世’和‘俗’本身的超越，而恰恰是对某一个‘世’、某一个‘俗’的一种超越”，是一种“此‘世’间转换此‘俗’，甚至另开新‘俗’”的“自我超越”。“超越本身却意味着一种转变”，“世俗的超越的结果，对天伦之乐、人间之情、世之庸常者，反而弥足珍惜，人与世间的距离通过超越反而更为亲近”。（许纪霖，2008）[72-73] 在“礼俗共生”的家庭礼仪中，不论是出于对“礼”之载体（祭祀对象）的敬畏，还是受到“世俗激励”的诱导，仪式参与者极有可能在某种力量的召唤下进入一个“由过去与未来在当下的交织而开启的视野中”。这一新的时空或许是圣人先哲的精神高地，或许是祖辈修齐治平的家族历史，仪式参与者从中汲取某种精神力量后转而“以文化（修身立德、立言写作、开物成务的立功）的方式开启历史实践，从而跳出当世既有之俗”（许纪霖，2008）[76]。

当然，这种历史纵深的时空超越和转化，对于早年的近代学人来说，并不能产生立竿见影的效果。对许多人来说，礼俗的文化深意是随着岁月的积淀而逐渐显现的。与周作人相似，对于礼仪，唐君毅也经历了心路转折。他在 1952 年回忆，“我在十三四岁时，便看了新文化运动时反对跪拜的文章，故以后回乡，亦不再去上坟，祭祀时亦不跪拜，若以此为奇耻大辱。到我父亲逝世，才知祭祀跪拜，乃情不容已。后来回乡，便总要去上坟，晨昏亦亲在天地君亲师之神位及祖宗神位前敬香。我同时了解了人类之无尽的仁厚恻怛之情，皆可由此慎终追远之一念而出”（唐君毅，2016）[374-375]。更值得关注的是，唐君毅后来从学理上阐述了“仁厚恻怛”“慎终追远”之念的教育价值。他指出，节日和祠庙的意义在于，为个体提供了一个不同于休息和工作的转换时空，这一特殊的时空为人的心灵超拔于当下时空而进入任何时间和地点提供了一个通道。所谓超拔，就是对精神予以向上提升的过程，是与更为广大的人文、人格、人伦、自然之世界相遭遇和对话的过程。（唐君毅，2016）[152-159]

2.“礼俗共生”滋养横向的情感贯通

在“礼俗共生”中，“俗”通过敬畏、激励的作用，召唤仪式参与者进入“礼”所隐喻的，一个介于过去与当下之间的更美好的理想世界，这也可以说是“以礼化俗”的过程。这听起来似乎是在说“俗”的传统只是对“礼”起烘托、配合和强化的作用。事实上，“俗”的文化氛围还有更为意味深长的教育意涵。

所谓“礼主异，乐主同”，意思很明确，是指“礼”意味着上下有差别、等级有次第的差序格局，而“礼乐文明”中的“乐”则通过使民无怨的德音来缓解这种紧张的关系，营造一种社会各个阶层共通共感的情感和氛围，从而有效地进行社会与文化整合。“乐”的传统实际上随着周王朝的瓦解而逐渐失传，但“乐”的功能很大程度上被民间小传统所继承，比如在礼仪场合中以娱神为名义的表演，极具观看性的佛道法事场面，以及各种以增加欢乐和放大感官享受为目的的民俗节庆活动。

如果说士绅家庭礼仪中的拜像、献祭环节往往只对有地位的家族男性成员开放，那么上述民俗活动就具有相对的“全民性”。女眷、儿童、女工、家仆等所有正式、非正式的家庭成员往往都可以自由地观礼和参与。在此节所提及的学人的记忆里，仪式中的欢乐时刻往往有各色人物在场：在陈鹤琴的破蒙礼上，甜美的果盒糕是要分给师母的；新年祭祖，丰子恺念念不忘的“泼留”出自家中的女工“陈妈妈”，所钟情的“红纸盖”也来自姑母们的手艺，甚至于祭祀所用的各种食材和食物也常常由家中女工包办（由鲁迅的《祝福》可知）；清明郊祭，往往妇女同去，免不了跟随一众家仆，同时也会接触到同去上坟的乡邻，或是代为看护坟墓的和尚师父；丧礼上更是充斥着方圆百里的各色人等，包括做法事的和尚道士以及“无丧不吊”的吊客、看客。

对于清末民初的这一代学人来说，这些民俗活动与其中所牵涉的各种人物，往往成为他们在回忆时重点描摹的对象。这当然与 20 世纪对民俗文化的政治推崇有莫大的关系，但除此之外也应该认识到，这些“俗”的活动也确实为尚未进入社会的儿童体察微妙的人性人情提供了一个绝佳的安全窗口。比较典型的如小萧瑜在祖父丧礼流水宴上发现个别乡邻反复入席的把戏，鲁迅在和尚的“解结”仪式上体悟到的扭曲人性。事实上，鲁迅小说中许多人物的原型都来自他儿时生活中的乡邻和族人，以礼仪为契机，各色人物聚集到家中，无意中为鲁迅积累了大量的文学素材，也沉淀了鲁迅对下层百姓心酸处境的同情与理解。当然，鲁迅是一个特例。但是不可否认，礼仪中的“俗”传统将士绅与民众联结在一起，在村落、城镇这些熟人社会中，一种共享的民俗活动营造出某种共同生活的家园感，也让人们的生活水平有了一定程度的可见性，这种可见性往往会激发人的仁厚恻怛之心。

关于中国文化中的人道观念，钱穆有一个说法，他认为其中最核心的就是“家族观念”，而家族观念又可分为两条线，所谓“父子相传便是后世之所谓孝，兄弟相及便是后世之所谓弟。孝是时间性的人道之直通，弟是空间性的人道之横通。孝弟之心便是人道之核心”（钱穆，2017）[43]。这无意中道出了家庭礼仪之教育意涵的精髓。家庭礼仪的教育隐喻，其实主要不在于“礼”所隐喻的伦理规范，而在于“礼俗共生”所召唤、诱导和滋养的这种“世俗超越”，即个体社会文化经验的延展和转化。它既可以向上超拔进入时间性的历史文化意识，也可以横向引申为对世俗民风、人情人心的体悟和同情。

（六）家庭礼仪教育隐喻的现代转型

笔者从呈现近代学人记忆中家庭礼仪的礼俗结构出发，展现了“礼俗”在“文明再造”思想运动中的尴尬处境，最后则要阐明，家庭礼仪的文化功能不是“礼”或“俗”单独一个传统所能实现的，只有在“礼俗共生”之中才有可能达致一种经验的延展和转化，从而构成家庭礼仪的教育隐喻。

那么，讨论植根于传统礼治文教体系的家庭礼仪有什么意义呢？难道说，家庭礼仪的教育隐喻依然能够或依然有必要在当代社会找到某种实现方式吗？

不少学者观察到，为了能够在激烈的市场和教育竞争中争取到更多的机会和资源，在核心家庭、（准）主干家庭中，祖父母通过亲权亲职的执行，年轻父母则通过对"孝道"和亲密关系的再定义，达成了一种将所有资源优先给予第三代的心理默契，生活的意义不再是光宗耀祖，而是让子女过上幸福的生活（阎云翔 等，2017），并且这种幸福被认为很大程度上来自教育的成功。

与代际文化高度同质的士绅家庭相比，资源向下流动的大家庭当然发生了根本性的变化：年长一代不再因为天然的地位而享受子代的尊崇和敬畏，父母是否受到子女的尊重取决于其对亲职（抚养和教育）的履行；子代对父母的"孝"也不再是一味地顺从，而是基于自身理解和喜好与父母共有"好东西"，比如帮助父母适应新技术、新的生活方式；亲子间也不再依靠显在的父母权威来维系代际关系，而是通过频繁的民主协商、互相关爱来建立一种无话不谈的信任关系和"亲近"氛围。（刘汶蓉 等，2020）在这种情形下，以敬祖尊上、慎终追远为内核的祭祖仪式的确退出了大部分家庭生活的舞台，但这并不意味着家庭礼仪的教育隐喻不再发挥作用。很多年轻人是在品尝到为人父母的滋味或是经历了各种社会生活的困难后才真正理解了自己的父母，从而在承担家庭责任的历练中克服追求自我享乐的"小我"，通过与上一代人发生精神共鸣来成就代表整个家庭的"大我"，实现个人精神自主性的成熟或是精神向度的某种"纵向时空拓展和超越"。当然，这种精神共鸣和超越需要一定形式的情感表达和互动，比如家庭会议、家庭聚餐、日常的谈话聊天、家庭旅游、共同的娱乐活动等等。说到底，礼仪是一个为不可见的情感赋予可见形式的过程，也是一个将庸常与平凡转化为生命意义的过程。从"长幼尊卑有序"的家庭结构到今天的"下行式家庭主义"，家庭礼仪的内核发生了从“尊祖”到“爱幼”的重心转移，但看似面目全非的家庭礼仪依然植根于中华民族以“互惠”为特征的“俗”传统之中，即一种通过生命延续、代际团结实现家庭整体幸福成功的生命信仰和生活智慧。面对风险、竞争和不确定性都急剧增加的世界，家庭这个生儿育女和追求子代成功幸福的场所，依然是大部分中国人寻找生命归属感和安放心灵的地方。

事实上，由于传统家庭代际文化的高度同质性以及士绅阶层的特殊社会地位，以“孝悌”为文化内核的家庭礼仪在实现文化整合、传递家庭责任和社会责任方面，一直发挥着坚实的作用。正如钱穆先生认为的那样，中国人的家庭观念包含了“己所不欲，勿施于人”“己欲达而达人”的“空间性的人道之横通”，这种以自我、家庭为中心逐渐向外扩展的“仁爱之心”把“中国人的心胸开放了宽大了”。（钱穆，2017）[43] 当然，今天我们也不可能期望，作为私人生活领域的家庭和家庭礼仪能够完美实现纵向的时空超越与横向的情感贯通。如果说前者（承担家庭责任的文化）尚且能够通过家庭政策进行干预和引导，那么后者（涉足公共事务，关心“人类命运共同体”）基本超越了现代家庭的文化整合功能。更为重要的是，家庭礼仪“礼俗共生”的教育隐喻表明，“互惠性”是“礼”能够落地生根的奥秘所在。

如果说眼下在中国社会，通过两性婚姻组建家庭依然是大部分中国人组织私人生活、获得生命归属和心灵寄托最为普遍的方式，那么通过家庭礼仪促进个体精神发育成长，从而获得真正的人生幸福就成为一个重要的课题。本节回顾和发掘传统乡土社会中家庭礼仪的教育隐喻，并非暗示今天我们应该走向复古，而是借以表明，从传统到现代，家庭礼仪所塑造的对生命延续、家庭责任的礼俗信仰从未被中国人彻底抛弃，而那种逐渐向外扩展、惠及他人的仁爱情感，尽管在现代家庭礼仪中式微了，但依然存在通过社区、学校、家庭互惠合作的方式得到发扬光大的可能性。“互惠性”，或许是“礼俗共生”的教育隐喻带给当代家庭与社会文化建设最为重要的历史智慧和文化价值。

三、地方戏曲：声色世界里的美学感染

仪式节日之外，各地的戏曲表演也是儿童较容易获得精神愉悦的地方。于酣畅淋漓之间，戏曲舞台上的“身体–服饰–道具”物境也在无形中赋予儿童某些根深蒂固的美学形象和审美图式，这些心理图像对近代学人的文艺创作风格和精神气质都产生了重要的影响。绍兴目连戏中的“无常”和“女吊”形象，不仅在黑、白、红的色彩视觉形象和亦庄亦谐的口头与肢体语言上，成为鲁迅文学创作的美学灵感，其所折射的越地民风也渗透在他“向死而生”和毫不妥协的“孤狼”精神气质中。戏曲的美学感染是多方面的，就郭沫若与田汉来说，儿时所接触到的民间说唱艺术，川戏、湘戏、皮影戏、花鼓戏等戏曲形式，利用唱腔表现剧情、弱化剧情的审美心理图式都被化用在了现代戏剧戏曲作品中，成为他们有意无意的风格选择。

（一）鲁迅与目连戏

对于鲁迅来说，在绍兴目连戏中，“无常”和“女吊”是两个最为突出的戏曲形象。近代学人大多不信鬼神，但正如周作人关于鬼的说法，“鬼为生人喜惧愿望之投影”（钟叔河，1995）[150]，因此谈论鬼就是谈论人，鬼性鬼情即是人性人情。对周氏兄弟来说，“无常”“女吊”两个形象实际上是越地民心民情的折射。而童年鲁迅丰富的社戏观看体验，也使得形象的静态和动态视觉图像深入少年的脑海中。钱理群认为，鲁迅笔下“无常”和“女吊”的色彩构成，即黑、白、红三色，与其三部小说作品以及《野草》中的色彩基调存在着惊人的对应（钱理群，2011）[95]。且看“无常”的出场：

在许多人期待着恶人的没落的凝望中，他出来了，服饰比画上

> 还简单，不拿铁索，也不带算盘，就是雪白的一条莽汉，粉面朱唇，眉黑如漆，蹙着，不知道是在笑还是在哭。但他一出台就须打一百零八个嚏，同时也放一百零八个屁，这才自述他的履历。（鲁迅，2005）[280]

“女吊”同样是粉面朱唇漆眉，“少顷，门幕一掀，她出场了。大红衫子，黑色长背心，长发蓬松，颈挂两条纸锭”，“石灰一样白的圆脸，漆黑的浓眉，乌黑的眼眶，猩红的嘴唇”。（鲁迅，2014）[97]黑、白、红三种色彩，是民间美术偏爱的单色，高纯度高对比度的色彩搭配能够传达强烈的感情色彩。黑与白传递的是故乡人民荒凉悲惨的生存境遇，折射出沉寂和冷静的生命色彩。红色则散发着“女吊”作为复仇女神的血性，象征着一种摧枯拉朽的破坏性力量。在鲁迅的文学作品中，他以黑、白、红为主色调描绘乡土儿女们的悲苦命运，以及进行自我的灵魂解剖，这三种色彩因而有着更为丰富的象征内涵，比如红色让人想到火、血液、生命力，黑色让人想到死亡、衰败、腐烂，白色让人想到冰、匮乏与绝望（王家平　等，2011）。可以说，童年时欣赏的目连戏中的民间美术因素与鲁迅的审美心理有密切的关联，并且审美定势比较明显地体现在他的乡土写作中。

在静态视觉形象之外，绍兴目连戏最大的魅力还在于它的“滑稽”之美。不论是人物语言，还是肢体动作，诙谐幽默在举手投足间流泻出来。比如“无常”在一开场就要打嚏放屁，“女吊”的出现也伴随着夸张的走台步形。明明是悲剧性的人物，其言语动作却满是滑稽和挖苦，而在这喜剧性的效果背后则是令人心酸的人物命运。这种亦庄亦谐的美学风格在鲁迅小说中的人物身上十分典型。鲁迅善于在“‘几乎无事的悲剧’中敏锐地把握住生活中‘公然地，也是常见的’喜剧”，比如《肥皂》《端午节》中的主人公；又在喜剧中渗透悲凉，“狂人、夏瑜、疯子、孔乙己、爱姑、大禹，都有着严肃的人生目的和坚韧的主体意志，有着自己自觉的生命追求，但是他们都与现实的环境不谐和”。（刘家思，2007）

目连戏不仅成为鲁迅乡土写作的艺术灵感源头，也深深地熏陶着他的精神气质。“无常”所带来的死亡气息和最终的人生判决，赋予鲁迅“向死而生”的生存境遇和勇气。同样，“女吊”形象则是鲁迅作为斗士的精神象征，象征一种绝不退让、以无畏的精神来剥开人世间的虚伪面目（张春茂，2017）的孤狼精神。就在病重之际，这个斗士还在文中写下，对于自己所憎恶的人面东西，自己选择一个都不原谅。

（二）地方戏曲的魅力

除了鲁迅，不少近代学人在童年时期都爱看戏、听戏，戏曲所带来的审美影响是多维度的。比如对顾颉刚来说，戏曲故事情节叙事的“变轨”启发了他思考历史故事的“层累”效应；胡适和胡厥文的观戏体验比较直接地体现于儿童游戏时对《三国演义》中人物的模仿；梁实秋和聂绀弩也曾是资深戏迷，关于地方戏曲的品味很可能融贯于他们的文学创作之中。而同为创造社成员的郭沫若和田汉，则由于直接从事戏剧和戏曲创作，其童年时期的戏曲审美体验便较为明显地被化用在他们的作品中。

在4岁半发蒙之前，郭沫若已能够听懂和欣赏说善书。这是四川民间一种“圣喻”体说唱艺术。叙述的故事是民间关于忠孝节义的传说，体裁则是由说白和唱口合成。所谓说白，是“十分单纯”的照本宣科，而唱口则“总要拖长声音唱，特别是悲哀的时候要带着哭声。有的参加些金钟和鱼筒、简板之类，以助腔调”。唱得好的艺人可以将乡下人的眼泪引出来，“只要你在悲哀的地方把声音拖得长些，多加得几个悲哀的嗝顿”。（郭沫若，2010）[17–18]幼年郭沫若深谙这种说唱艺术的门道，熟悉艺人的表现如何激发起听众剧烈的情绪触动。这种注重情绪表现的艺术形式，也被郭沫若融入了早期的史剧创作中，比如“在《棠棣之花》、《湘累》、《女神之再生》、《苏武与李陵》（楔子）等剧作中，都非常注重独白和唱和，以表现情绪”（王小强，2012）[92–93]。

郭沫若4岁时曾跟随母亲去嘉定城。经过杜家场的时候，母子俩住在二姨娘家。二姨娘家附近的草堂寺有人唱戏，家中的族人背着少年前去观戏，演的是川戏《游金河》中的一个场面。只见那“戏台上右边的台口上坐着一位戴野鸡翎子的女人，正在临镜梳妆。一位年青的公子在她的左手边偷看她，渐渐移到她的背后。那女子大吃一惊掉头回顾，那当然是因为镜子里面现出了一位男子的影子了。女子一掉头，男子又赶快躲藏了。就这样一隐一显地往复了好几次。台上的乐器也就时抑时扬地帮助这种动作的律吕”（郭沫若，2010）[31]。这一生动的身体互动场面给少年留下了深刻的视听觉印象，以至于其后来的作品“《广寒宫》中嫦娥们类似捉迷藏式嬉戏的场景，就有着相似的艺术情趣”（王小强，2012）[93]。

与郭沫若有着相似戏剧美学选择的田汉，儿时更是一个小戏迷。他接触过皮影戏、傀儡戏、湘戏，也看过农民自己演唱的花鼓戏，对于《西厢记》等剧作也十分熟悉。受到传统戏曲的影响，田汉的现代戏剧创作移植了中国传统诗学中把“事”隐在幕后而把“情”突现在观众面前的“空灵之风”，没有很强的悬念，这种“有我之境”正是对中国传统戏曲诗化特征的继承。（董健，1985）

四、动物与儿童：物我同一中的人性濡化

不论是在城市还是在乡村，近代学人大体生活在一个亲近自然的环境中，各种小动物是儿童的亲密伙伴。或许因为与小动物的亲密互动，在五四时期人性和国民性的讨论中，人与动物的类比关系得以凸显出来。鲁迅在动物和人性之间建立隐喻关系，吴宓则在情感投射中对骡产生了物我一体的共感。童年时对“物我同一”心理图像的吸收和模仿，滋养了近代学人关于国民性、人性及其改造的文化思考。

那身躯弱小、知恩图报的“隐鼠”带给鲁迅温暖和陪伴，诸如猫、蛇一类的动物则因为病态性地欺负弱小而受到鲁迅的憎恨（鲁迅，2005）[238-246]，而最令人讨厌的莫过于摇尾乞怜、看人脸色的巴儿狗。在鲁迅的动物世界里，动物的价值具有了某种隐喻意义，并在其关于中国人人性的讨论中得到发挥。在他看来，中国人最缺少的国民性是“诚与爱”，人所缺少的诚恰

恰是禽兽所具有的，即便它们捕食杀生。同时，鲁迅怜悯那些易受到伤害的弱小动物，比如只想安心过好自己日子的兔子，正如他对世界弱小民族所产生的心理共鸣。鲁迅以人具有家畜性来类比高尚人性的扭曲和丧失，以及野性的丧失，认为取而代之的是礼教的嗜血性、奴性和虚伪。而他自己，则愿意成为一匹诚实、保有野性的孤狼，即便鲜血淋淋、精疲力竭，也要在荒野里奔跑咆哮。

与鲁迅的隐喻性情感投射略微不同，童年时期的吴宓对“骡马曳车”的视觉图像产生了一种特殊的物我认同。18 岁之前，吴宓一直生活在陕西，或是因为躲避债务，或是为了方便吴宓就学，吴宓和家人时常往返于泾阳县安吴堡、三原县和西安之间。这使得童年时期的吴宓比较多地乘坐骡马骡车，对于吃苦耐劳的各色骡马多有观察和接触。骡的毛色、肌肤，骡在车夫驱使和鞭打下的凄楚可怜状，骡的习性、身体器官的构造，这一切都让小吴宓感到好奇，并进而引发其同情共感的心理。最为奇特的是，6 岁那年，吴宓正在观察家中骡马的动作：

> 此时忽发奇想，欲变身为骡。某日，曾同僮仆至碓磨厅中，宓俯伏，命彼等由厩中取来驾车被骡身之鞍勒羁衔等件，欲被之宓身。彼等先以项圈……挂于宓肩上，则项圈极大，宓几可身穿其圈中走出！遂共笑而止。（吴宓，1995）[30]

这一伏地化身的奇特经历给予吴宓一种极强的物我同感，正如童年时期的本雅明也曾幻想自己化身为风车，学着将自己的身体当作一种机械工具去表演和表达。孩童善于“将自己与周围地点、空间、道路、房屋、客体对象、体验融为一体”（武尔夫，2018）[256]，将自身趋同于外在世界，使某些图像扎根于自我深处的过程就是儿童模仿学习的过程，这种认识和理解世界的方式“对儿童成年以后的感知能力和情感感受形成起着奠基性的作用，又特别是对其审美感知发展、同情心的获得、同理心的形成、爱与怜悯等能力的培养起着重要作用”（武尔夫，2018）[259]。“爱与怜悯”，正是五四时期国民精神改造中所召唤的人格品质（张先飞，2014），而吴宓从物我同感中体会到的，不仅是自我身份的象征，也是人生的悲哀和无奈。“他对骡马曳车的同情和悲悯，实是儒家仁民爱物思想的体现”，“天生万物，实则一本，本立而道生，仁民爱物，将天地万物视为一体”。（王本朝，2019）

不论是鲁迅以畜性隐喻人性的价值分配和结构化类比，还是吴宓情感投射式的物我同感，童年时期的动物伙伴都以某种方式濡染了儿童的心性。这种濡染进而借助理性思考和写作表达使得人与动物的话题被赋予国民性和人性改造的全新内涵，从而成为五四时期一种新的文化因素。

五、声光机电：西方新奇物件引发的触动

清末民初，对于出生于士绅家庭的近代学人来说，洋货和新技术往往能带来震撼性的印象。西方各种新奇物件，或是更新了家庭内部景观，或是使他们遭遇前所未有的视觉景象。几乎所有人都被“迷”住了。

最为直观的是电灯照明。对于1886年出生的蒋梦麟来说，童年时基本生活在依靠天公照明的日晷时代。等到稍大一点，父亲书房装上了时钟，时钟报时猛然间响起的声音吓到了家中的工人。即便对西洋物件已然有所接触的蒋梦麟，在其22岁前往东京的船上，对于船上的事物，依然“样样觉得新奇”。视觉震撼的高潮发生在上野公园的展览会上，夜间，少年独自一人登上假山高处，俯瞰公园，“夜间整个公园被几万盏电灯照耀得如同白昼，兴高采烈的日本人提着灯笼在公园中游行，高呼万岁”，少年“触景生情，不禁泫然涕下”。（蒋梦麟，2016）[61–62] 此时少年应是五味杂陈的，既有对祖国落后于人的羞耻悲凉，也有对眼前璀璨景观的兴奋。这一次旅行显然坚定了蒋梦麟赴美留学的决心。对于轮船和电灯有着相似感官记忆的还有任鸿隽和赵元任。就在蒋梦麟在日本开眼的同一年（1907年），川地少年任鸿隽怀揣着教书一年所得的薪金，从川江东下，一路到

上海进入上海公学。在从宜昌东下的日本轮船大贞丸上，几个少年感到“开眼界的第一件事，是看见船上的电灯”（中国社会科学院近代史研究所近代史资料编辑部，2003）[33]。

1901年，庚子之乱后，赵元任一家因为祖父去世，从北边迁回常州祖籍。因为取道渤海、东海，10岁的元任得以第一次看见“海的大轮船”。

> 远远儿就看见我们搭的那个大黑轮船，又高又大，赶到了跟前儿看起来简直像一堵城墙似的。……我记得我们住的舱房又小又挤。……第一第二间当间儿有个窟窿，刚搁得下一个电灯泡儿，这样一盏灯两间屋子用。这是我头一回看见电灯看的这么近。还是从前老式的炭丝在泡子里弯一个弯儿的那种十六瓦的泡子吧，所以每间房舱就只分到八瓦的亮儿——也许还不只八瓦吧？可是我们并不觉着那个灯太黑，因为比我们家里平常用的灯或是蜡已经亮多了。……走到船上到处儿玩儿了。船上顶好玩儿的是机器房。……又光又亮的大机器，屋子当间儿有三个大圆桶，每个桶子正当中有一根大粗棍子，上上下下的动的那么热闹……（赵元任，1997）[56–57]

赵元任打小就有分析事物的兴趣，他喜欢拆散小巧的物品，在常州上了学堂以后，就迫不及待地在家里开展各种“科学实验”，制作电话装置，自制煤气燃灶之类。此次旅途上，对轮船、电灯，以及机器房之物质结构、运动规律的细细观察打量，让赵元任对于科学的浓厚兴趣有了物质寄托。

出生于基督教家庭的林语堂也曾为新奇物件的机械运动所倾倒。大约12岁时，父亲主持新教堂的建设，父亲的朋友美国牧师特地买来钢条，还寄来西方木匠所用的工具，林语堂对于这些事物都感到十分好奇。印象最深的，是“第一次看见从石码和厦门之间汽船上蒸汽机的动作。我当时看得着了迷，呆呆地默然不语”（林语堂，2014）[42]，“似被迷惑，所以我常常站立不动定睛凝视那载我们由石码到厦门的小轮船上的机器”（林语堂，2014）[11]，直到在学校找来了活塞运动结构图，蒸汽机的运动图像才暂时从少年的脑海中淡去。乔迅对器物和人之身体的关系有精彩的解读，他认为器物的“魅惑性”有好几个层面，其中之一则是“器物-身体”将观者作为一个与之同质的“器物-身体”来对话（乔迅，2017）[67]。比如一对耳柄或者对称排列的纹样已足以定下一个最优的观看角度，鱼缸大张的缸口和低矮的位置召唤着观者探出身体向内张望等。机器有规律的运动对童年时的赵元任和林语堂来说，同样是“魅惑”的。机器捕获了儿童，召唤着儿童的大脑显现出模仿的图像，即所谓“趋像”。这种身体内部的运动和思量让儿童感到充满活力，异常新鲜，从而使得西方工业、器物文明成为近代学人向往和追求的认知对象。

实际上“对非宗教性的装饰品而言，它们永远处于生产者和观者意图的交界面。它催生了一场出于本能的、非目的性的游戏。在这场游戏中，观者不知不觉中受到物品的影响，从而引出了一种对于生产者的制作的认识”（乔迅，2017）[78]。西方的新奇物件在对儿童施加“情感性触动”的同时，也让儿童在无形中产生了对制作生产者之好奇和向往。可以说，这种原始的冲动亦是近代学人大多选择接受东西洋文明洗礼的心理动力因素之一。

第四章

身体：具身实践中的力量交织

在新旧文化交汇转变的骚动年代，在近代学人早年的学习生活中，各种外在于身体的“力量”和内在的“力量”交织在一起，裹挟着这个身体，同时也通过身体的具身实践显现出某种特殊时代的历史格局。从学生合影中的姿态、被疾病侵扰的身体到服饰所代表的社会形象、食物带来的味觉记忆，再到口头-听觉导向的白话语言，身体的物质性在具身实践中被充分地释放出来。

一、学习生活中的身体内涵

所谓具身实践，与身体理论的重要转向有关。从柏拉图到奥古斯丁，再到文艺复兴与宗教改革、马克思，身体在理论中不是遭受谴责，就是被遗忘。直到尼采将冲动、驱力和激情都视为权力意志，并放逐了高高在上的理性和意识，身体才在理论中作为一个整体华丽回归。对尼采而言，身体就是“力和力的冲突本身，是竞技的力的关系本身”，身体成为主动的而且是唯一的解释性力量（汪民安，2015）[12-13]。这一论调也在后结构主义者巴特、巴塔耶以及德勒兹那里引发了理论共鸣。后期的巴特不再固守话语中的差异系统，他认为，阅读不是为了寻找一个文本之上的结构，而是一种身体行动，是一种快感的生产行为。读者的阅读实践，只能从作者独特的身体结构出发，阅读成了身体表演。而在德勒兹那里，身体成为一部纯粹欲望的机器，身体生产着欲望，生产着社会现实。

事实上，权力在尼采那里是具有两面性的，既有能动的、原始的、征服的、支配的力，也有反动的、次要的、适应的和调节的力。尼采的权力谱系学倾向于寻找一种力量源头上激烈的对抗戏剧，历史因而充满了不严肃的感性游戏。而福柯则更倾向于将身体视为悲情剧的主角，身体的主动生产性成了身体的被动铭写性，历史是权力对身体的不断改造和进犯。从某种角度来说，对抗、生产与被动、规训这两个方向主导了今天的人文社科领域内关于身体的大部分讨论（汪民安，2015）[21]，比如身体哲学、身体史学、身体教育学、身体社会学、身体美学、身体人类学等领域。

这样一种哲学和概念上的身体思考当然有助于揭示具身学习生活的理论内涵，不过并不能为接近日常生活的琐碎繁杂提供太多的路径指示。正如现象学为物质文化理论提供了进入物境的窗口，现象学同样是身体理论最重要的“中间性”理论之一。因为，物质性理论同时也是具身主体的理论，就是身体感觉、感受、知道、体验和实施的方式（Tilley et al., 2006）[125-126]。当然，身体在这里并不一定是主导的“主体”，身体与物质形成的集合情境往往是不稳定的、动态的。因此，按照现象学的理论前提——人类理解总是发生于身体与物质的复杂网络中，考察身体经验的深度就是考察人的认识、理解和感受世界的过程。比如，梅洛-庞蒂认为，身体即主体，身体、语言、思想、他人、物质等，所有一切都源于肉体的绽裂。施密茨的新现象学对肉身的理解更为彻底，“从人的身体知觉和情感而表现出来的原初的情绪震颤状态出发，揭示性地和理解性地去接近人的无意识的生活体验与生存实质”。情绪、意识、无意识，构成了身体参与事件中的“意向性结构”，而身体的参与实际上就是身体的交流，是基于身体的感知、运动及其动力机制（熊和平，2014）[19-26]。

具身的身体，肉体的身体，或者说，感觉、感受、知道、体验、实施的身体，正是本章考察学习生活的中心概念。

二、疾病：对身体解放的挑战

对一个典型的中国文人士绅而言，安详厚重、端庄静定是坐卧立时都应保持的姿态。这当然是儒家身体教育的结果。如清乾隆年间的《鹅湖书院学规》要求学生，“凡行步必安详厚重，不至跳跃奔趋；侍立必端庄静定，不至跛倚颠倒”。清人周凯编纂的《义学规则十八条》规定“步立必正，行路必徐，毋得跑跳；立则垂手，必后长者”。清代广为流行的儿童启蒙读物《弟子规》要求“步从容，立端正，……勿践阈，勿跛倚”（张德安，2014）[69–71]。儒学好静不好动的身体教育观也塑造了读书人温文尔雅、拘谨严肃、谨小慎微的性格和形象。静代表自我克制、修为到家，动象征无法自制、随心所欲、不知礼数。（张德安，2014）[75]

（一）身体解放释放自由能量

近代以来，随着身体教育观念的变化，中国文人和知识分子开始形成一种全新的“动静观”。诸如《新民丛报》《大公报》这样的新式报刊大力批判中国人的体质羸弱。很快，“军国民主义”思潮主宰了身体教育观念的转型。首先是洋务学堂开始兴起将身体运动作为一项课程活动，到了1904年，《奏定学堂章程》（癸卯学制）正式在制度上将体育确立为学科，各级各类的学堂学校均增设了体操课程，且以兵式体操为主。可以说，对许多少年来说，体操课程实在是对身体的极大解放。比如叶圣陶在《捎枪的生活》中回忆自己中学时代的体操活动：

> 当卧倒预备放的时候，胸、腹、四肢密贴着草和泥土，有一种说不出来的快感。待教师喊出“举枪——放！”的口令的时候，右手的食指在发弹机上这么一扳，更是极度兴奋的举动。
>
> 有时候我们练习冲锋，斜执着上了刺刀的枪，一拥而前。不但如

此，还要冲上五六丈高的土堆；土堆的斜坡很有点儿陡峭，我们不顾，只是脚不点地地往上冲。嘴里还要呐喊："啊！——啊！"宛然有千军万马的气势。谁第一个冲到土堆的顶上，就高举手里的枪，与教师手里的指挥刀一齐挥动，犹如占领了一座要塞。（远帆，2004）[147]

这一段极富动感的动作叙事刻画了一群在野地里酣畅淋漓地享受身体快感的少年形象，让人忍俊不禁。比叶圣陶低一个年级的顾颉刚也认为，中学时代是情感最放纵的时代（顾颉刚，2005）[自序9]。所谓"情感放纵"，除了指自己的文学爱好、参与政治活动，当然还包括依靠脚力的远足、体操。联想到入学前顾颉刚的私塾生活状态——"一直到十一二岁，一味读书没有游戏的生活，……幸而有祖父这些故事来打破了这种沉闷呆滞的空气"（顾颉刚，2012）[32]，可以想见，草桥中学的身体教育活动无疑是少年们舒展天性的快活天堂了。

身体的能量得到释放，除了见诸文字回忆，更为直观的折射则是早年留学以及中小学堂阶段，同学（师生）合影中，身体姿态的放达和舒展。翻阅叶圣陶、顾颉刚、胡适等学人早年在学堂留下的影集相册，少年时代或意气风发的身体姿态，或轻松自然、放达舒展的群体氛围，无不反映了晚清礼教松动下的身体异动。事实上，对于近代学人来说，运用身体姿态和构图选景表达某种情感、意图，似乎成为一种风尚。学人们早年关于身体姿态的记忆在五四时期孕生成一种"风神摇曳"的时代精神图谱，而这一精神图谱被那些同人影像所捕获。

从不规则的人物空间位置关系，中心的留白，中心位置与重要人物的错位，到人物与环境、背景的心境投射和呼应，身体姿态成为一种表达自由空气和文化氛围的肢体语言，民主、去等级化、对话的精神或多或少地成就了这些同人合影中"风神摇曳"的知识分子群体形象。从身体教育的解放，学堂合影中的姿态异动，到将姿态和背景作为一种表情达意的语言，近代学人在身体上的确体会到了一种其父辈祖辈所没有的"自主性"。不过，这种"自主性"能否经得住疾病的考验？

（二）疾病显现自由保障的缺失

在体操进入晚清学堂课程体系的同时，西方的卫生保健观念也一并渗透进中国社会。从话语层面讲，卫生教育与富国强民的政治愿景紧密结合在一起。不少近代学人用学堂所传授的卫生观念取代更为传统的“养生之道”，作为指导他们进行身体锻炼的新思想。这种锻炼强调运动、规律和卫生，在改变读书人的文弱体质方面起了很大的作用。比如，胡适提到，“我小时身体多病，出门之后，逐渐强健。重要的原因我想是因为我在梅溪和澄衷两年半之中从来不曾缺一点钟体操的功课。我从来没有加入竞赛的运动，但我上体操，总很用气力做种种动作”（胡适，1994）[52]。1907年，赵元任离开常州的家庭，独自去南京江南高等学堂预科上学。少年一直有心悸的惯疾。寄宿于学校后，或许是感觉到了自己照顾身体的迫切性，他“决心做一个完人，戒除一切恶习，如吸烟、喝酒、手淫，并开始按时锻炼身体”。他买了一本桑道所著的《力量培养法》，“在日记中我常记载作深呼吸、长距离散步、跳高、练哑铃、荡秋千、在单杠上引体上升和翻筋斗，有时这些动作在一天之内都作”。一定强度的锻炼虽不能让小元任完全避免病痛，但“整个说起来，在南京修业三年，我身心发育颇为良好”。（赵元任，1997）[99]

不过，并不是所有人都能无病无灾地安然度过学生时代，保健卫生也无法完全避免病痛的侵扰。一旦染上比较严重的疾病，年轻学子有时是难以独自应付的，这时回家诊治往往成为他们最后的选择。1903年8月，刚刚送别赴日本的大哥不到一个月，周作人就生起重病来。“学堂里的医官照例是不高明的，所以医药毫无效验”，本想就此拖下去，但症状颇为严重，朋友们看不过去，出钱的出钱，雇车的雇车，将少年送进了外国教会所开的医院。大概因为是免费的医院，住在病房里的周作人既睡不好觉，也无医生前来问诊，“那时我还发着高热，睡在众人中间，好像是在长江轮船的散舱里，觉得骚扰不堪”，因此少年决定出院。折腾了好一番，总算搬回了学堂，但病却没有好。之后，开书店的朋友刘君邀请周作人住进他的小店，好对其饭食和医药进行照管。周作人便在书架后面住了十多天，待病情轻减，恢复自理能力后，才回到学堂。但回到学堂的少年再一次病倒了，这回有了新的症状，“两脚从膝盖以下都肿胀了，后来是连面部都显得浮肿起来”，总也不见好。就在此时，周氏族叔“椒生公被辞退了国文教习，正要回家去”，就顺便带了周作人回绍兴。家乡郎中总算治好了腿肿，没承想，疾病似乎反复发作，这年冬天周作人“左侧项上在耳朵背后忽然生了一个大疽”，最后找了乡人们看不起的外科医生开刀，治愈了这大疽，遂于 1904 年 3 月回到学堂。（周作人，1999）[107-110]

疾病，实在是对近代学人身体和生命的重要考验。在周作人这场五个多月的疾病抗争中，每一个阶段的关键性步骤，包括去教会医院、去朋友家、土方治疗、回家问诊，似乎都有一个外在于周作人的力量推动着他。诚然，在一个中医仍是民间医疗资源主力的时代，寻医问诊向来是一件需要耗费许多心力的事。对于士绅家庭来说，关于医生郎中的人脉资源很可能是家族社会网络的重要组成部分，因而一人生病，就要动用一个家族和邻人乡党的社会资源。但对于处于过渡时代的近代学人来说，情况变得复杂起来。首先，庸医没有医好父亲的阴影可能盘踞在周作人脑海，这也可以解释周作人为什么不十分积极地寻找传统医疗资源，当然身体虚弱也让病人难以承受这种劳顿。其次，当学堂将个体从一个个家庭中聚集到大城市里后，其相应的医疗资源并没能及时匹配，不少近代学人回忆学生时代的校医，基本的印象是用处不大。这就将离家在外的个体置于孤立的尴尬境地。一方面他们渴望得到西医的治疗，但不论是在学堂，还是在社会上，西医资源显然严重匮乏；另一方面，离家在外的学堂学生也无法调用家族的医疗人脉资源，而回家一趟也并不是容易的事，必要的盘资也束缚了年轻人的脚步。所幸周作人有一群关心他的朋友不断地提供帮助，但每次治疗的不彻底，导致其与疾病的对抗耗费了近半年时光。

如果没有朋友的人力物力支持，那么离家上学的学子似乎只能选择回家养病。郭沫若和胡愈之便是如此。1908 年秋天，在嘉定府中学堂读书的郭沫若患上了一场大病（患病与少年因不满学堂功课终日混迹酒局牌局、抽烟熬夜有明显的因果关系），其症状大概与“肠伤寒”相同：头痛，下痢，咳嗽，时时流鼻血，食欲衰退。症状不甚明显的时候，郭沫若依然起床上课，待到势头逐渐加重，少年不禁感到死亡的悲凉来了。“像这样前驱的症候怕经过了一个星期，渐渐地不能支持，我便决心回家。”勉强支撑着坐轿到沙湾的家以后，郭沫若便失去了知觉。此后，郭沫若先后尝试了父亲的温药、儒医的药方，以及赵医生所开的药方。赵医生的猛药治好了郭沫若的肠伤寒，不过中耳炎和腰椎病等并发症成了少年永远的疾病记忆（郭沫若，2010）[66-72]。沙湾是一个距离嘉定府城不算很远的市镇，这对身患重病的少年来说是一件幸运的事。

1911 年春，上虞少年胡愈之考进绍兴府中学堂。秋季开学后不到两个星期，胡愈之就因为伤寒症病倒在床上。可怕的是，学堂师生没有人知道这一切，只有一位认识关心胡愈之的老木匠发现了异样，于是即刻替少年雇了船，将他送回上虞老家。就在得病前，少年因为家人不允许他剪去发辫而一直耿耿于怀，这根“又黄又短，在额后垂着长不盈尺的卷曲的辫子，恰像一条猪尾巴”，也成为身材高大的同学们取乐的对象。此种屈辱压抑的情绪一直笼罩着少年，使他感觉到难以为自己做主的压迫感和忧郁。很难说这种低落的情绪状态与少年的疾病没有一点关联。第二年清帝逊位，少年的病也差不多痊愈了，正当他想要为自己做主、彻底斩断屈辱之源头的发辫时，四个月的疾病折磨已让少年的头发都掉光了。失去了这一次自我塑造机会，少年感到莫大的失望（胡愈之，1996）[265-269]。

此处想要讨论的问题是，晚清人们在解放身体时，身体能量自由的释放是一方面，但在另一方面，与这种自由相匹配的责任意识并没有得到相同程度的重视。也就是说，过渡时代的近代学人关于“自主性”、自由的具身观念实际上并不彻底。当然，体育锻炼与卫生保健是个体对自我负责的重要途径，然而在更为凶猛的疾病面前，近代学人学生时代所享受的身体自由和自主性岌岌可危。其中自然有个体的因素，比如父亲因病早逝给周氏兄弟所带来的心理创伤，郭沫若对身体的自我放逐。不过现代医疗资源的匮乏显然是对身体自由最大的威胁。尽管学堂使个体从家庭中暂时脱离出来，但当学堂无法帮助年轻人应对身体疾病的时候，实际上意味着将这份责任推给了个体，而势单力薄的个体最终也只能回归家庭求助于家人。这种无法割舍的依附和归属关系并不必然有什么害处，但就像胡愈之那样，当个体与家庭对身体处置的意见发生剧烈冲突时，这种归属关系实际上很可能成为个体追求自由时所无法克服的障碍。

晚清时期这一身体自由和归属的矛盾并没能得到公开的讨论，对自由和自主的召唤似乎并没有引起人们思考社会如何保护个体脆弱的自由。即便在五四时期的身体解放话语中，这些话语同样是缺失的。五四时期的身体话语，以反对封建伦理为主要目标，骨子里带有强烈的浪漫主义色彩，其所提倡的生命力“指向身体性情感”。而由于身体的问题往往被窄化为“性”，女性解放自然而然成为五四时期轰轰烈烈的思想潮流。在这一过程中，五四时期人物对人首先是身体的存在这一基本事实并不关心，对存在之本体意义的探讨是缺失的（李蓉，2008）。狭隘的身体内涵不但使得五四时期之后社会上形成了价值空缺的虚无和颓唐，也使得其所提倡的自由和解放实际上飘渺得如同仙山楼阁。

三、服饰：洋布长衫与身份焦虑

对于近代学人来说，进入学堂首先意味着身体形象的转变。服饰是个体社会化的媒介，它使一代学人初尝在过渡社会定位身份之五味杂陈，服饰的重要性在熟人社会逐渐向陌生人社会转变的过程中凸显出来。聂绀弩对此有十分清楚的体认：“我是在小城市里长大的，在那里，人烟少，街上走的人是数得清的，差不多全都认得，至少也熟悉彼此的面孔，多数住的祖先传下来的东倒西歪的房子，连衣服也有从祖先传下来的，穿得不好，也很少人见笑，既然谁都清楚谁的祖传三代，生庚年月，人们就不从穿着上看人，也用不着用穿着去唬人。”（周健强，1998）[4] 用“唬人”来概括服饰的社会功能，聂绀弩的这一说法带有戏谑嘲讽的成分，也难免有些文人的酸气。实际上，在“服饰与人”这场身体与物质的较量和游戏中，人之主体性被打上一个问号。

1909—1910年，广东梅州梅县留余堂的乡下少年张资平①，通过两度赴省城报考学堂的不懈努力，终于被录取为广东高等巡警学堂的学生，此后又在1912年通过广东省政府组织的留日学生考试，以最后一名入选。在张资平艰难曲折的学堂考试和学习经历中，学堂学生服饰让他渴望，从而成为一个极其重要的问题凸显出来。

16周岁那年，怀揣着进入省城测绘学堂的梦想，拿上父亲东拼西凑来的路费，张资平取道香港，抵达广州流水井张氏家塾（张氏族人在省城建立的祠堂）落脚。流水井是广府各地家族在省城建立的宗祠、书院所聚集的地方，在20世纪初，这里成为不同籍贯的留省学生下榻落脚以及日常住宿的地方。就在这里，这个乡下来的少年第一次感受到了留省学生的魅力，以及伴随而来的羞赧和低落。

“我外面穿的一件是深蓝色洋布长衫，最经脏的，里面是一件黄棉布操衣，贴身的是一件侧衿的白洋布短褂”（张资平，2011）[32]，而省城学堂学生的着装则“有穿白竹布长衫的，有穿乾纱长衫的（笔者注：方言学堂），有身穿白色操衣头戴白色军帽的（笔者注：高等巡警学堂），各人手中都拿着书本、讲义及墨盒、毛笔等等”（张资平，2011）[33]。“现在我身上穿的深蓝色长衫不单不合时令，并且样子也不像省装时髦，和他们一比较，真是有点土头土脑的样子。当时我便直觉着我和他们之间，有了一道的鸿沟。”（张资平，2011）[33]

很快，少年就在同伴的带领下前往成衣店定做了一件雪白的竹纱长衫。为了与这身文质彬彬的行头相匹配，少年接着购置了皮鞋、洋袜。脱去“土气”的张资平觉得自己“完全地十足地化为一个文绉绉的留省学生了”（张资平，2011）[38]。

不过这一身体形象的改换并没能带来入学考试的胜利，第一次赴省城

① 张资平，原名张星仪，又名张声，现代文学家。

考试“失败”了。第二年春，在国文上暗暗下了许多功夫的少年在父亲的鼓励下，再度来到省城。这一次，轻车熟路的他少了许多旅途中的恐惧和担忧，而去年所做的白竹纱长衫也帮助他顺利获得张氏家塾里同居者们的初步认可。“我因为有那件去年在省城缝的白竹纱长衫，样子比较时髦一点。他们很刻薄地在笑仁仪的官立中学的制服。现在想来，那些方言学生们真是太无常识。他们当时的观念以为一个学生即是未来的乡绅，应常穿长衫文绉绉的。”（张资平，2011）[98] 尽管如此，少年对服饰的渴望又有了新的对象。因为遭到了同居秀才的嘲笑，少年心想，“我假如有乾纱或纺绸的长衫穿在身上，看看是不是比你们漂亮”（张资平，2011）[99]。这一次，少年得到了幸运女神的眷顾，一番折腾之后，少年考入了广东高等巡警学堂。自从具有留省青年的身体形象以后，张资平的身体想象可谓“与时俱进”，从白竹纱长衫到乾纱长衫这种材质更为考究的长衫，到了冬季，少年还用做考试枪替得来的酬劳为自己“买了一件绒衬衣，缝了一件线仔绒夹袍子”（张资平，2011）[127]。可以说，张资平少年时代的服饰“洋化”经历是成功的，而这一段经历教给张资平的是，金钱物质的保障是不可或缺的。事实上，在张资平的整个文学创作生涯中，在个人名利和超越性追求（比如国家、民族意识）之间，个人欲望虽有过被暂时压制的时期，但并没能持续巩固。相反，在其人生抉择的每个节骨眼上支配着他的不是家累就是“生计”，只是没有什么“主义”（李存煜 等，1996）。

但不是所有少年都能顺利地完成这一服饰上的转型。对于郁达夫来说，一双锃亮的皮鞋从渴慕的对象转变为刻意疏离的对象，这期间所发生的事竟成为少年精神气质的转折点之一。1907 年，12 岁的郁达夫进入由书院改建的新式学堂——富阳县立高等小学堂。当时的地方社会里，“穿着奇形怪状的黑斜纹布制服的学堂生”（郁达夫，1996）[13] 是一般人崇敬和惊异的目标。而少年虽然年纪小，但因为平均成绩超出了八十分，受到提拔，得以“升入高两年的级里”。为了压服那些高个大龄学生的心，第二年春开学，少年向母亲“提出了一个无理的要求，硬要她去为我买一双皮鞋来穿。在当时的我的无邪的眼里，觉得在制服下穿上一双皮鞋，挺胸伸脚，得得得得地在石板路上走去，就是世界上最光荣的事情”（郁达夫，1996）[14]。母亲出于对儿子的疼爱及对其优异成绩的骄傲之情，拉着郁达夫跑遍了街上的洋广杂货店。然而所有的店铺都拒绝了母子有关赊账的请求。母亲决心抵押自己的衣服，一旁的郁达夫再也无法克制自己的愧疚羞耻之情，哭喊着拖住母亲，收回自己的“无理要求”。

> 这一次的风波以后，我非但皮鞋不着，就是衣服用具，都不想用新的了。拼命的读书，拼命的和同学中的贫苦者相往来，对有钱的人，经商的人仇视等，也是从这时候而起的。当时虽还只有十一二岁的我，经了这一番波折，居然有起老成人的样子来了。（郁达夫，1996）[15]

实际上，十二三岁的少年正处于渴望得到同伴认同和异性欣赏的敏感时期，少年所提的物质要求也绝对算不上过分奢侈。然而经济上的压迫使郁达夫无奈地放弃了这种服饰追求，并将心理能量转而投注到另一件可以获得认可的事情上——读书。不过，这种转移只是将物质上的苦闷压抑在了更深的层面上，并且这种物质与精神对立的情感结构成为其文学写作中反复出现的主题。正如郁达夫在自叙性小说中塑造的“零余者”形象（杨少卿，2004），人物尽管在“灵与肉”的抉择中往往倾向于“肉”，但隐含的依然是“灵”的伤痛，就像小郁达夫因一双皮鞋的要求受挫而产生的内疚罪恶心理一样，人物的内心随时都会发出道德自责的声音，沉沦的罪孽感与严厉的道德批判相互交织（薛家宝，2010）。

事实上，对于张资平和郁达夫来说，洋布长衫和皮鞋的时髦装扮为少年人开启了一个新的想象世界，在这一想象世界里，读书人或者说知识分子过着受人尊重、物质条件宽裕的幸福生活。少年正是透过这样想象的世界认识和理解他们所面对的现实。基于此，想象与现实的差距或是在现实中得到的满足方能对少年的情绪基调或精神气质产生决定性的影响。从这个意义上讲，服饰这种具有加强社会关系能力的物质，在与身体相遇之时，也不由分说地将身体裹挟到一个新的想象世界。物质相对于人而言，具有了一种左右人之情感、认识和行动的“主体性”，而人的主体性在此暂时退居二线。套用德勒兹的话说，服饰所开启的想象世界，生产着近代学人关于社会现实的认识，也生产着他们的身体欲望（汪民安 等，2000）[48-50]。

这种被服饰所左右的身体经验，对苏雪林和许杰来说，同样难以释怀。1913年，17岁的苏雪林被送入安庆百花亭的培媛女学（教会学校）接受教育。小姑娘作文通顺别致，常蒙教员夸奖。然而作为安庆城内唯一的女校，学校招收的贫寒子弟和富裕子弟都不少，这也带来了学校一种“顶坏的恶劣习气”：

> 学校对富有的学生颇为谄视，鼓励她们在衣服、装饰上讲究。那富裕的学生日常穿着质料贵重的华服，佩带（戴）少许饰物如戒指、项链，校长教师对之青睐有加，她们自己则人前炫耀，洋洋自得。于是家境稍次者也要勉力向她们看齐。我本是一个不修边幅的名士派，惟以年轻，易为这种不良习气所渍染，就想弄件华服穿穿。当我母亲来校看望我时，我就要她买质料高贵的布帛为我制衣服，母亲说没钱，我便哭闹不休，母亲无法也只好勉力替我买几件，我还是嫌好道歹地不能餍足，恨不得她替我制上十几件，一天换一套才好。我生平厌恶虚荣，此时竟一反常态，这才知习俗之移人，势力之大是难以抗拒的，尤其在年轻人之无定力者，更随风而靡。（苏雪林，1996）[25]

这一段在同学群体中“身不由己”的经历给苏雪林留下了难以忘怀的印象，身处一个社会交往网络中，女生群体对待服饰的态度和行为模式如同一张蛛网，年少时的苏雪林陷入其中难以自明也很难有所超脱。

身体面对物质时的“非自主性”，对年少的许杰来说，更是心中隐隐的伤痛。1908年前后，许杰有了一件见客穿的“两接衫”，穿上这件上白下绿的长衫，系上黄绸子的腰带，编成小辫的流苏从背上拖到两接衫的腰带以下，再有一顶瓜皮碗帽（许杰，1981）[165-166]，穿戴起来，少年是体面的“小老人”。10 多岁以后，因为家境逐年不好，这样体面的衣裳越来越少地出现在少年的生活中。好不容易等到从天台县立文明高等小学堂毕业，大家相约一起穿长衫拍摄团体照。那是 1915 年的冬季，这个 15 岁的少年也穿来了他的长衫棉袍，可是不知道是何时做的衣裳了，“本来拖到脚面的长衫棉袍，不知不觉已缩到膝盖上了”。待到显影定形的玻璃片到了同学们的手中时，大家才发现，有一个人的长衫“简直不是男人穿的，显然是女人的衣裳”。羞愧难当的许杰觉得不仅自己丢了脸，“似乎也给几位同学丢了脸”。所幸照相先生有办法，在底片上略施修改，改造这件缩短了的长衫。“谁知到了后来，当照片印出来的时候，我的衣裳的下摆，却与别人不同，虽说长衫已经长到拖地，但在照片上显现出来的，却是一块毫无褶皱、毫无自然之感的一块白块。这实在使人失望。”经过修改的长衫下摆，就这样永远突兀地留在这张毕业照片上，它所凝固的尴尬、惭愧的情绪，“至今虽已七十年还是记得”。（许杰，1981）[168-169]

对于很多近代学人来说，青少年时期从乡下来到大城市读书和生活，同时伴随着服饰的变化。一身白竹布（洋布）长衫或是洋布衣裙成为这一新兴的群体最典型的社会形象。男学生在服饰上采用了一种中西混搭的风格：长衫是对传统士绅形象的模仿，而皮鞋、洋布则是西方机器的产物。这样一种视觉形象，不仅标示了社会身份，也在日常生活中发挥着与劳动阶层相区隔的实际作用。比如，一件夏季白洋纱长衫“帮助”许杰和同伴以学堂生的身份免去了渡船上的临时摇桨劳动（许杰，1981）[170-172]。近代学人对这一社会身份形象的习得是无形的。在上述案例中，几乎所有的少年都是在与同伴同学的互动中感受到了一种想要改变“土味”服饰的强烈冲动。借由冲动的实现或受挫，洋布洋装对少年施加了一种来自物的“主体性”，或者说体现了心理塑造力的“物质力”。比如张资平对物质和金钱的追求最终促使其走上了一条堕落文人的道路，郁达夫被压抑的欲望成就了其对“零余者”这一文学和自我形象的书写，而华服是苏雪林不齿和反思的一段经历，长衫则是许杰隐隐的伤痛。

四、食物：味觉中的俗与雅

学生时代的近代学人，在服饰的选择上，可以说是中西混搭，而对于食物则几乎一致地留恋故土乡间的“土味”或是求学路上的吃食。周作人的地方饮食体系、马君武的桂林特产、丰子恺的中秋螃蟹、梁实秋的京城美食、苏雪林儿时乡间邻里特殊的食物，以及陈鹤琴和曹靖华在贫寒岁月里的吃食，这些童年的食物记忆沉淀了儿童的欲望、情感和惯习。

在周作人的自传、日记、散文等关于早年回忆的文章中，越地绍兴的吃食简直可以说无所不包，而又随处可见。从菜品到肉品、从茶到酒、从点心到水果（王新惠，2011），构成了一个以故乡绍兴为中心，兼及南京（上学之地）、杭州（陪侍祖父和读书自修之地）等地的地方饮食体系。比如周作人事无巨细地记述绍兴家常菜的做法和吃法，诸如干菜、腌菜、霉苋菜梗、红霉豆腐、臭霉豆腐等腌制类菜品是常客，蒸的料理方式也有“炖/蒸”之别（周作人 等，2000）[85–86]。他在杭州花牌楼陪侍祖父期间，因饥饿而偷吃冷饭，同时也对女仆宋妈带来的小食“六谷糊”记忆深刻。

> 这是女仆宋妈所吃的自己故乡里的食品，就是北京的玉米面，里边加上白薯块；这本是乡下穷人的吃食，但我在那时讨了来吃，乃是觉得十分香甜的，便是现在也还是爱喝。宋妈是浙东的台州人，很有点侠气，她大概因为我孤露无依，所以特意加以照顾的吧，这是我所不能不对她表示感谢的。（周作人，1999）[34]

周作人是周家二少爷，儿时尝过的人间美味不在少数，比如一般老百姓很少能吃到的清明三牲之一的“烧鹅”。此时落难在外的周氏族人，对浙东地区一种普通的面糊产生特殊的情感，实际上也有超出食物本身所带来的味觉享受之深远内涵。此后，周作人取道沪杭，北上南京，路上“使用糯米或粳米粉蒸成”的“糕团”（周作人，1999）[75] 令其钟爱有加。再有在江南水师学堂的周末，在夫子庙吃茶，吃馒头面，“迤逦走到北门桥，买了油鸡咸水鸭各一角之谱，坐车回学堂时，饭已开过，听差各给留下一大碗白饭，开水一泡，如同游是两个人，刚好吃得很饱很香”。若是到江边看下水轮船，还可以“在一家镇江扬州茶馆坐下，吃几个素包子”（周作人，1999）[92]。

在周作人早年的学习生活中，几乎每一次重大的人生转折，甚至重要的时事变化，总有饮食的记忆缠绕、点缀其中，甚至成为其记忆中的主体。这一点可以从其早年日记的文体特点上看出来（丁文，2014）。食物成为少年周作人体察成人世界的窗口，也因此使他深深沉浸在凡人的世俗生活中，体会其中质朴的平民生活乐趣。不过，周作人对于食物的记忆并没有停留在世俗趣味的层面上，当他 20 世纪 20 年代以后进行小品文写作时，根植于劳动人民生活的食物被赋予了更多的文化内涵。一是关于饮食的文人雅趣。周作人欣赏的是简便清淡的风味，接近于东京的饮食特色，这一料理品味后来成为其“生活的艺术”之重要的内涵。二是其对同一种食物各地不同方言俗称的记录和比较，这与周作人希望以方言来救治国语之语汇贫乏的不足的学术兴趣联系在一起。比如玉米粉，北京话中叫“玉米面”，浙东台州则称为“六谷糊”。三则是名物考证的兴趣。周作人时常以科学的眼光观察乡土植物，并对《越谚》《本草纲目》《尔雅》等文献上的记载做出科学的批判和修正（丁文，2014）。

食物尽管是近代学人体察、感受、理解、欣赏平民百姓之俚俗生活的不二媒介，不过当食物写作转变为一种自我价值空间的建构（王倩，2005）时，食物往往被赋予一种超越俗世感官的“大雅”之美，从而与文人的审美趣味或学术兴趣息息相通。丰子恺吃螃蟹的记忆，便是如此。

自中秋前后到冬天，丰家掌柜晚酌时都要吃一只螃蟹。受到父亲的影响，丰子恺和他的兄弟姊妹都喜欢吃螃蟹，而吃蟹大有门道。

> 只有母亲与我们相反，喜欢吃肉，而不喜欢又不会吃蟹，吃的时候常常被蟹螯上的刺刺开手指，出血；而且抉剔得很不干净，父亲常常说她是外行。父亲说：吃蟹是风雅的事，吃法也要内行才懂得。先折蟹脚，后开蟹斗……脚上的拳头（即关节）里的肉怎样可以吃干净，脐里的肉怎样可以剔出……脚爪可以当作剔肉的针……蟹螯上的骨头可以拼成一只很好看的蝴蝶……父亲吃蟹真是内行，吃得非常干净。（苑兴华，1996）[18]

这一风雅的文人吃蟹绝不同于《红楼梦》中关于中秋蟹宴的华丽铺陈。丰家染房收入有限，但大家庭开支庞大，螃蟹的风味因为数量的有限而更加令人回味无穷："我们都学父亲，剥得很精细，剥出来的肉不是立刻吃的，都积受在蟹斗里，剥完之后，放一点姜醋，拌一拌，就作为下饭的菜，此外没有别的菜了。因为父亲吃菜是很省的，而且他说蟹是至味，吃蟹时混吃别的菜肴，是乏味的。"（苑兴华，1996）[18-19]

不论是服饰和身体形象的定位，还是食物的选择，近代学人关于品味的具身观念已生发出某种对社会身份定位的焦虑。洋布长衫加皮鞋礼帽，这样一种中西混搭的服饰品味不仅与底层劳动人民形成事实上的阶层区隔，同时也与政商界人士偏爱西装领带保持着距离感。而在食物方面，尽管看起来关于味道的记忆扎根于民俗世界，然而当其转变为近代学人的自我价值空间建构之时，一种俗中见雅的文化和学术趣味又与哺育其生命的平民和世俗文化拉开了距离。

这样一种对阶层和群体独立身份的渴望，让人不禁想起了在晚明这样一个商品经济极大发展的转型时代，面对新兴商业贵族的崛起及其对文人物质文化的侵染，为了定义士绅阶层的独特品位，一大批以《长物》为代表的奢侈品鉴赏文献问世（柯律格，2015）[144-149]。近代学人尽管以摆脱士绅惯习和生活方式为其人生目标，然而其作为精英阶层的社会身份焦虑和以品味界定身份的文人雅趣却被完好地继承了下来。

五、语言：文白夹杂的听觉景观

五四时期白话文取代文言文的语体革命并非偶然。一方面，白话文作为一种书面语言和口头语言的结合体，实际上在明代就已迎来了它的语言艺术高峰；另一方面，晚清新事物的不断涌现，让文言文作为一种语言工具越来越暴露出其词不达意的弱点。当然，近代学人能够掀起这一场革命，还与他们童年时期对白话文作为一种言语文化的愉快学习经验有关。物质性是白话文最明显的特征。

首先，白话文的物质性表现为口语文化的真实性，即白话所表达的是一个熟悉的、互动的日常世界，因而也是流动的、有生命的。

陈衡哲 7 岁时，母亲开始教她用文言文写信，但是母亲只教会女儿信件格式，却没来得及让她学会用文言表达具体内容。于是，

> 我只能在每封信的开始和结束时用固定的格式，中间部分得发挥我的创造性写出内容。结果，我的信的开始和结束符合传统的文体和礼节，中间部分的内容却是用我家乡的方言写的，其中还夹杂了很多我自己发明的词以配合方言的发音！（陈衡哲，2006）[51]

小女孩的方言书面化实践得到了家人的默许和鼓励，而这一“有趣生动的经历”也促使其思考，白话可以成为一种表达思想情感的有创意的方式，因而是鲜活而灵动的。事实上，白话书面语体就是在不断模拟口头语言语音的过程中积累形成的，童年的陈衡哲无疑自发地完成了一次由口语向书面语体的转换。

另一边，胡适则尝试了一把反向的转换，即把书面文言转变为白话口

头言说。自从9岁那年发现《水浒传》以后，胡适读小说的兴趣就一发不可收拾。“第一才子书”(《三国演义》)、《正德皇帝下江南》、《七剑十三侠》、《红楼梦》、《儒林外史》、《聊斋》等小说，都成为少年的囊中之物。其中，除了《聊斋》是一部文言小说以外，其余故事书均为白话小说。白话小说又被称为“拟说书体小说”，在文人的参与下，“口头艺术的表达方式进入书面语，言语艺术最终变成了语言艺术”（孟昭连，2016）[316]。在白话小说漫长的发展历史中，这种模拟口头表达艺术的书面语体就逐渐固定下来，成为白话小说的写作风格。通过阅读在一定程度上作为“声音艺术”文本的“拟说书体小说”，少年“弄通文字”，能作通顺文字，其口语表达能力也在无形中得到提高。检验少年语言能力的时机出现在他十二三岁时。一群十五六岁的本家姊妹时常邀请小“糜先生”为她们讲《聊斋》故事。

> 现在轮到我受人巴结了。我不用人装烟捶背，她们听我说完故事，总去泡炒米，或做蛋炒饭来请我吃。她们绣花做鞋，我讲《凤仙》,《莲香》,《张鸿渐》,《江城》。这样的讲书，逼我把古文的故事翻译成绩溪土话，使我更了解古文的文理。所以我到14岁来上海开始作古文时，就能做很像样的文字了。（胡适，1994）[29-30]

文言文采用了一套与白话文完全不同的思维方式。因此，当胡适为本家姊妹用安徽绩溪方言翻译这些故事的时候，他既要理解文言小说的文理，也要考虑以白话的形式将故事情节按照某种先后顺序重新组织起来。自如的切换表明，少年对于文言文和白话文两种语言的差异了如指掌。

其次，白话文的物质性更体现于语音所带来的一体化听觉感知。“口语词具有声音的物质属性，它始于人体内部，使人能够互相展示意识分明的内部人格，使人得以为人，使人组成关系密切的群体。一个人向听众说话时，听讲的人一般就成为一个整体，不仅自己结为一个整体，而且和说话人也结为一个整体。”（翁，2008）[56] 这一点对于赵元任来说，可谓生动的体验。1901 年回到常州后，赵元任很快学会了说家乡话。

> 我起头儿因为只会说北边话，就跟他们（长辈——作者注）说我的北边话。这样一来弄弄弄惯了，赶我学会了常州话以后，我仍旧跟他们说北边话。所以不知不觉的就成了这么一个规矩：跟长辈说话的时候儿，我说我的北边话，他们说他们的常州话；跟平辈（除了哥哥大姊二姊），跟用人，跟外头人说话我就说常州话，要是跟长辈说常州话，我觉着好像对他们不恭敬似的。（赵元任，1997）[65]

语言所建立的连带关系，往往是通过语音语调实现的。当赵元任与长辈用北边话沟通时，儿童与长辈的关系形态作为一个整体被固定化在听觉记忆中，如此一来，改换语调则意味着这种关系被打破了。

口头语言在声音形象上的物质性赋予近代学人生动活泼以及深切具身的言语学习经历，他们怀着对白话文的具身情感认同和具身观念。不难想象，新文化运动中的语体革命实际上植根于许多近代学人的身体记忆之中。

六、身体铭刻的文化转型痕迹

对于近代学人来说，早年学习生活中的具身实践是不同观念、不同文化力量交织融汇的场所，呈现出文化的现代转型过程中错综复杂的画面。

相对于晚清士绅在合影中所呈现的“端庄静定”之身体态势，清末学生合影中异动、舒展的姿态既是身体教育对身体能量释放的结果，也预示着肢体姿态在五四时期及其后逐渐演变为一种语言。无论是不规则的人物空间位置关系、中心的留白、中心位置与重要人物的错位，还是环境、背景对人物心境的投射和呼应，身体语言成为自由、平等、对话之时代清新之风的“另一种讲述方式”。尽管近代学人在身体上享有了前代读书人所未有的自由、快感和自主性，但当面对疾病的考验时，大中城市医疗资源的不易获得使得身体往往重新归属于家庭，他们需要求助于旧有的家族和地方医疗资源。而这种多半是无奈的回归对个体身体自由和自主性存在着潜在威胁。晚清对于身体自由的脆弱性以及个体自由与社会责任之关系认识的不足也被遗留到了五四时期的身体话语中。过于狭隘的身体内涵使自由和身体解放缺乏牢固的现实基础。

类似于身体姿态中的“自主-归属”所带来的张力和紧张，近代学人在服饰和食物的品味选择上，亦存在着一种纠结于“土”与“洋”的身份定位焦虑。洋布长衫作为一种中西（土-洋）结合的着装，成为过渡时代学堂学生典型的装扮，因而使得洋布长衫具有了区分的“物质力”。在这一“物质力”的作用下，早年的近代学人“身不由己”地接受着服饰对身体形象以及想象世界的塑造。这一身份定位的焦虑，一方面来自以中西混搭的风格区别于工商精英（“洋”）和劳动大众（“土”）；另一方面对于年轻学子来说，经济条件的拮据制约着现实（“土”）向想象世界（“洋”）的靠拢。而近代学人的味觉记忆则因为沉淀了故乡生活中的欲望、情感、惯习而成为自我价值建构的媒介。食物尽管与平民百姓之俚俗生活气息相通，但当记忆中的食物和味道进入文化写作，它们往往被赋予了一种超越俗世感官（“土”）的文人雅趣，这种文人审美或学术兴趣（“洋”）也是五四时期新文化大潮的一部分。这种文化性的审美情调和学术兴味，接续着晚明士绅的品味游戏，滋养着新文化时期的科学考证精神以及对民俗研究的兴趣。

对于白话文的学习很大程度上依赖于听觉，不论是书面白话文（白话小说）的阅读，还是口头语言的表达，语言的物质性在白话文中体现得淋漓尽致。当从口头表达转换为书面白话，或从书面文言转变为白话口语时，白话文的物质性体现为因贴近日常生活而具有的真实性，这种语言与生活共同变化流动的特点赋予了白话文表达思想和情感的优势。另外，白话口头语言的听觉依赖也使得一体化听觉感知建立了语言与身份的连带关系。近代学人早年关于白话文学习的具身情感和认知使得五四时期的语体革命成为这种身体记忆的延伸和升华，也使得过渡时代的言语文化折射出“声音文化”的光彩。

结语

在清末民初（1880—1911年）这一转型过渡的历史阶段，一些近代学人在早年的文化学习生活中，通过接受生活的多维濡化，实现了知识的积累和演进，建构起各自丰富的文化世界。在这一过程中，早年学习生活所提供的知识和情感准备、交往行动模式与惯习、文化心理模式以及具身观念和认知，构成了这一文化世界的内涵。正是这一文化世界促使个体在剧烈的近代社会文化变迁中实现由士子童生向现代知识分子的身份转变，为近代学人把握过渡时代的历史机遇、做出历史文化方面的贡献提供了滋养。

第一，从近代学人早年学习生活所提供的知识准备来说，旧学新知的积累和演进，对于近代学人的影响有着不同的路径和方式。蒋梦麟的教育文化思想折射了一个庞杂的知识来源系统，其中他早年所膺服的宋明理学成为最主要的思想资源，而关于儒道人生哲学的比较思考，以及关于地方社会人情世故、国民心理的体察，使得蒋梦麟将中国文化传统中的“大小传统”作为改造和调和的对象。借助于西方的科学理性精神、实用主义哲学、进步主义教育思想、希腊个人主义哲学，蒋梦麟最终走上了一条“不中不西”、中西杂糅互补的“多线”式文化复合之路。不同于蒋梦麟的中西调和路径，胡适对中学传统的解读和改造采用了一种“单线抽取”式的路线。对胡适来说，早年学习生活中所醉心的宋学，特别是朱熹的考证、注疏实践为其治学思路的形成提供了原初的动力和灵感。加上其早年对汉儒古文经学的了解和批判，以及对清代朴学方法的掌握，在西方历史科学传统和实用主义哲学思想的观照下，胡适从中国学术传统中抽取出了一条从汉学、宋学到清代朴学的科学考据方法论路线。尽管他在接受和诠释宋学和朱子的思想时抹去了富有人文道德色彩的义理阐述，但是就在中国建构起一个科学的、现代的治学传统来说，胡适对于中国学术传统的“简化”解读不失为一种高明的策略。对一直在本土学习和生活的柳亚子和顾颉刚来说，早年所浸润于其中的旧学传统在治学路数上给予他们重要的启蒙。从模仿《资治通鉴纲目》的《河东纲目》，到反清革命的“正统论”，再到晚年所治的南明史，政见转变的背后，确立历史正统、寻找历史发展方向的意图始终萦绕在柳亚子的脑海，早年读书生活里所接受的朱熹的道德史观一直存活在柳亚子的治学进路中。与之相似，顾颉刚早年关于经学史册的知识积累，为其开辟“古史辨”派的研究路数提供了丰厚的基础，其早年对于今古文《尚书》的造伪怀疑也不失为“古史辨”前期“辨定真伪”治学方向的一种思想萌芽。

第二，与旧学新知粘连在一起的家宅生活记忆为年轻的士子离开故土和家庭，提供了情感上的积蓄。在蒋梦麟那里，尽管存在着新旧选择中的矛盾，但郡试的成功和家宅空间里的庆贺仪式无疑是对其过去旧学学习的肯定，这种自我确信沉淀为其日后求取新知的一个信心来源。更重要的是，科举以及支持这一制度的“旧道德体系”在蒋梦麟的心理动力结构和心态倾向中埋下了“经世致用”“学而优则仕”的情感冲动。与蒋梦麟在家宴庆贺仪式上感受到的剧烈情感冲突不同，在柳亚子的居家读书生活里，早年找寻“历史正统”的道德史观书写赋予少年极大的精神满足和愉悦，这种情感一直流淌在柳亚子的政治立场和思想流变中。对萧瑜而言，新旧过渡的情感准备同样显得平滑流畅。不管是传统的文人诗书，还是关于新世界的点滴知识，两者都以一种诗意悠悠、温情脉脉的方式展开于萧瑜的桃坞塘学习空间中。家宅学习生活不仅奠定了其教育和文化事业的基础，也为其迎接新世界进行了情感准备。另外，近代学人早年在乡间大自然中体会到的多重情感体验也为他们创造新的生活、求取新的知识提供了情感的滋养。关于自然之美和自然之残酷的审美和情感体验成为陈衡哲、冯雪峰文学创作的灵感来源，在大自然的嬉戏中自然成为程天固缓冲学习生活压力的乐土。而对马君武、竺可桢以及蒋梦麟而言，早年对于自然界的草木果蔬虫鱼、风雨阴晴的客观观察所滋养的对知识的好奇心，成为他们或是关注或是毕生从事自然科学研究的情感触发点。

第三，在交往行动模式的层面上，早年学堂里的公共交往生活令过渡时代的学人习得了公共交往的行为模式和惯习。这种公共生活中的交往惯习帮助学人不断地融入都市公共空间，从而完成由传统士绅向现代知识分子的身份转变；与此同时，也在一定程度上为近代共和社会的都市交往生活空间增添了公共性的内涵。一方面，早年学堂中围绕学校制度、课程教学以及日常生活而展开的公共生活，为胡适、马叙伦、叶圣陶、顾颉刚等近代学人踏上社会、参与更大范围内的公共交往行动提供了一种“练习”和熟悉感。其中，胡适早年的学堂公共行动经验更在其留学期间升华为关于民主议事程序的理性认识。另一方面，早年公共生活的积极作用是有局限的，“等级权威”和基于地缘、阶层形成的私人交往惯习，成为干扰学堂以及都市公共交往行动的“非理性因素”。例如，对政治等级权威的依赖实际上严重损害着北大倡导学术自治的公共交往氛围，不论是“高蹈派”的胡适，还是“饭碗派”的马叙伦，均难以完全挣脱等级权威的压迫。而基于地缘因素的私人交往对公共交往的影响实际上因人而异，更为复杂。对胡愈之来说，早年所经历的学堂风潮令其领教到地方观念和政治生活的丑陋一面，因而对地缘交往和民主制度抱有一种批评和疏离的态度。对胡适来说，早年在中国公学中与各地方同学的和睦相处，赋予其在公共生活中超越地缘因素的交往惯习。而在郭沫若那里，私人交往意味过于浓厚（地域歧视）的公共交往网络似乎影响了其后对创造社的领导，并最终使社团走向分裂。

第四，日常生活中的各种物质-身体之境构成了文化学习所依赖的“异质性集合”，通过浸润于其中，近代学人习得了不同的文化心理模式（体现为文化心理、审美心理图像、“物我一体”心理图像）。它们或是激发了文化思想的形成，或是构成近代学人文艺创作的艺术灵感，或是触发了他们想要了解工业文明的认知和情感冲动。首先，早年所经历的家庭仪式、互补性时空秩序关系，赋予近代学人关于“礼”和“仪式”的文化心理模式。对他们而言，这种文化心理蕴含着关于“礼”“俗”两个传统的暧昧态度。一方面，通过无神论，近代学人抽离了大部分家庭仪式的意义内核；另一方面，民俗传统所营造的仪式物境，又成为近代学人无限留恋的地方和温情脉脉的记忆。在周作人那里，对“礼教”和鬼神信仰的摒弃，以及对“俗”传统的留恋，构成其以“节制与欢乐”改造“礼”传统这一文化思想的心理出发点。其次，早年所欣赏陶醉的地方戏曲则为某些近代学人铭刻了审美心理图像，从而成为其文艺创作的艺术灵感。在儿时所倾心的绍兴目连戏中，“无常”“女吊”两个典型形象，不仅在黑、白、红的色彩视觉形象与亦庄亦谐的口头和肢体语言上，成为鲁迅文学创作的灵感，其所折射的反抗性越地民风也陶冶了鲁迅“向死而生”和毫不妥协的“孤狼”精神。民间说唱艺术以及湘戏、皮影戏、花鼓戏等地方戏曲中利用唱腔表现剧情、弱化剧情的审美心理图式，也深深地铭刻在郭沫若和田汉的脑海中，并在日后影响了他们创作现代戏剧的风格。最后，通过儿时对“物我一体”的心理图像的吸收，近代学人也生成了一些新的文化思考和认知冲动。在鲁迅和吴宓的幼年生活里，小动物与人性的隐喻关系，以及骡马与人的“物我同一”之感，影响了他们对于理想国民性的理解，同情和怜悯弱者成为他们改造人性的出发点。另外，早年的蒋梦麟、赵元任、林语堂也被西方工业文明的“魅惑性”图像所吸引，工业器物文明成为近代学人向往和追求的认知对象。

第五，早年学习生活中的身体实践，赋予了转型时代近代学人以具身观念，这种观念中的张力和冲突影响了他们关于身体的文化思考与实践。首先，在具身观念中，自由和归属的张力体现于学堂合影以及近代学人早年对疾病的应对之中。对胡适、叶圣陶、顾颉刚来说，早年学堂里的同学合影展现了身体姿态的异动、放达和舒展，在某种程度上这是近代身体教育“由静转动”的结果。这种身体势态更进一步体现于转型时代的同人合影中，不规则的人物空间位置关系、中心的留白等身体语言，成为自由、平等、对话之时代清新之风的“另一种讲述方式”。当面对疾病的考验时，大中城市医疗资源的不易获得往往迫使身体重新归属于家庭。对个体自由与社会责任关系的认识不足也被遗留到了五四时期的身体话语中，片面和狭隘的具身自由观念使得近代学人所倡导的自由和解放缺乏牢固的现实基础。在关于品味的具身观念里，“土”与“洋”的纠缠不清指向近代学人萌生于早年学堂经历的身份定位焦虑，这种焦虑以不同方式影响着近代学人的文化实践。洋布长衫作为一种中西（土洋）结合的服装，成为过渡时代新式学生的着装选择，因而使得服饰具有了区分阶层的“物质力”。受到这一力量的裹挟，近代学人“身不由己”地接受服饰对身体形象以及想象世界的塑造。对张资平来说，因为经济的拮据，少年依靠自身努力“钻营”，顺利完成了从“土头土脑”的乡下学生到留省学生的形象转变。这种成功转型的经历给他留下金钱物质保障不可或缺的具身观念，而其最后走向的文学创作“歧路”成为这种观念一个极端化的注脚。同样面对经济的窘迫和对身体形象改变的渴望，早年被迫放弃物质追求的郁达夫则发展出一种物质与精神对立的情感结构，这一情感结构反复地回荡在他对“零余者”这一自传性文学形象的塑造中。关于食物的具身观念，同样存在着“土与洋”的紧张。因为沉淀了对故乡生活的欲望、情感、惯习，食物成为周作人、丰子恺建构自我价值的媒介。食物尽管是近代学人与平民百姓之俚俗生活气息相通的一个窗口，但当记忆中的食物和味道进入文化写作时，它们往往被赋予一种超越俗世感官（“土”）的文人雅趣。最后，作为一种模拟口头说话的语言，白话文的学习和掌握与听觉密不可分。白话文学习的身体-物质性赋予近代学人一种深刻的具身情感认同和认知观念。不论是陈衡哲对口头白话和书面白话的转换，还是胡适在文言文和口头白话之间的翻译，因为贴近日常生活而具有真实性，给他们留下了愉悦的美好情感。而白话口头语言运用中的一体化听觉感知也让赵元任体会到语言和身份的连带关系。白话文学习所唤起的具身情感和具身认知的记忆，在五四文学革命中得到了延续和升华。

由此，通过分析近代学人早年学习生活中所形成的知识结构和情感积蓄、习得的交往行为模式、濡染的文化心理模式，以及获得的具身观念等建构文化世界的要素，本书在一定程度上回答了早年学习生活如何影响了过渡时代学人的文化实践和贡献，提供了一个观察转型时代文化和社会变迁的微观视角。

参考文献

阿伦特，1999. 人的条件 [M]. 上海：上海人民出版社.

巴里，2014. 理论入门：文学与文化理论导论 [M]. 南京：南京大学出版社.

巴什拉，2013. 空间的诗学 [M]. 张逸婧，译. 上海：上海译文出版社.

卜卫，1994. 关于我国城市儿童媒介接触与道德发展的研究报告 [J]. 新闻与传播研究（1）：46–57.

布迪厄，华康德，1998. 实践与反思：反思社会学导引 [M]. 李猛，李康，译. 北京：中央编译出版社.

布洛赫，1992. 历史学家的技艺 [M]. 张和声，程郁，译. 上海：上海社会科学院出版社.

曹晋，庄乾伟，2013. 指尖上的世界：都市学龄前儿童与电子智能产品侵袭的玩乐 [J]. 开放时代（1）：179–198.

曹守和，2014. 浙江体育史 [M]. 杭州：杭州出版社.

曹小文，2016. 新史学：20 世纪前后中国人心中的世界史：试论梁启超的世界史观 [J]. 学术研究（2）：136–145，178.

常建华，2021. 明代苏州宗族形态探研 [J]. 史学集刊（1）：28–41.

陈澔，2016. 礼记 [M]. 上海：上海古籍出版社.

陈鹤琴，2014. 我的半生 [M]. 上海：上海三联书店.

陈衡哲，2006. 陈衡哲早年自传 [M]. 合肥：安徽教育出版社.

陈来，2009. 古代思想文化的世界：春秋时代的宗教、伦理与社会思想 [M]. 北京：

生活·读书·新知三联书店.
陈来，2017. 古代宗教与伦理：儒家思想的根源 [M]. 北京：生活·读书·新知三联书店.
陈梦越，2015. 民国时期中华职业学校学生自治研究 [J]. 职业技术教育（31）：63-67.
陈秋平，尚荣，2007. 金刚经·心经·坛经 [M]. 北京：中华书局.
陈映芳，2003. 图像中的孩子：社会学的分析 [M]. 济南：山东画报出版社.
陈永忠，2013. 试析蒋梦麟的文化思想 [J]. 新疆大学学报（哲学·人文社会科学版）（2）：105-109.
程天固，1993. 程天固回忆录 [M]. 台北：龙文出版社股份有限公司.
程再凤，2011. 晚清绅士家庭的孩子们（1880—1910）[D]. 上海：华东师范大学.
邓金，2004. 解释性交往行动主义：个人经历的叙事、倾听与理解 [M]. 周勇，译. 重庆：重庆大学出版社.
丁钢，2008. 声音与经验：教育叙事探究 [M]. 北京：教育科学出版社.
丁钢，2016. 讲学方式与空间组构演变的教育意蕴 [J]. 探索与争鸣（2）：94-99.
丁钢，2017. 转向屏风：空间、图像及其叙事中的教化 [J]. 湖南师范大学教育科学学报（4）：1-5.
丁文，2014. 文体与思想：周作人早年日记中的饮馔 [J]. 华南师范大学学报（社会科学版）(4)：152-158.
董鼐，1982. 私立中国公学 [M]. 台北：南京出版有限公司.
董健，1985. 论田汉与中国传统戏曲的关系 [J]. 剧艺百家（1）：61-70.
段俊吉，熊和平，2018. 论教学楼的空间文化及叙事策略 [J]. 宁波大学学报（教育科学版）(5)：39-44.
凡勇昆，2017. 共餐：作为一种教育仪式的文化逻辑 [J]. 教育理论与实践（16）：12-15.
范热内普，2012. 过渡礼仪：门与门坎、待客、收养、怀孕与分娩、诞生、童年、青春期、成人、圣职受任、加冕、订婚与结婚、丧葬、岁时等礼仪之系统研究 [M]. 北京：商务印书馆.

方妍，2012. 近代上海儿童娱乐世界的徜徉（1915—1937）[D]. 上海：上海师范大学.
费孝通，2015. 乡土中国 生育制度 乡土重建 [M]. 北京：商务印书馆.
冯雪峰，2016. 冯雪峰全集：1 [M]. 北京：人民文学出版社.
傅斯年，1919.《新潮》之回顾与前瞻 [J]. 新潮（1）：199–205.
高丙中，2007. 作为一个过渡礼仪的两个庆典：对元旦与春节关系的表述 [J]. 中国人民大学学报（1）：49–55.
高振宇，2012. 近代中国学校教育中的儿童问题研究：儿童史学的视角 [D]. 上海：华东师范大学.
耿波，2014. 礼俗互动传统中的徐复观农本政治观 [J]. 中国政法大学学报（2）：28–35，158.
顾潮，1993. 顾颉刚年谱 [M]. 北京：中国社会科学出版社.
顾潮，2010. 我的父亲顾颉刚 [M]. 北京：人民文学出版社.
顾颉刚，2005. 古史辨：第一册 [M]. 海口：海南出版社.
顾颉刚，2011. 古史辨自序：上册 [M]. 北京：商务印书馆.
顾颉刚，2012. 顾颉刚自传 [M]. 北京：北京大学出版社.
郭法奇，2007. 原始社会的“成年礼”仪式及对学校教育的影响 [J]. 华东师范大学学报（教育科学版）（3）：65–69.
郭沫若，2010. 沫若自传 [M]. 北京：求真出版社.
哈贝马斯，1999. 公共领域的结构转型 [M]. 曹卫东，王晓珏，刘北城，等译. 上海：学林出版社.
哈贝马斯，2003. 在事实与规范之间：关于法律和民主法治国的商谈理论 [M]. 童世骏，译. 北京：生活 · 读书 · 新知三联书店.
哈贝马斯，2004. 交往行为理论：第一卷：行为合理性与社会合理性 [M]. 曹卫东，译. 上海：上海人民出版社.
杭州市教育委员会，1994. 杭州教育志：一〇二八—一九四九 [M]. 杭州：浙江教育出版社.
何德兰，布朗士，2000. 孩提时代：两个传教士眼中的中国儿童生活 [M]. 魏长保，黄一九，宣方，译. 北京：群言出版社.

胡滨，2012. 人口城市化、空间城市化与社会风险：对我国当代城市化发展的一项剖析 [J]. 社会科学（5）：59–68.

胡国勇，2010. 日本学校仪式的教育史研究 [J]. 华东师范大学学报（教育科学版）（3）：87–96.

胡克森，2018. 从《元经》看王通北魏正统的确立依据：兼评孝文帝的门阀制度重建 [J]. 史林（1）：50–65，219.

胡适，1993. 胡适日记全集：1：1906—1914 [M]. 曹伯言，整理. 台北：联经出版事业股份有限公司.

胡适，1994. 四十自述 [M]. 北京：中国华侨出版社.

胡适，2001. 胡适日记全编：1：1910—1914 [M]. 曹伯言，整理. 合肥：安徽教育出版社.

胡适，2003. 胡适全集：20：教育·语言·杂著 [M]. 柳芳，季维龙，整理. 合肥：安徽教育出版社.

胡适，2005. 胡适口述自传 [M]. 2 版. 唐德刚，整理 / 翻译. 合肥：安徽教育出版社.

胡世华，吕慧敏，宗朋，1994. 胡厥文回忆录 [M]. 北京：中国文史出版社.

胡愈之，1990. 我的回忆 [M]. 南京：江苏人民出版社.

胡愈之，1996. 胡愈之文集：Ⅵ [M]. 北京：生活·读书·新知三联书店.

胡珠生，1993. 宋恕集 [M]. 北京：中华书局.

黄宗智，2003. 中国研究的范式问题讨论 [M]. 北京：社会科学文献出版社.

江绍原，1926. 礼与俗 [J]. 语丝（99）：7–8.

江绍原，周作人，1924. 礼的问题 [J]. 语丝（3）：6–7.

江绍原，周作人，1925. 关于内务部礼制编纂会呈文（礼部文件四）[J]. 语丝（38）：8.

江西洪都中学生，1911a. 江西洪都中学堂来函 / 洪都中学堂学生全体公具 [N]. 民立报，1911–06–18.

江西洪都中学生，1911b. 江西洪都中学堂来函 / 洪都中学堂学生全体公具 [N]. 民立报，1911–06–19.

蒋梦麟，2016. 西潮·新潮：蒋梦麟回忆录 [M]. 北京：新星出版社.

卡瓦拉罗，2013. 文化理论关键词 [M]. 张卫东，张生，赵顺宏，译. 南京：江苏人民出版社.

开明，1924. 生活之艺术（礼部文件一）[J]. 语丝（1）：1–2.

柯律格，2013. 中国艺术 [M]. 刘颖，译. 上海：上海人民出版社.

柯律格，2015. 长物：早期现代中国的物质文化与社会状况 [M]. 高昕丹，陈恒，译. 北京：生活·读书·新知三联书店.

科萨罗，2016. 童年社会学（第四版）[M]. 张蓝予，译. 哈尔滨：黑龙江教育出版社.

勒热讷，2001. 自传契约 [M]. 杨国政，译. 北京：生活·读书·新知三联书店.

李长莉，2008. 中国人的生活方式：从传统到近代 [M]. 成都：四川人民出版社.

李存煜，徐荣街，1996. 张资平论 [J]. 中国文学研究（3）：72–81.

李健，2017. 感物创造艺术意象的美学机制 [J]. 中国社会科学院研究生院学报（5）：91–99.

李林，2020. 学校市：民国时期一种“学生自治”的实践及得失 [J]. 近代史研究（3）：149–159.

李蓉，2008. 论“五四”时期的身体话语及其历史处境 [J]. 云南社会科学（6）：153–158.

李天纲，2017. 金泽：江南民间祭祀探源 [M]. 北京：生活·读书·新知三联书店.

李武装，2018. 政治现象学：阿伦特公共性政治哲学思想论析 [J]. 内蒙古社会科学（汉文版）（6）：47–53.

梁敏，2013. 论现代童年回忆散文中的游戏世界 [D]. 兰州：西北师范大学.

廖申白，2005. 私人交往与公共交往 [J]. 北京师范大学学报（社会科学版）（4）：74–79.

林语堂，2014. 我这一生：林语堂口述自传 [M]. 南京：江苏人民出版社.

岭东日报记者，1907. 敬告潮州中学堂教员学生 [N]. 岭东日报，1907–09–25.

刘家思，2007. 论绍兴目连戏对鲁迅艺术审美的影响 [J]. 文学评论（4）：148–154.

刘京京，2015. 民国时期中学生生活研究（1912—1937）[D]. 武汉：华中师范大学.

刘荣，2017. 道德史观的强化：从《资治通鉴》到《资治通鉴纲目》[J]. 江南大学学报（人文社会科学版）(5)：25–30，37.

刘素玲，程亮，2018. 教育的本质即诞生性：阿伦特的教育观及其反思 [J]. 南京社会科学（4）：151–156.

刘汶蓉，李博健，2020. 自反性实践视角下的亲权与孝道回归：以城市中产阶层家庭成年初显期子女与父母的关系为例 [J]. 青年研究（3）：80–93，96.

刘训华，2014. 困厄的美丽：大转局中的近代学生生活（1901—1949）[M]. 武汉：华中科技大学出版社.

刘训华，2018. 学业、革命与前程：大转局中的清末浙江学生（1901—1911）[M]. 北京：中华书局.

刘永华，2019. 礼仪下乡：明代以降闽西四保的礼仪变革与社会转型 [M]. 北京：生活·读书·新知三联书店.

刘媛，2010. 上海儿童日常生活中的历史（1927—1937）[D]. 上海：华东师范大学.

刘媛，刘合成，2016.1927—1937 年上海现代儿童体育的发展及启示 [J]. 体育学刊（1）：46–52.

刘志琴，2008. 礼俗互动是中国思想史的本土特色 [J]. 东方论坛（3）：1–8.

柳无忌，柳无非，1986. 柳亚子文集：自传·年谱·日记 [M]. 上海：上海人民出版社.

娄子匡，1935. 新年风俗志 [M]. 上海：商务印书馆.

鲁迅，1924. 祝福 [J]. 东方杂志（6）：97–108.

鲁迅，2005. 鲁迅全集：第二卷 [M]. 北京：人民文学出版社.

鲁迅，2012. 鲁迅自传 [M]. 南京：江苏文艺出版社.

鲁迅，2014. 鲁迅自编文集：且介亭杂文末编 [M]. 北京：北京联合出版公司.

鲁迅，2015. 朝花夕拾（插图本）[M]. 北京：人民文学出版社.

鲁迅博物馆鲁迅研究室，2000. 鲁迅年谱（增订本）：第一卷 [M]. 北京：人民文学出版社.

罗家伦，马星野（伟），1990. 蔡元培时代的北京大学与五四运动（选刊）："五四"领导人之一罗家伦自述五十八年前旧作首次公开发表 [J]. 鲁迅研究月刊（5）：52–57.

骆憬甫，2004. 浮生手记：1886—1954：一个平民知识分子的纪实 [M]. 上海：上海古籍出版社.
马君武，2013. 马君武自述 [M]. 文明国，编. 合肥：安徽文艺出版社.
马叙伦，1983. 我在六十岁以前 [M]. 北京：生活·读书·新知三联书店.
茅盾，1982. 我的学生时代 [M]. 天津：新蕾出版社.
孟昭连，2016. 白话小说生成史 [M]. 天津：南开大学出版社.
缪学超，2020. 学校仪式的文化记忆功能及实现路径 [J]. 教育学报（2）：39–46.
民立报记者，1911. 学界之凄风苦雨 [N]. 民立报，1911–05–26.
牟宗三，2003. 牟宗三先生全集：32：五十自述 [M]. 台北：联经出版事业股份有限公司.
那仲良，罗启妍，2011. 家：中国人的居家文化：上册 [M]. 北京：新星出版社.
倪辉，2012. 大学仪式的形态、特点及功能：道德教育的视角 [J]. 华东师范大学学报（教育科学版）（3）：29–33.
帕金翰，2005. 童年之死：在电子媒体时代成长的儿童 [M]. 张建中，译. 北京：华夏出版社.
彭牧，2014. 同异之间：礼与仪式 [J]. 民俗研究（3）：5–14.
岂明，1921. 宗教问题 [J]. 少年中国（11）：6–9.
岂明，1926. 茶话丙·九·爆竹 [J]. 语丝（8）：1–2.
岂明，1928. 爆竹 [J]. 语丝（9）：43–45.
钱理群，2011. 钱理群中学讲鲁迅 [M]. 北京：生活·读书·新知三联书店.
钱穆，2017. 中国文化史导论 [M]. 郑州：河南人民出版社.
乔迅，2017. 魅感的表面：明清的玩好之物 [M]. 北京：中央编译出版社.
邱云，2015. 中国现代文化名人童年戏剧经验的个案研究 [D]. 南京：南京师范大学.
瞿骏，2009. “没有晚清，何来五四”之再思：以“转型时代”（1895—1925）学生生活史为例 [J]. 学术月刊（7）：142–154.
瞿骏，2017. 天下为学说裂：清末民初的思想革命与文化运动 [M]. 北京：社会科学文献出版社.
璩鑫圭，唐良炎，2007. 中国近代教育史资料汇编：学制演变 [M]. 上海：上海教育出版社.

萨克，2010. 社会思想中的空间观：一种地理学的视角 [M]. 黄春芳，译. 北京：北京师范大学出版社.

桑兵，1995. 晚清学堂学生与社会变迁 [M]. 上海：学林出版社.

商金林，2004. 叶圣陶年谱长编：第一卷 [M]. 北京：人民教育出版社.

沈宗瀚，2011. 沈宗瀚自述：上：克难苦学记 [M]. 合肥：黄山书社.

石佳佳，2015. 民国大师的童年与语文学习研究 [D]. 无锡：江南大学.

苏全有，2013. 没有儿童的儿童史（下）：对近代中国儿童史研究的回顾与反思 [J]. 河南理工大学学报（社会科学版）(3)：284–295，302.

苏雪林，1996. 苏雪林自传 [M]. 南京：江苏文艺出版社.

苏雪林，2013. 苏雪林自述自画 [M]. 北京：中国青年出版社.

苏云峰，2007. 中国新教育的萌芽与成长：1860—1928 [M]. 北京：北京大学出版社.

孙华，2017. 大学文化的社会人类学考察：关于仪式、习俗与传说 [J]. 教育学术月刊（8）：3–17.

孙丽丽，2015. 伍尔夫教育仪式思想述评 [J]. 首都师范大学学报（社会科学版）(6)：126–132.

孙霞，2012. 国家・社会・儿童：南京国民政府四四儿童节述评 [D]. 武汉：华中师范大学.

孙尧天，2019. 论鲁迅早年对强权秩序的批判及其“人国”理念：从“幻灯片事件”说起 [J]. 首都师范大学学报（社会科学版）(4)：101–110.

孙晔，等，1999. 中国大百科全书：普及本：心理学Ⅰ [M]. 北京：中国大百科全书出版社.

唐君毅，2016. 唐君毅全集：第十四卷：中华人文与当今世界（下）[M]. 北京：九州出版社.

田汉，2002. 田汉自述 [M]. 郑州：大象出版社.

汪民安，2015. 身体、空间与后现代性 [M]. 2 版. 南京：江苏人民出版社.

汪民安，陈永国，马海良，2000. 后现代性的哲学话语：从福柯到赛义德 [M]. 杭州：浙江人民出版社.
王北生，李中亮，2010.18 岁成人仪式教育：进展、问题及改进建议 [J]. 教育研究（5）：23–27.
王本朝，2019. 骡马曳车：吴宓的悲悯情怀及身份认同 [J]. 社会科学辑刊（3）：77–82，213.
王国平，1989. 柳亚子与南明史 [J]. 苏州大学学报（哲学社会科学版）（1）：116–121.
王海英，2008.20 世纪中国儿童观研究的反思 [J]. 华东师范大学学报（教育科学版）（2）：16–24.
王家平，张素丽，2011. 鲁迅作品色彩诗学研究 [J]. 首都师范大学学报（社会科学版）（5）：78–85.
王晋，2010. 教育仪式的社会学分析 [J]. 教育理论与实践（10）：3–6.
王兰兰，2012. 中秋节起源与形成新论 [J]. 宁夏社会科学（4）：134–139.
王倩，2005.《雅舍谈吃》与《知堂谈吃》之比较 [J]. 衡水学院学报（4）：80–82.
王小强，2012. 论郭沫若早期史剧形式的诗学传承 [J]. 邵阳学院学报（社会科学版）（4）：92–96.
王新惠，2011. 论周作人对饮食文化的传播 [J]. 甘肃社会科学（4）：151–154.
翁，2008. 口语文化与书面文化：语词的技术化 [M]. 何道宽，译. 北京：北京大学出版社.
乌尔夫，2009. 教育中的仪式：演示、模仿、跨文化 [J]. 北京大学教育评论（2）：130–142，192.
吴宓，1995. 吴宓自编年谱：1894—1925 [M]. 吴学昭，整理. 北京：生活·读书·新知三联书店.
伍德沃德，2018. 理解物质文化 [M]. 张进，张同德，译. 兰州：甘肃教育出版社.
武尔夫，2018. 人的图像：想象、表演与文化 [M]. 陈红燕，译. 上海：华东师范大学出版社.
夏昌奇，2008. 公共领域的论理与生活世界的沟通：哈贝马斯市民社会理论的两个基本进路 [J]. 国外社会科学（2）：47–54.

向华，2014. 民国前期学生自治研究 [D]. 武汉：华中师范大学.
萧放，何斯琴，2019. 礼俗互动中的人生礼仪传统研究 [J]. 民俗研究（6）：83–92，159.
萧瑜，1970. 回忆我的小时了了 [M]. 台北：艺文志文化事业公司.
小田，2006. 儿童生活往昔：丰子恺作品之社会史考察 [J]. 史学月刊（10）：73–82.
谢维和，2014. 伯恩斯坦的“表意性秩序”理论及启示：一种关于学校德育管理的理论 [J]. 教育研究（2）：61–65，117.
谢泳，1992. “寡母抚孤”现象对中国现代作家的影响：对胡适、鲁迅、茅盾、老舍童年经历的一种理解 [J]. 中国现代文学研究丛刊（3）：205–212.
谢毓洁，2009.《点石斋画报》中的儿童与儿童观思考 [J]. 宁夏社会科学（4）：126–129.
熊秉真，2000. 童年忆往：中国孩子的历史 [M]. 台北：麦田出版股份有限公司.
熊和平，2014. 学生身体与教育真相 [M]. 杭州：浙江大学出版社.
熊家良，1994. 重读郭沫若的《少年时代》：兼议鲁迅、胡适、沈从文的自传性作品 [J]. 上海师范大学学报（哲学社会科学版）（1）：23–28.
徐国利，潘云成，2018. 胡适学术方法论对宋学、清学方法的继承发展 [J]. 安徽史学（3）：154–160.
许纪霖，2003. 中国知识分子十论 [M]. 上海：复旦大学出版社.
许纪霖，2008. 世俗时代与超越精神：知识分子论丛第 8 辑 [M]. 南京：江苏人民出版社.
许纪霖，2015. 现代中国的家国天下与自我认同 [J]. 复旦学报（社会科学版）（5）：46–53.
许纪霖，等，2008. 近代中国知识分子的公共交往：1895—1949 [M]. 上海：上海人民出版社.
许纪霖，刘擎，2016. 中国启蒙的自觉与焦虑 [M]. 上海：上海人民出版社.
许杰，1981. 许杰散文选集 [M]. 上海：上海文艺出版社.
薛家宝，2010. 郁达夫自叙传小说的唯美主义特质 [J]. 文学评论（4）：126–129.
阎云翔，杨雯琦，2017. 社会自我主义：中国式亲密关系：中国北方农村的代际亲密关系与下行式家庭主义 [J]. 探索与争鸣（7）：4–15，1.
杨少卿，2004. 鲁迅的觉醒者和郁达夫的零余人 [J]. 韩山师范学院学报（4）：59–62，90.
杨为明，2016. 建构与真实：晚清来华西人眼中的中国儿童 [D]. 武汉：华中师范大学 .
杨颖，孙亚玲，孙俊，2016. 国外教育地理研究回顾与借鉴 [J]. 世界地理研究（4）：144–155.
叶圣陶，1935. 过节 [J]. 创作（1）：203–204.
叶圣陶，2007. 附录：江绍原君的工作 [M]// 江绍原. 发须爪：关于它们的迷信. 北京：中华书局.
应星，2017. 新教育场域的兴起：1895—1926 [M]. 北京：生活 · 读书 · 新知三联书店.
郁达夫，1996. 郁达夫自传 [M]. 南京：江苏文艺出版社.
袁先欣，2016. 顾颉刚的古史与民俗学研究关系再探讨 [J]. 社会科学文摘（3）：95–96.
远帆，2004. 叶圣陶散文 [M]. 呼和浩特：内蒙古人民出版社.
苑兴华，1996. 丰子恺自叙 [M]. 北京：团结出版社.
翟瑞青，2013. 童年经验对现代作家创作的影响及其呈现 [D]. 济南：山东大学.
詹姆斯，简克斯，普劳特，2014. 童年论 [M]. 何芳，译. 上海：上海社会科学院出版社.
张彬，2006. 浙江教育史 [M]. 杭州：浙江教育出版社.
张春茂，2017. 鲁迅民俗观论析 [J]. 民俗研究（6）：95–101，159.
张德安，2014. 身体教育的历史（1368—1919）：关于近世中国教育的身体社会史研究 [D]. 天津：南开大学.
张灏，2006. 幽暗意识与民主传统 [M]. 北京：新星出版社.
张倩仪，2001. 另一种童年的告别：消逝的人文世界最后回眸 [M]. 北京：商务印书馆.
张士闪，2016. 礼俗互动与中国社会研究 [J]. 民俗研究（6）：14–24，157.
张先飞，2014. 旧邦“新人”：“五四”现代人道主义国民精神改造观 [J]. 河南社会科学（3）：112–117，124.
张雨，2018. 眼前的田园与远方的山水：中国审美传统中自然元素的生成 [J]. 郑州大学学报（哲学社会科学版）（4）：7–12，158.
张昭军，2017. 论礼的近代命运 [J]. 福建论坛（人文社会科学版）（9）：67–73.
张资平，2011. 资平自述 [M]. 南京：江苏文艺出版社.
章玉政，2014. 光荣与梦想：中国公学往事 [M]. 杭州：浙江人民出版社.
赵世瑜，2017. 狂欢与日常：明清以来的庙会与民间社会 [M]. 北京：北京大学出版社.
赵元任，1997. 从家乡到美国：赵元任早年回忆 [M]. 上海：学林出版社.
浙江省政协文史资料委员会，1991. 浙江近代著名学校和教育家：浙江文史资料第四十五辑 [M]. 杭州：浙江人民出版社.
浙江文物年鉴编委会，2016. 浙江文物年鉴 2013 [M]. 杭州：浙江古籍出版社.
中国社会科学院近代史研究所近代史资料编辑部，2003. 近代史资料：总 105 号 [M]. 北京：中国社会科学出版社.
钟叔河，1995. 周作人文选：1930—1936 [M]. 广州：广州出版社.
钟叔河，1998. 周作人文类编 · 夜读的境界 [M]. 长沙：湖南文艺出版社.
仲密，1919. 祖先崇拜 [J]. 每周评论（10）：1–2.
周兵，2012. 新文化史：历史学的“文化转向”[M]. 上海：复旦大学出版社.
周波，王霄冰，2014. 大小传统理论视野下的礼生“叫礼”习俗 [J]. 文化遗产（5）：21–31.
周健强，1998. 聂绀弩自叙 [M]. 北京：团结出版社.
周小喜，李美香，2016. 论民国中后期武冈中等师范学校训育实践：以武冈境内师范学校学生自治会为例 [J]. 当代教育论坛（1）：79–86.
周作人，1927. 关于非宗教 [J]. 语丝（117）：5–6.
周作人，1988. 知堂集外文 ·《亦报》随笔 [M]. 长沙：岳麓书社.
周作人，1996. 周作人日记：影印本：上册 [M]. 郑州：大象出版社.
周作人，1999. 周作人文选：自传 · 知堂回想录 [M]. 北京：群众出版社.
周作人，2009. 关于扫墓 [M]// 钟叔河. 周作人散文全集：6：1932—1935. 桂林：

广西师范大学出版社.

周作人，2013. 周作人自编集：过去的工作 [M]. 北京：北京十月文艺出版社.

周作人，周建人，2000. 回望鲁迅：年少沧桑：兄弟忆鲁迅（一）[M]. 石家庄：河北教育出版社.

BJORK C, 2002. Reconstructing rituals: expressions of autonomy and resistance in a Sino-Indonesian school [J]. Anthropology & education quarterly, 33(4): 465–491.

DIAS D, SÁ M J, 2014. Initiation rituals in university as lever for group cohesion [J]. Journal of further and higher education, 38(4): 447–464.

FERNSEBNER S R, 2003. A people's playthings: toys, childhood, and Chinese identity, 1909–1933 [J]. Postcolonial studies, 6(3): 269–293.

GIORGETTI F M, 2020. Nation-building in Turkey through ritual pedagogy: the late Ottoman and early Turkish Republican era [J]. History of education, 49(1): 77–103.

GLEASON M, 2016. Avoiding the agency trap: caveats for historians of children, youth, and education [J]. History of education, 45(4): 446–459.

HARRISON H, 2008. "A penny for the little Chinese": the French Holy Childhood Association in China, 1843–1951 [J]. The American historical review, 113(1): 72–92.

HOBLEY J, 2019. Rites of passage, moving into management: practice architectures and professionalism [J]. Research in post-compulsory education, 24(4): 424–438.

HORTON J , KRAFTL P, 2006a. Not just growing up, but going on: materials, spacings, bodies, situations [J]. Children's geographies, 4(3): 259–276.

HORTON J, KRAFTL P, 2006b. What else?: some more ways of thinking and doing "Children's geographies"[J]. Children's geographies, 4(1): 69–95.

KINNEY A B, 1995. Chinese views of childhood [M]. Honolulu: University of Hawai'i Press.

KOZLOVSKY R, 2010. The architecture of educare: motion and emotion in postwar educational spaces [J]. History of education, 39(6): 695–712.

KRAFTL P, 2013. Beyond “voice”, beyond “agency”, beyond “politics”?: hybrid childhoods and some critical reflections on children’s emotional geographies [J]. Emotion, space and society (9): 13–23.

KRAFTL P, 2018. A double-bind?: taking new materialisms elsewhere in studies of education and childhood [J]. Research in education, 101(1): 30–38.

LOMSKY-FEDER E, 2004. The memorial ceremony in Israeli schools: between the state and civil society [J]. British journal of sociology of education, 25(3): 291–305.

LORIMER H, 2005. Cultural geography: the busyness of being “more-than-representational” [J]. Progress in human geography, 29(1): 83–94.

MAGOLDA P M, 2000. The campus tour: ritual and community in higher education [J]. Anthropology & education quarterly, 31(1): 24–46.

MALONEY C, 2000. The role of ritual in preschool settings [J]. Early childhood education journal, 27(3): 143–150.

MERTEN D E, 2005. Transitions and “trouble”: rites of passage for suburban girls [J]. Anthropology & education quarterly, 36(2): 132–148.

NEVILLE G K, 1984. Learning culture through ritual: the family reunion [J]. Anthropology & education quarterly, 15(2): 151–166.

POWELL K, 2016. Multimodal mapmaking: working toward an entangled methodology of place [J]. Anthropology & education quarterly, 47(4): 402–420.

SAARI J L, 1990. Legacies of childhood: growing up Chinese in a time of crisis, 1890—1920 [M]. Cambridge, MA: Harvard University.

SOLOMON Y, 1998. Teaching mathematics: ritual, principle and practice [J]. Journal of philosophy of education, 32(3): 377–390.

SPYROU S, 2011. The limits of children’s voices: from authenticity to critical, reflexive representation [J]. Childhood, 18 (2): 151–165.

SUTHERLAND N, 1992. When you listen to the winds of childhood, how much can you believe? [J]. Curriculum inquiry, 22(3): 235–256.

TESAR M, ARNDT S, 2016. Vibrancy of childhood things: power, philosophy, and political ecology of matter [J]. Cultural studies: critical methodologies, 16(2): 193–200.

TILLEY C, KEANE W, KÜCHLER S, et al., 2006. Handbook of material culture [M]. London: Sage Publications.

WARNICK B R, 2010. Ritual, imitation and education in R. S. Peters [J]. Journal of philosophy of education, 43(s1): 57–74.

WELLS N M, Evans G W, 2003. Nearby nature: a buffer of life stress among rural children [J]. Environment and behavior, 35(3): 311–330.

YANG K W, 2010. Rites to reform: the cultural production of the reformer in urban schools [J]. Anthropology & education quarterly, 41(2): 144–160.

后　记

本书是在笔者博士论文的基础上修改而成的。时隔三载，笔者对文化学习这一主题有了一些新的理解。文化学习，绝不仅仅是个体与文化、知识直接相遇，加以吸收、转化的过程。我们之所以强调学习的文化处境，强调学习的情境性，是因为学习无时无刻不发生在一定的社会场景之中。个体正是在社会交往中，在人与人的互动、人与群体的互动中濡化了学习的意义，而正是这些围绕着知识、礼仪、物质、身体等发生的意义阐释，为学习和个体经验的改变提供着持续不断的动力，推动着学习者的成长和时代的文化变迁。从某种程度上讲，近代学人之所以能够在历史上留下丰厚的文化贡献，与这一群体早年生活环境中新旧杂陈、异质性的社会互动环境有关。随着笔者逐渐从学生转变为高校青年教师，对学习的社会性也慢慢地有了更深的体会。

在本书修改过程中，笔者一如既往地得到了导师丁钢教授的提点与指导。丁老师既是严师，也如慈父，一路点拨，将我从懵懂的研究生培养成能自己做点研究的研究人员。

感谢华东师范大学人文社会科学学院的许纪霖教授、唐小兵教授及瞿俊教授，在与几位老师的交流中，我获得了许多论文修改的宝贵意见，吸收了不少著述的历史学阅读门径。

感谢华东师范大学教育高等研究院的全体教师，感谢我的一众师兄妹，感谢你们多年如一日的关照，给予我智慧上的启迪、情感上的安慰、生活上的支持。

感谢上海师范大学教育学院和我现在的工作单位深圳大学教育学部的领导们，感谢你们为我提供优越的工作环境，使我能够专心从事研究与思考。

由衷感谢在我背后默默付出的家人们，你们给予了我一切，我能回报的却少之又少。

陶 阳

2023 年 4 月于上文湖畔

出 版 人　郑豪杰
责任编辑　方檀香
版式设计　孙欢欢
责任校对　贾静芳
责任印制　米　扬

图书在版编目（CIP）数据

生活濡化与知识演进：近代学人的早年学习生活图景 / 陶阳著 . —北京：教育科学出版社，2023.11
（教育文化研究丛书）
ISBN 978-7-5191-3586-7

Ⅰ . ①生…　Ⅱ . ①陶…　Ⅲ . ①知识分子—研究—中国—近代
Ⅳ . ① D693.71

中国国家版本馆 CIP 数据核字（2023）第 208650 号

教育文化研究丛书
生活濡化与知识演进：近代学人的早年学习生活图景
SHENGHUO RUHUA YU ZHISHI YANJIN: JINDAI XUEREN DE ZAONIAN XUEXI SHENGHUO TUJING

出版发行	教育科学出版社		
社　　址	北京·朝阳区安慧北里安园甲 9 号	邮　　编	100101
总编室电话	010-64981290	编辑部电话	010-64981252
出版部电话	010-64989487	市场部电话	010-64989009
传　　真	010-64891796	网　　址	http://www.esph.com.cn
经　　销	各地新华书店		
制　　作	北京大有艺彩图文设计有限公司		
印　　刷	唐山玺诚印务有限公司		
开　　本	720 毫米 × 1020 毫米　1/16	版　　次	2023 年 11 月第 1 版
印　　张	14	印　　次	2023 年 11 月第 1 次印刷
字　　数	191 千	定　　价	64.00 元

图书出现印装质量问题，本社负责调换。